フェルトと刺繍糸で作る、
美しい24の風景

立体刺繍の
花と蝶々

ピエニシエニ
PieniSieni

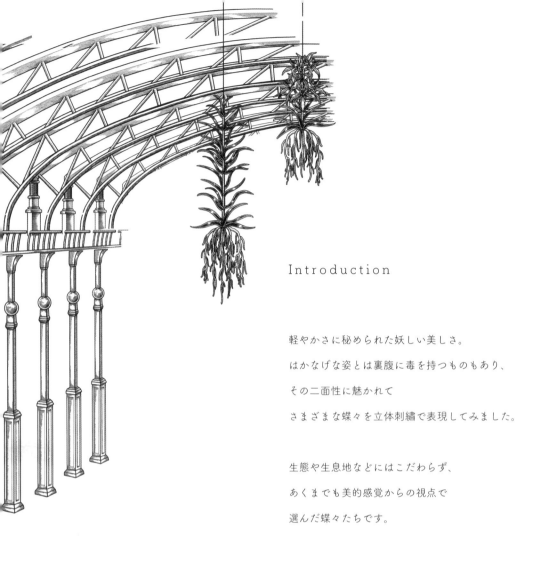

Introduction

軽やかさに秘められた妖しい美しさ。
はかなげな姿とは裏腹に毒を持つものもあり、
その二面性に魅かれて
さまざまな蝶々を立体刺繍で表現してみました。

生態や生息地などにはこだわらず、
あくまでも美的感覚からの視点で
選んだ蝶々たちです。

蝶々につきものの花は、
可憐なナノハナやスイートピーだけでなく、
個性的なトケイソウなども交え、

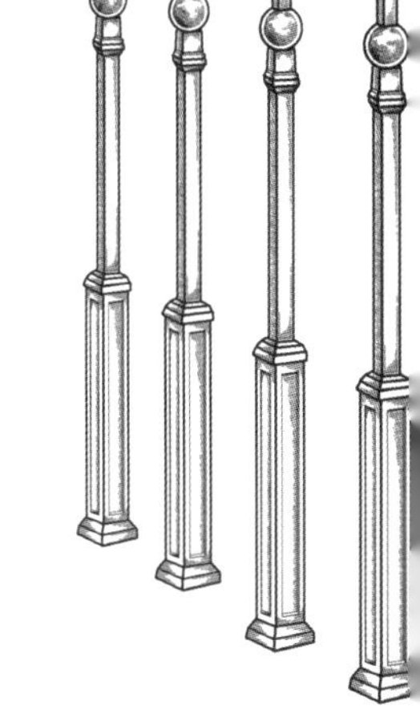

今にも飛び立ちそうな蝶々、
摘んだばかりの花のイメージを
目指して作りました。

これらの作品は、すべて刺繍枠を使わない
オフフープ®という技法で作られています。
フェルトを芯にしているので、
厚みのあるしっかりとした作品になるのが魅力です。

美しい刺繍糸の織りなす立体刺繍の世界を
どうぞお楽しみください。

PieniSieni ピエニシエニ
日本フェルタート®協会代表理事

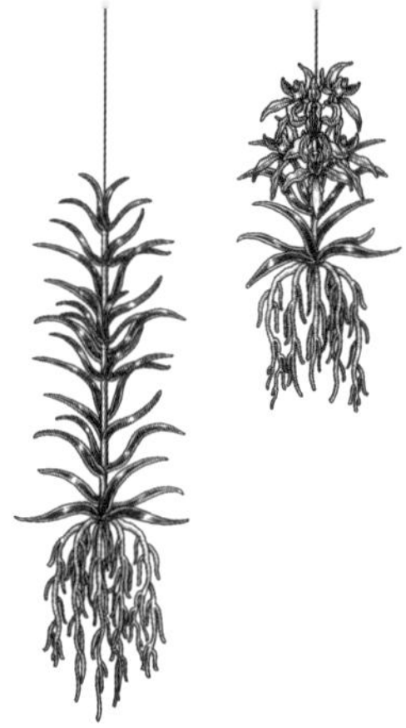

Contents

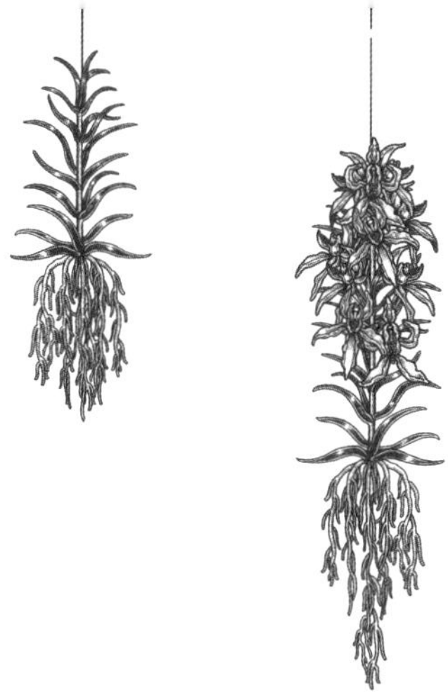

ナノハナ

How to make...p.57, 71

モンシロチョウ

How to make...p.52

バラ

How to make...p.41

ベンゲットアゲハ

How to make...p.87

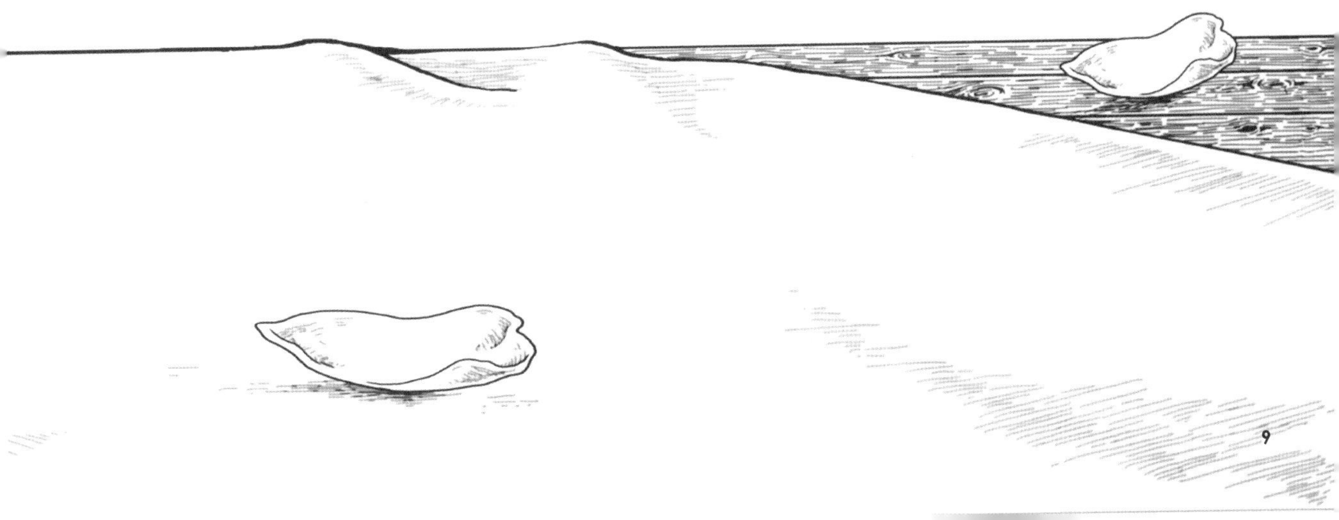

ベニモンシロチョウ

How to make...p.86

サフォードクチョウ

How to make...p.88

スイートピー

How to make...p.58, 73

オオカバマダラ

How to make...p.89

ジョルダンアゲハ

How to make...p.91

クギヌキフタオ

How to make...p.92

オオゴマダラタイマイ

How to make...p.94

スミレ

How to make...p.61, 76

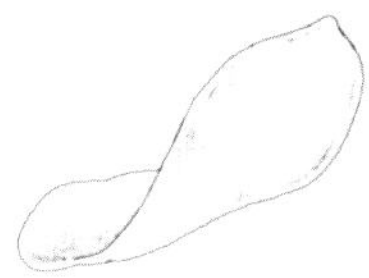

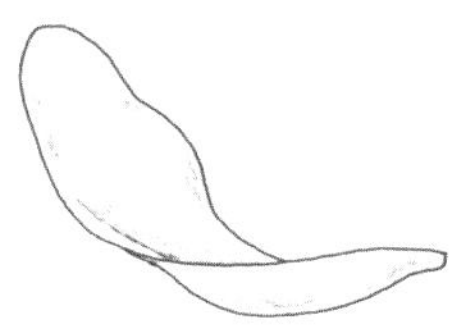

ツマムラサキマダラ

How to make...p.96

タカネクジャクアゲハ

How to make...p.97

ドルーリーオオアゲハ

How to make...p.99

ホソバジャコウアゲハ

How to make...p.100

アツミゲシ

How to make...p.62, 79

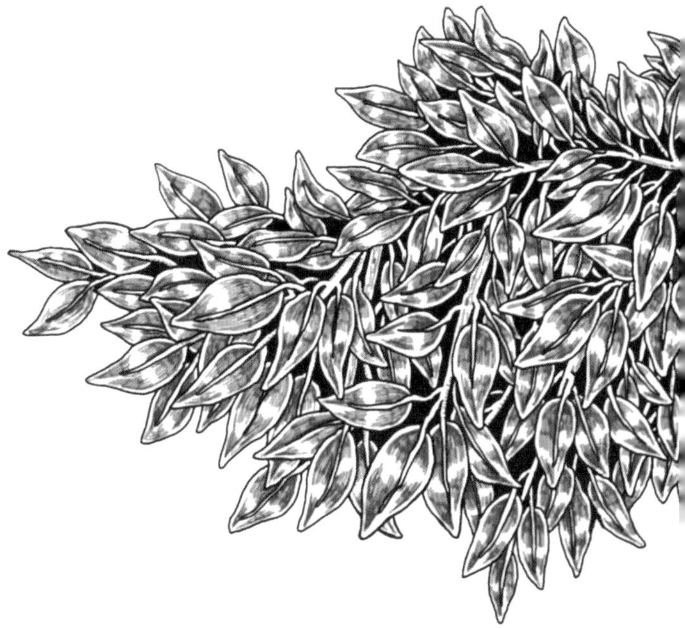

テンジクアゲハ

How to make...p.102

フトオアゲハ

How to make...p.104

ボルネオキシタアゲハ

How to make...p.105

トケイソウ

How to make...p.66, 82

エラートドクチョウ

How to make...p.107

オウゴンテングアゲハ

How to make...p.108

ハレギチョウ

How to make...p.110

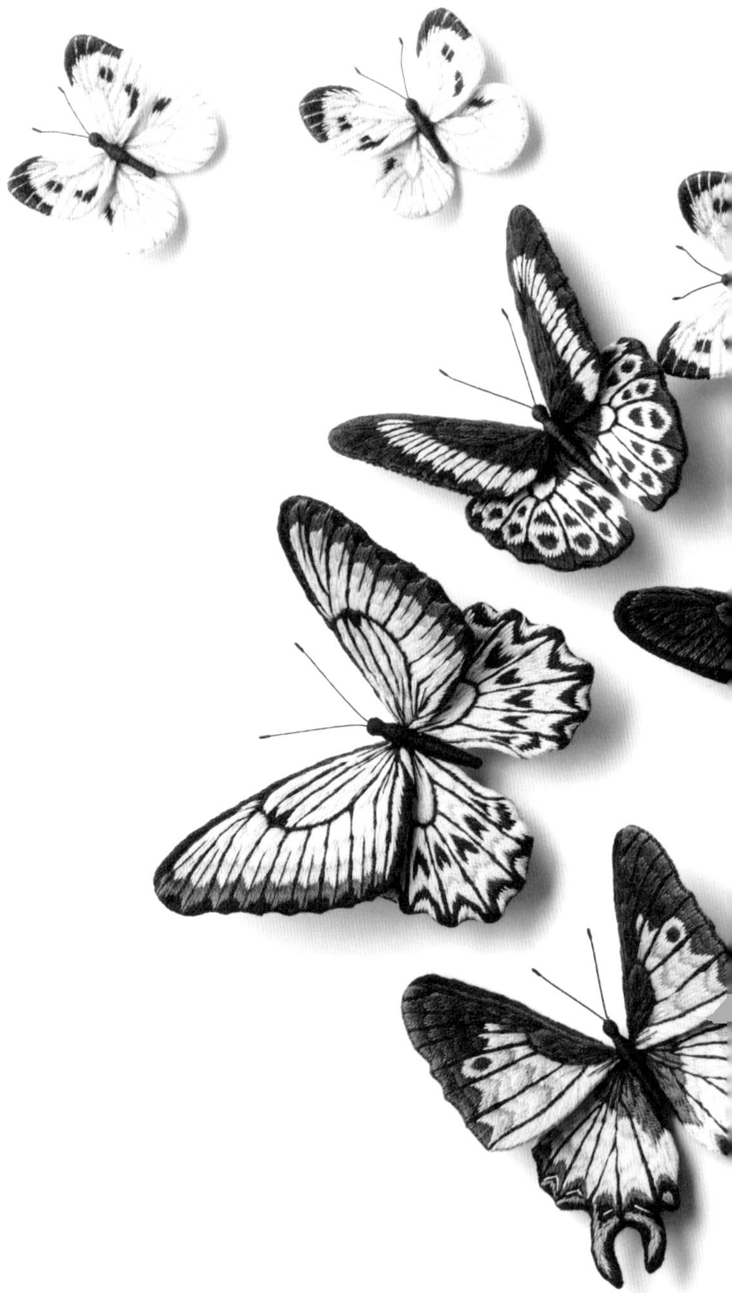

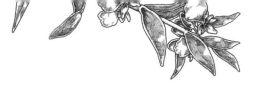

How to make

本書の使い方
「基本のテクニック」で、まずは花と蝶々の制作の流れと、共通のテクニックを紹介しています。バラ以外の花の固有の作り方は「各花のテクニック」を参照してください。各作品のレシピと実物大型紙はP.71〜にあります。

材料表の見方

DMCの25番
刺繍糸を使用

糸の色名（色番号）

SUNFELTのミニーシートフェルトを使用。20cm角1枚使用が目安

フェルトの
色名（色番号）

材　料

刺繍糸
濃赤（3685）
赤（3803）
淡緑（986）

フェルト
赤（118）
緑（448）

ワイヤー
#24（36cm）
1本…ウッドビーズ
#26（36cm）
各1本…花弁小、花弁大、葉a、ガク

ビーズ
ウッドビーズ（丸小）　キジ（R6-6）
1個…花芯

SS MIYUKI studioの
ワイヤーを使用

ワイヤーの太さ（長さ）
本数…使用部位名

TOHOビーズを使用

商品名（形またはサイズ）　色（品番号）
個数…使用部位名

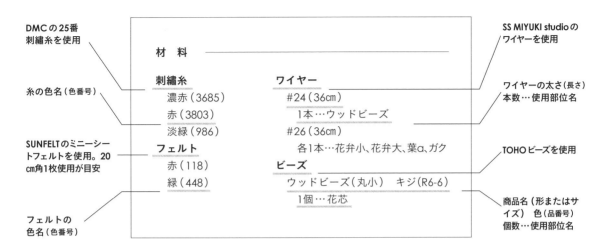

実物大型紙の見方

作業に入る前の
注意事項

ステッチ、ワイヤーを
縫いとめる手順の
番号

実物大型紙 ＊型紙の作り方はP.39、ステッチはP.111 参照

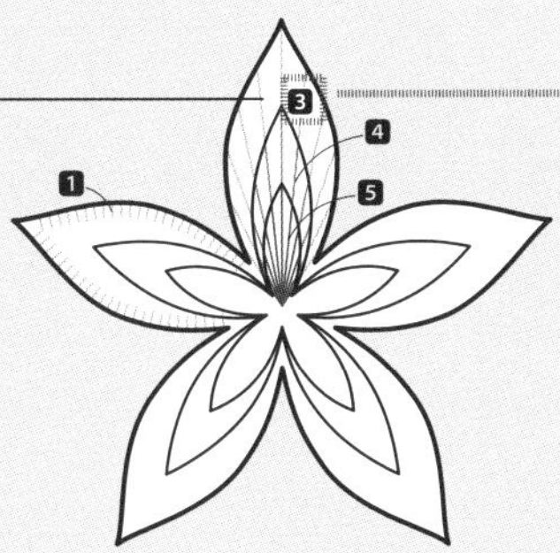

ワイヤー入りのガク
フェルト：緑：1枚
1 淡緑 ブランケットst②
2 ワイヤー＃26 淡緑①
3 淡緑 サテンst②
4 緑 サテンst②
5 濃緑 サテンst②

部位の名称

使用するフェルトの
色と枚数

糸の色　ステッチ名
丸囲みは糸の本数

縫いとめるワイヤーの太さ　縫いとめる糸の色　丸囲みは糸の本数

ステッチの略

作業に入る前の
注意事項

実物大型紙
＊型紙の作り方はP.39、ステッチはP.111 参照
＊左翅は右翅を反転コピーしてください
＊前翅Aはブランケットstの図、前翅Bは内側に刺すstの図を表しています
＊前翅Aを刺してから、前翅Bをフランス刺繍の要領で刺してください
＊後翅も前翅A・Bと同様に、後翅A→後翅Bの順に刺します

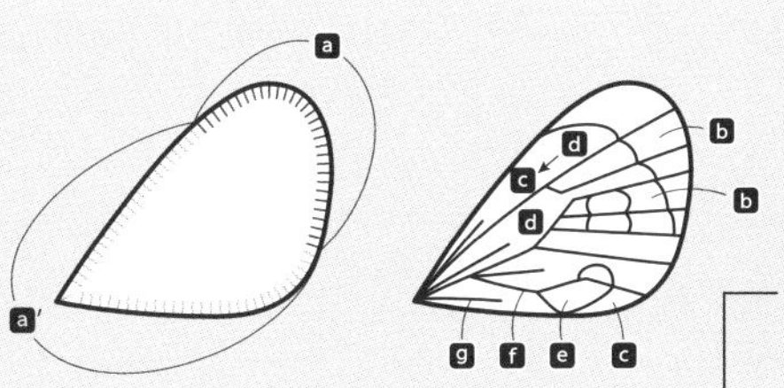

前翅A　　前翅B

前翅A
フェルト：白：左右各1枚
a 茶　ブランケットst②
a' 白　ブランケットst②

前翅B
b 茶　サテンst②
c 白　サテンst②
d 白　サテンst①
e 茶　サテンst①
f ベージュ　アウトラインst①
g ベージュ　ストレートst①

ブランケットstの
指示範囲

部位の名称

使用するフェルトの
色と枚数

糸の色　ステッチ名
丸囲みは糸の本数

ステッチの略

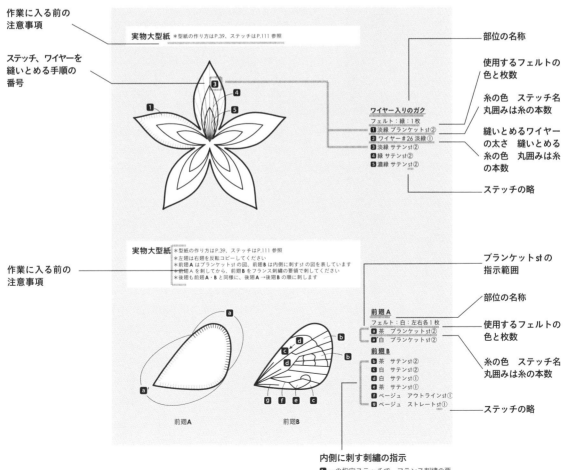

内側に刺す刺繍の指示
b ～の指定ステッチで、フランス刺繍の要領で外側から内側を埋めるように刺します

材料と道具

1 SUNFELT ミニーシートフェルト
2 DMC 25番刺繡糸
3 SS MIYUKI studio ワイヤー
4 SS MIYUKI studio ペップ
5 TOHO ウッドビーズ・マガ玉ビーズ

6 フランス刺繡針 No.7-10 号
7 ピンクッション
8 待ち針
9 ニッパー・平ペンチ・丸ペンチ
10 クラフトはさみ
11 カットワークはさみ
12 布切はさみ
13 ピンセット
14 チャコペル・熱転写ペンシル
15 太目打ち・細目打ち
16 ロータリーカッター
17 たけぐし*
18 コピック（アルコールマーカー）*
19 ペン*
20 木工用ボンド*
21 カッティングボード
22 方眼定規・ミニものさし
* 以外は全てクロバー

23 丸皿ヘアピン
24 ハットピン 丸皿カンなし
25 ブローチ台 丸皿ヘアクリップ付き
26 回転ピン

27 薄手トレーシングペーパー・厚手トレーシングペーパー
28 アクリル絵の具
29 筆
30 マスキングテープ
31 スポンジ
32 アイロン
33 アイロン台

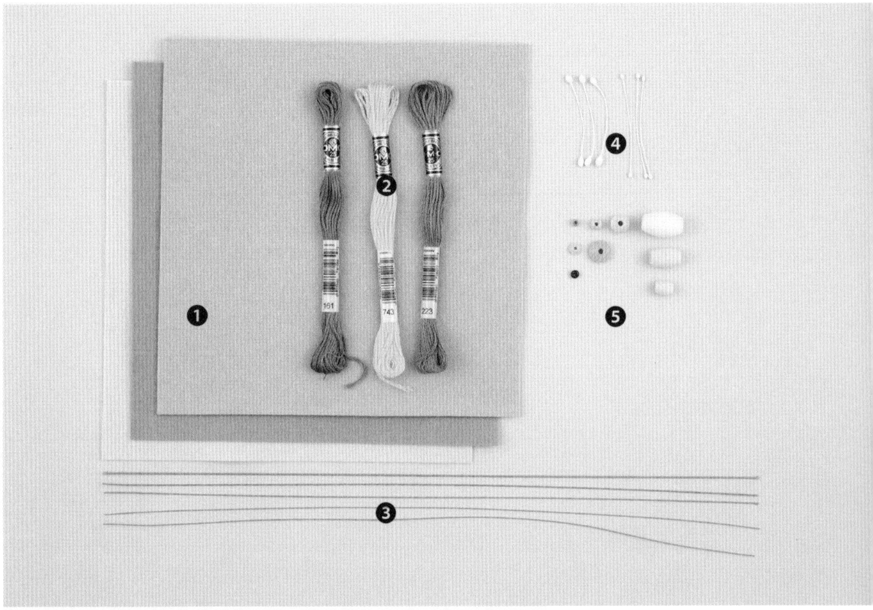

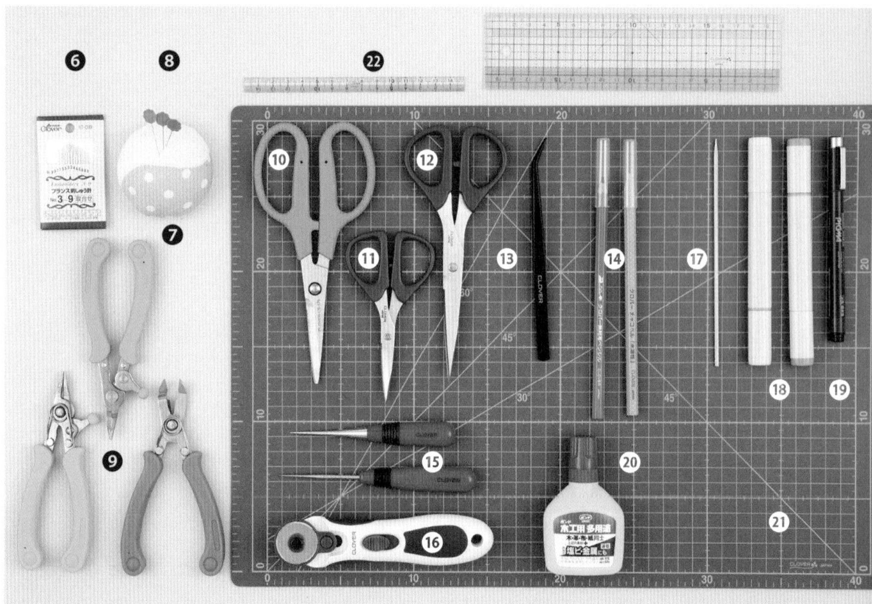

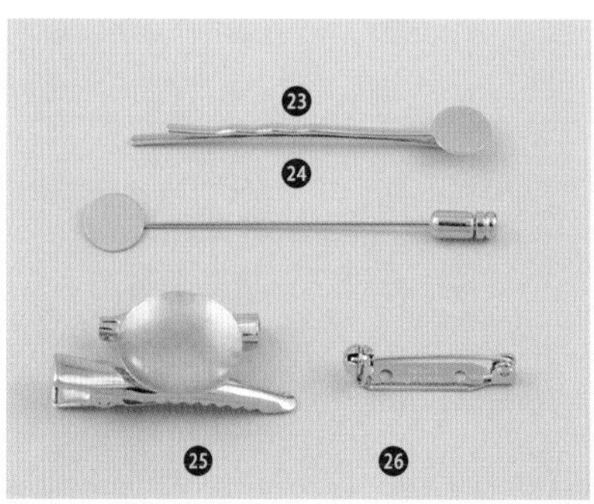

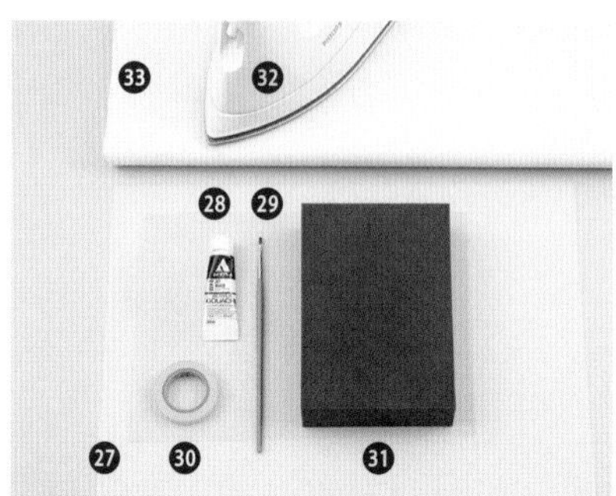

制作の前に

作品を制作する前に
必要な作業を
紹介します。

型紙の作り方

1

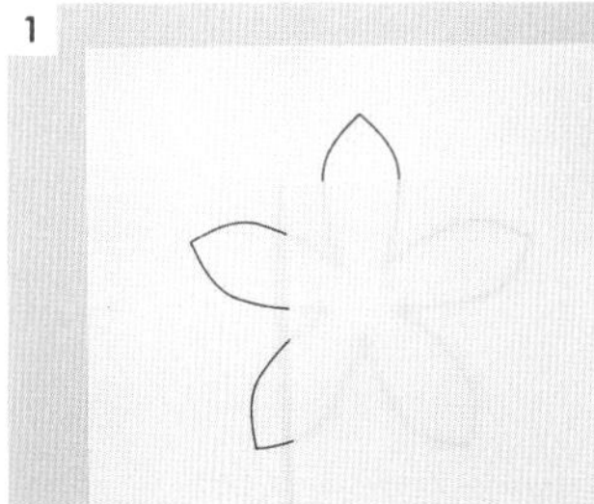

実物大型紙の上に厚手のトレーシングペーパーを重ねる

2

マスキングテープでトレーシングペーパーを固定し、ペンで図案線をなぞる

3

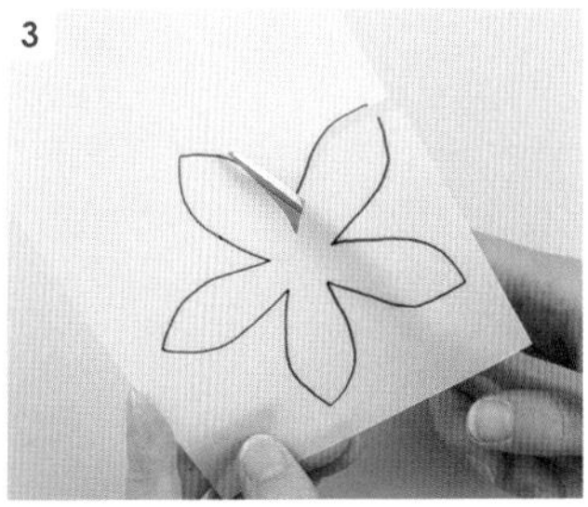

図案線の内側に沿ってはさみで裁断する

4

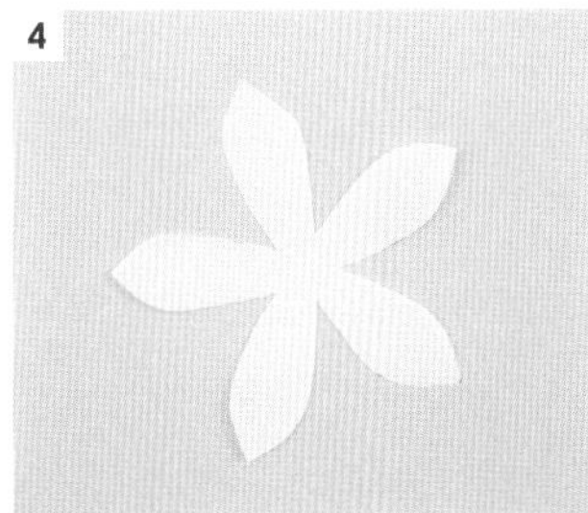

型紙の完成

フェルトの切り方

1

フェルトの上に型紙を置いて、型紙の輪郭をチャコペルでなぞる

2

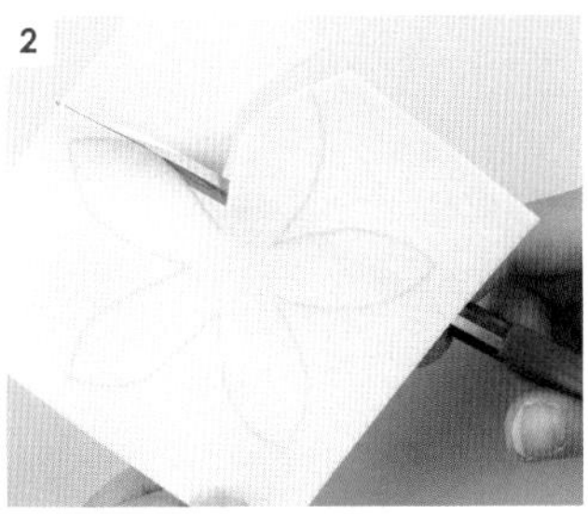

図案線の内側に沿ってはさみで裁断する

3

裁断したフェルトの完成。チャコペルで描いた面を裏面とする

トレースの方法

1 **フェルトが薄い色の場合**

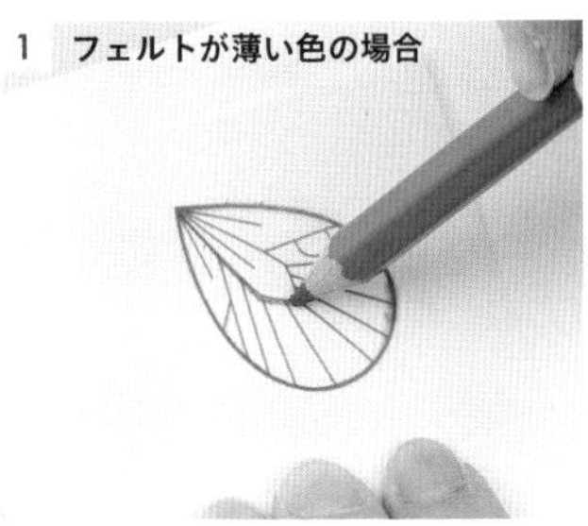

薄手のトレーシングペーパーに実物大型紙の図案線を熱転写ペンシルで描く

2

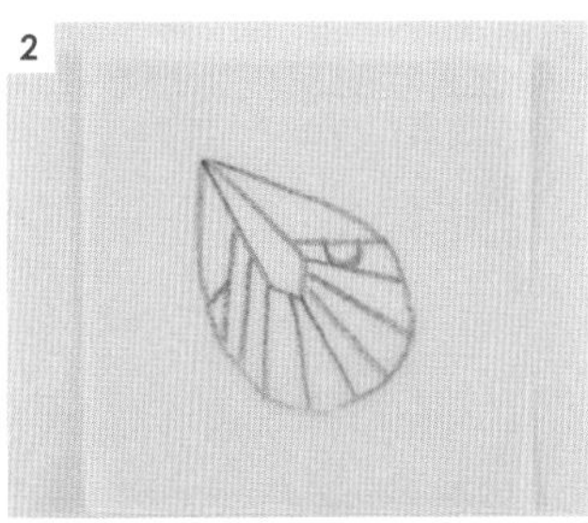

薄手のトレーシングペーパーに写しとったところ

3

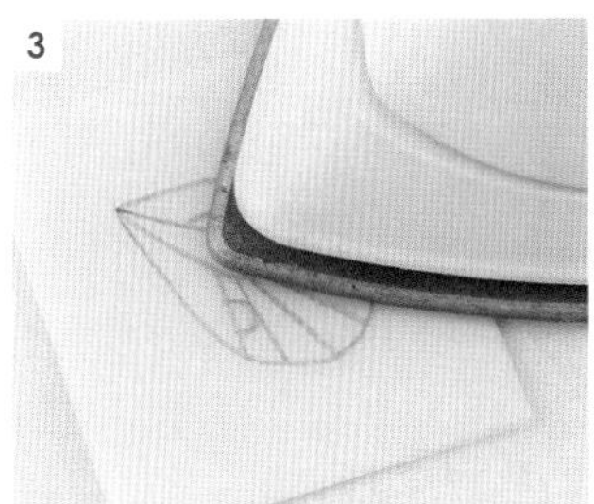

描いた面を下にしてフェルトの上に重ね、アイロンで熱を加える

＊サテンstの上に刺すストレートstやフレンチノットstの図案線は描かず、サテンst後に実物大型紙を見ながら刺します

4

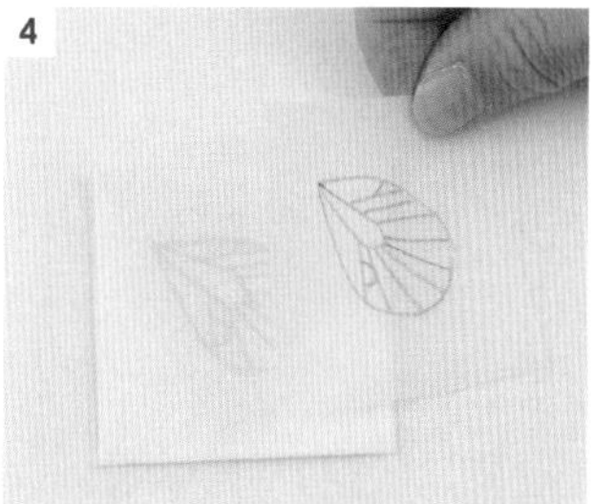

フェルトに実物大型紙の図案線が転写されたところ

1 フェルトが濃い色の場合

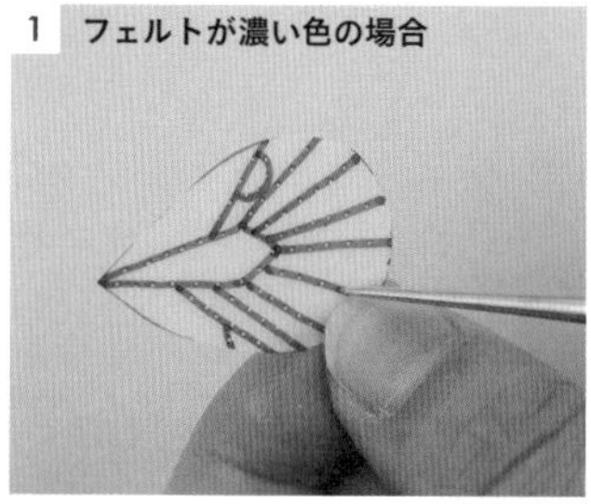

厚手のトレーシングペーパーで型紙を作る。型紙の図案線に沿って、細目打ちで穴をあける

2

型紙をフェルトの上に重ねる。細目打ちであけた穴にチャコペル（白）を差し込み、押しつけるようにしてフェルトに印をつける

3

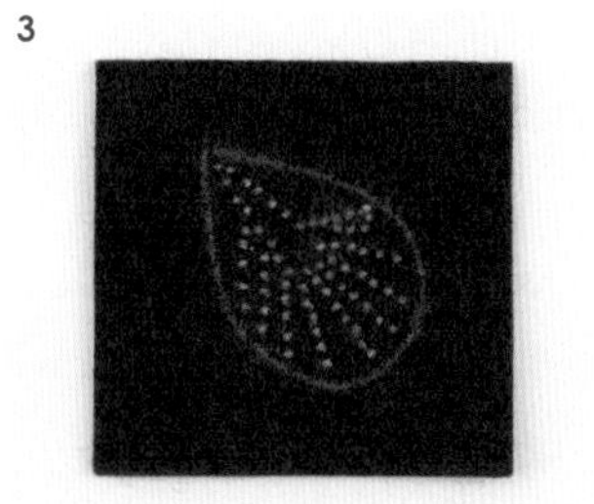

図案に沿って印がついたところ

刺繍糸の扱い方

1

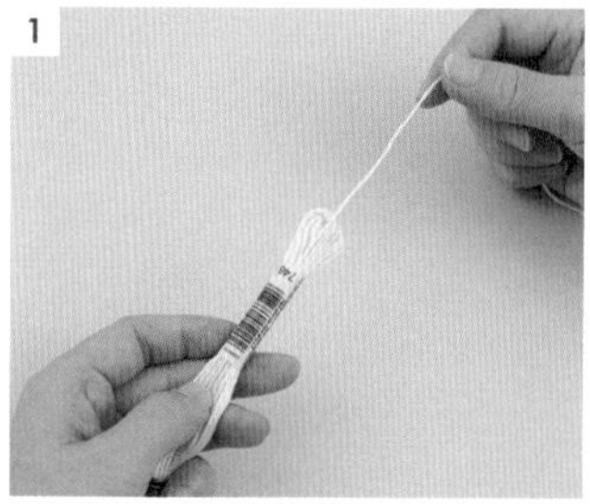

刺繍糸の束から糸端を引き出し、長さ60～70cmに切る

2

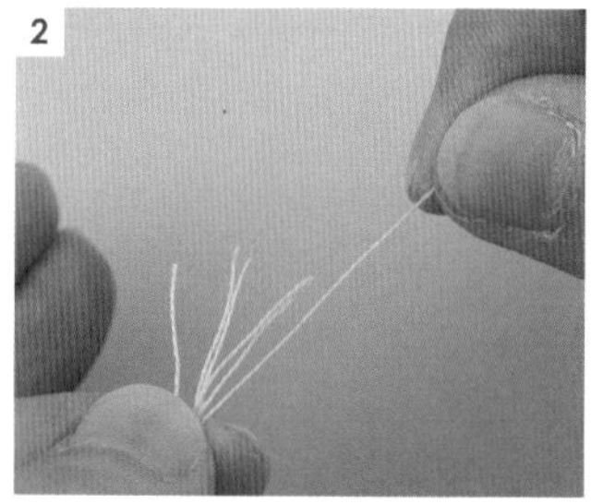

6本の束から必要本数分を1本ずつ引き出す

3

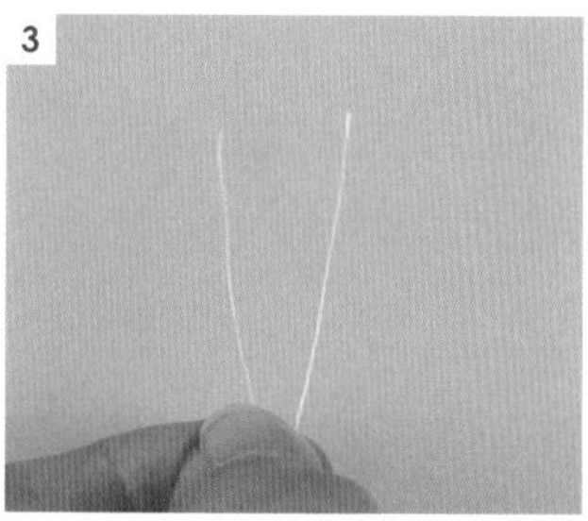

必要本数を引き抜く

4

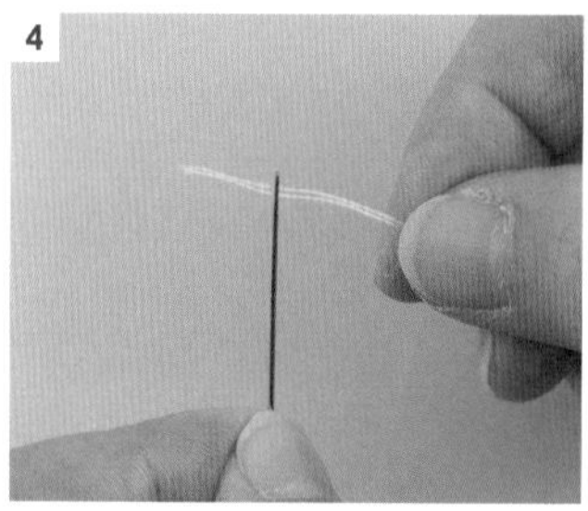

必要な本数を引きそろえて針に通す

ブローチの作り方

1

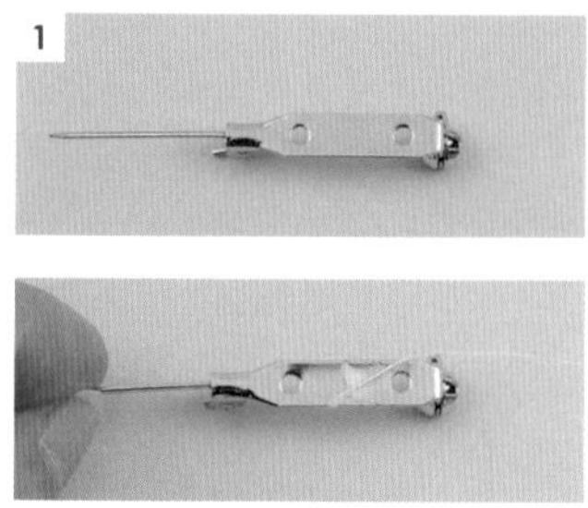

回転ピンを開いて裏にボンドを塗る。指定の糸（1本どり）の糸端を置く

2

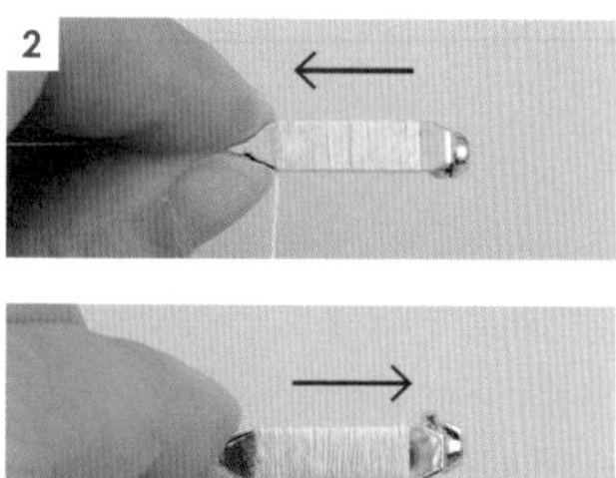

金具にボンドを薄く塗りながら、すき間があかないように糸を巻く。2往復半巻くとよい

3

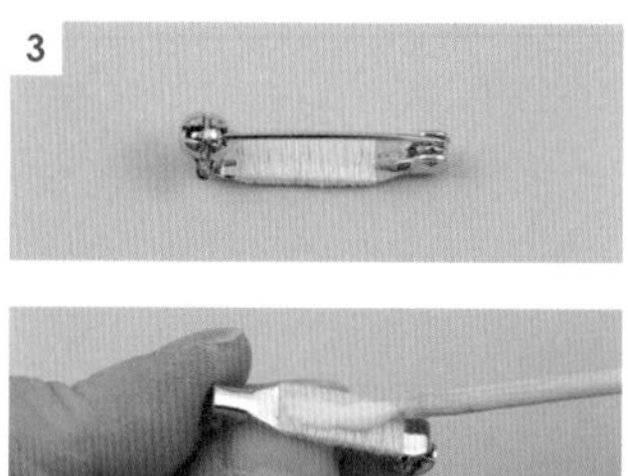

最後は余分な糸をはさみで切る。回転ピンを閉じて、裏にボンドを塗って蝶々の体の裏に貼る

4

完成

＊お好みでP.38の㉓～㉕のアクセサリー金具の丸皿に貼ることもできます。

基本のテクニック I

**バラの工程を通して、花や蝶々の作品に
共通する基本のテクニックを紹介します。**

バラ　P.8

材料

刺繍糸
濃赤（3685）
赤（3803）
淡緑（986）
緑（319）
濃緑（500）

フェルト
赤（118）
緑（448）

ワイヤー
#24（36cm）
1本…ウッドビーズ
#26（36cm）
各1本…花弁小、花弁大、葉**a**、ガク
5本…花弁中
2本…葉**b**
#30（36cm）
3本…トゲ

ビーズ
ウッドビーズ（丸中）
キジ（R6-6）　1個…花芯

パーツを用意する

1
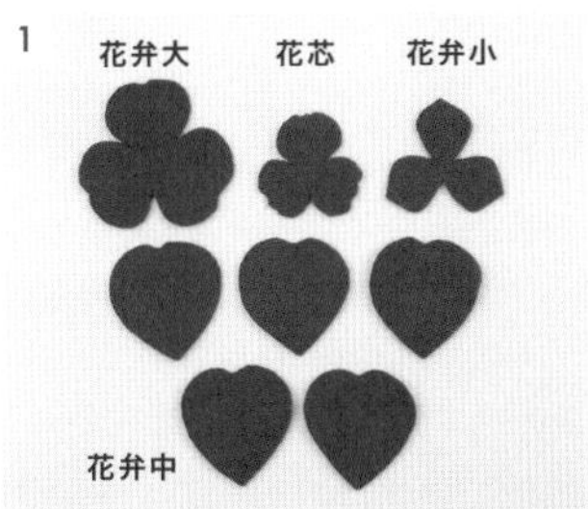

花芯と花弁のフェルトを型紙（→**P.51**）通りに、指定の枚数に裁断する

2
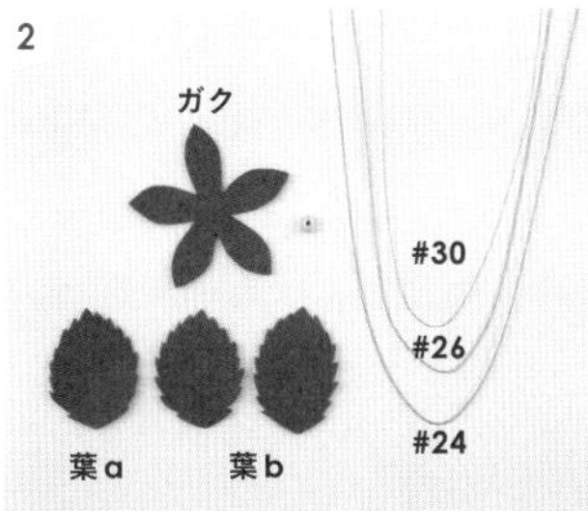

葉とガクのフェルトを型紙（→**P.51**）通りに、指定の枚数に裁断する。ワイヤーとウッドビーズを用意する

刺繍の刺し始めの処理

フェルトを
２回すくって
玉結びの代わりとします。
▷▷▷

＊刺繍糸はわかりやすいように目立つ色で刺しています。実際は［濃赤②］で刺します。

花芯の刺繍パーツを作る

3
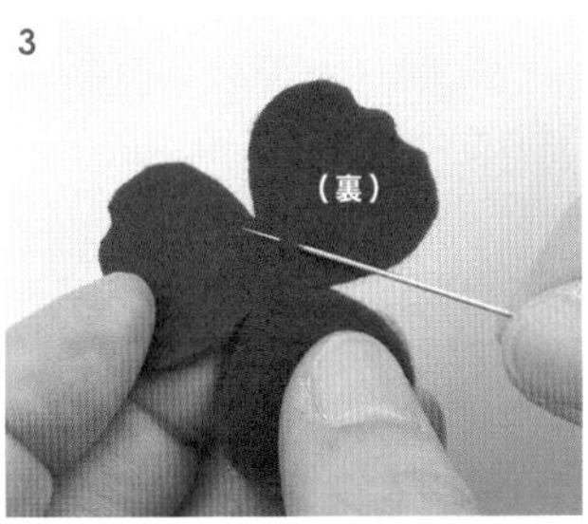

花芯のパーツに刺し始めの処理をする。針に糸［濃赤②］を通し、花びらの根元、切れ込み付近でフェルトを少しすくう

4
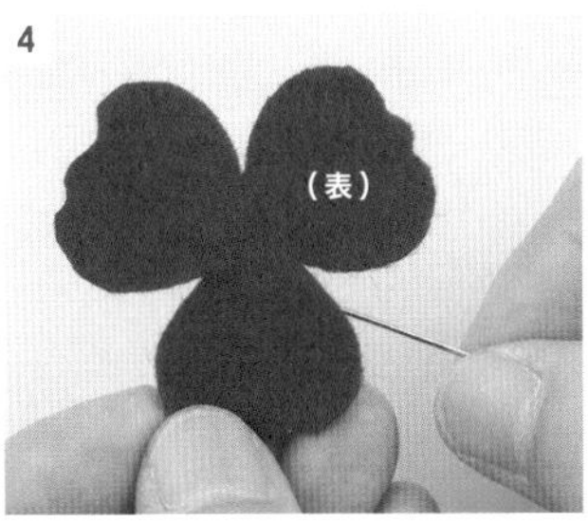

表にひびかないようにすくう

5
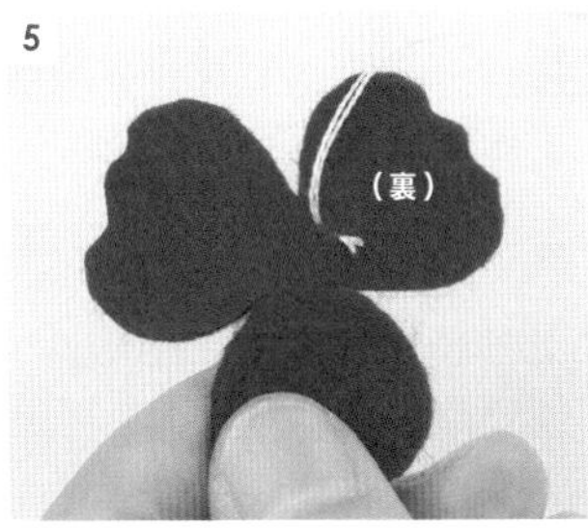

糸端約0.1cmを残して糸を引く

6

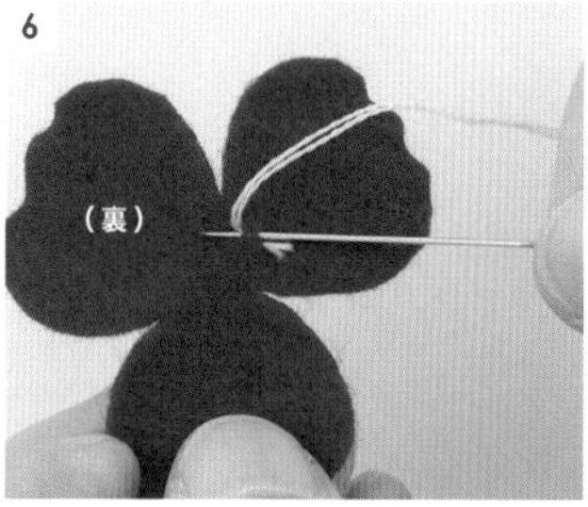

もう一度フェルトを少しすくう。表にひびかないようにする

7

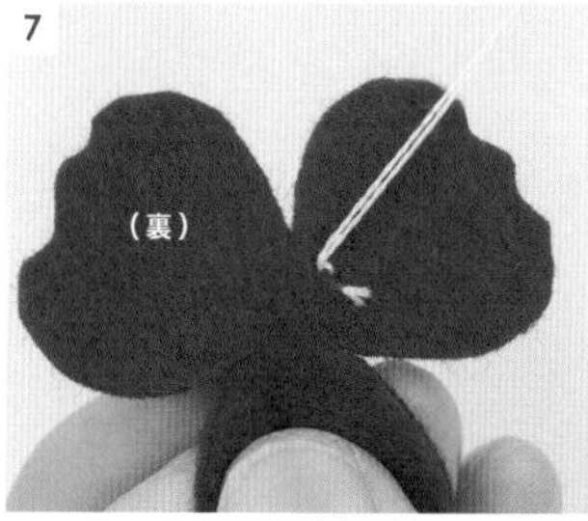

糸を引く。玉結びの代わりとする

8

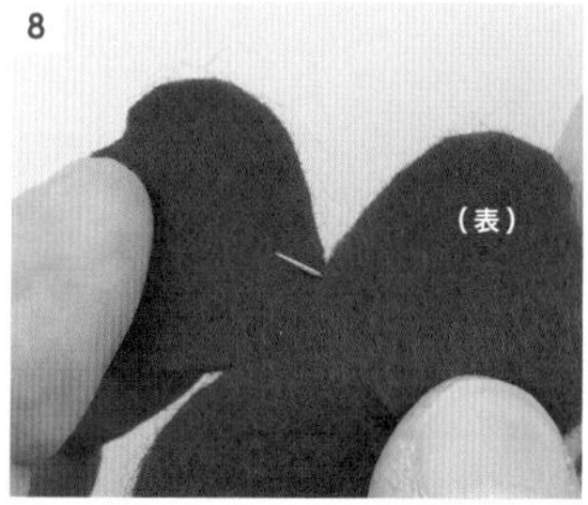

フェルトを表に返す。花びらの切れ込みの少し内側から針を出す

9

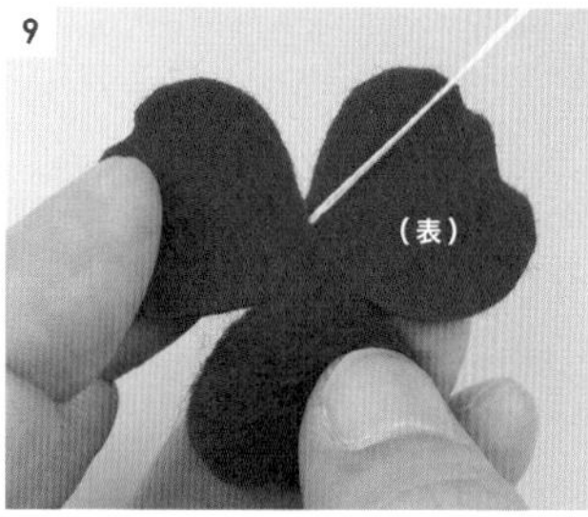

糸を引く

ブランケットst をする

フェルトの縁に
ブランケットstをすることで、
縁に強度が増します。

▷▷▷

10

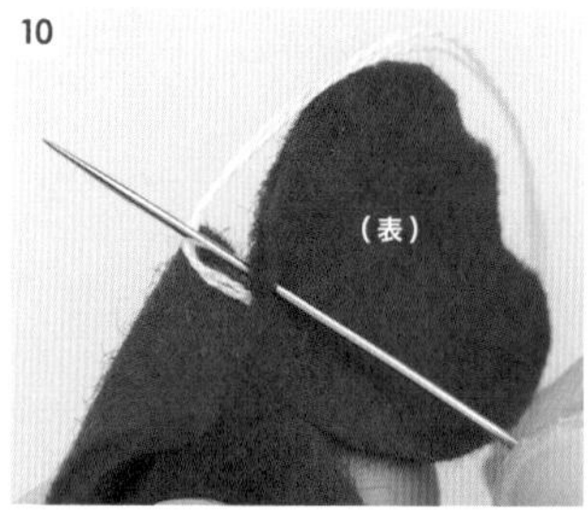

隣の花びらを奥側へ折って、縁にブランケットst（→P.111）をする

11

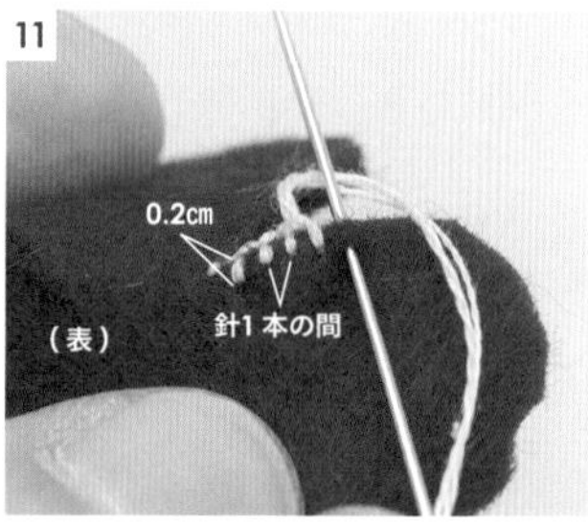

針1 本分の間隔で、長さ約0.2cmの針目でブランケットst をする

12

ブランケットst を刺し終わったところ

刺繍の刺し終わりの処理

刺し始めの処理と同様に
フェルトを２回すくって
玉どめの代わりとします。

▷▷▷

13

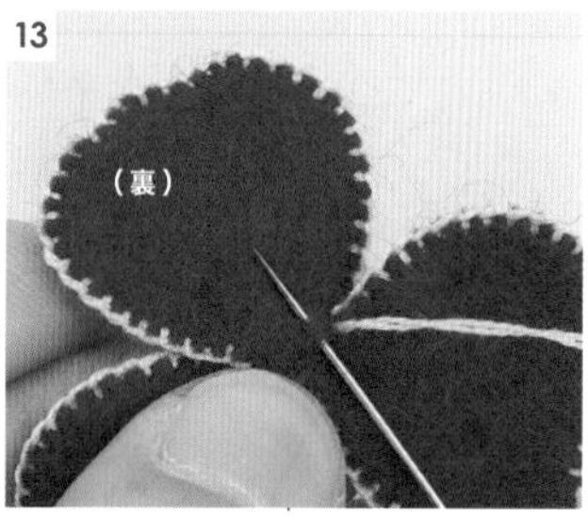

フェルトを裏に返す。最後に刺したブランケットst の根元でフェルトを少しすくう

14

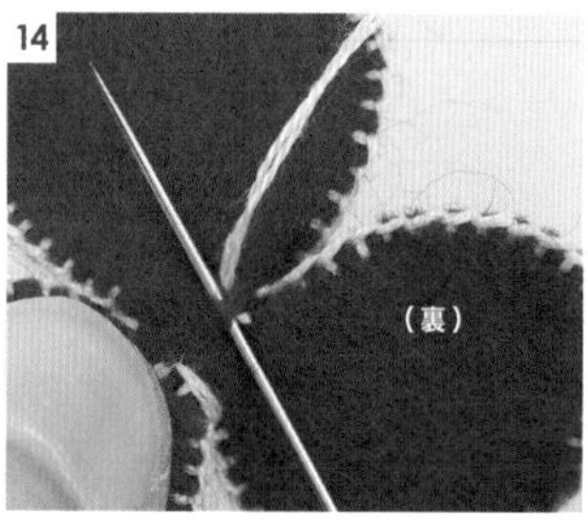

糸を引き、同様にもう一度フェルトを少しすくう。表にひびかないようにする

15

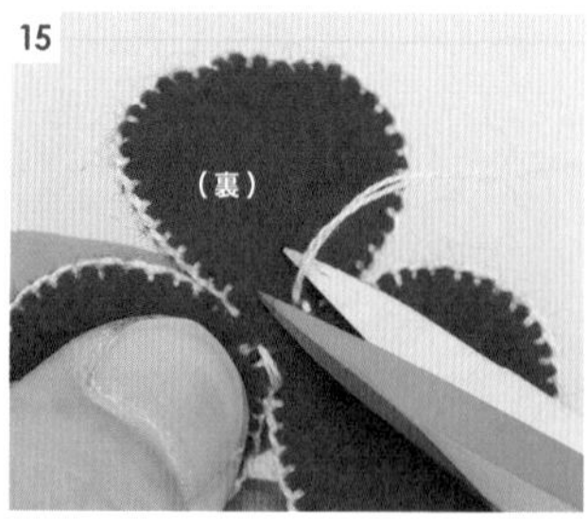

糸を引いて余分な糸をフェルトの際ではさみで切る。玉どめの代わりとする

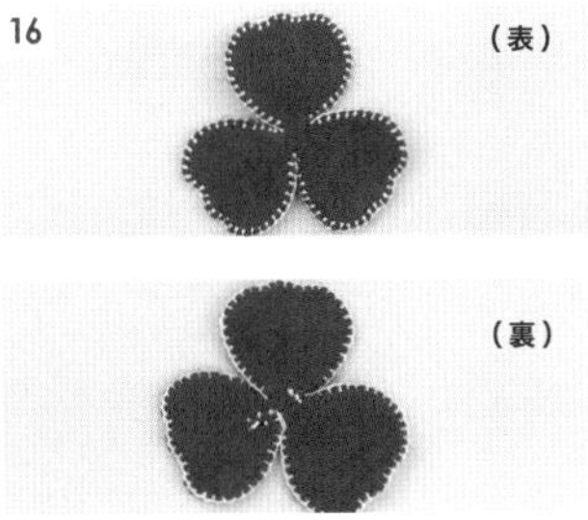

ブランケットstの完成

サテンst をする

フェルトの表面に、
指定の糸で段ごとに
サテンstをします。

▷▷▷

フェルトを裏に返す。針に糸［濃赤③］を通し、花びら中央で刺し始めの処理をする

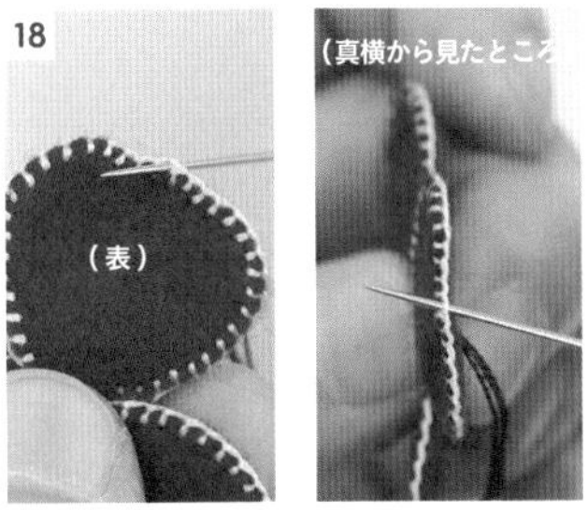

フェルトを表に返す。花びら中央の、フェルトとブランケットst の間から針を出して1 段めの刺繍をする

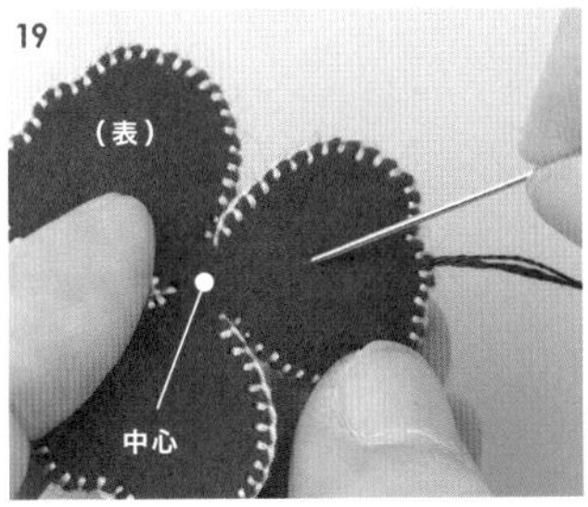

花芯の中心に向かって約1cm の針目でサテンst（→P.111）を花びらの中央から片側ずつ刺す

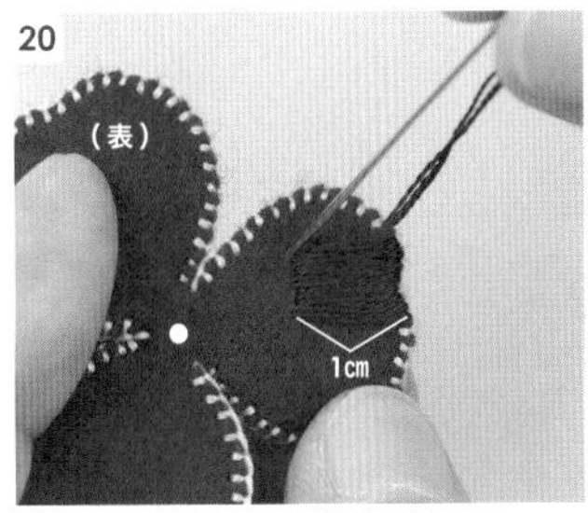

花びらの中央部では同じ長さの針目ですき間があかないよう刺す

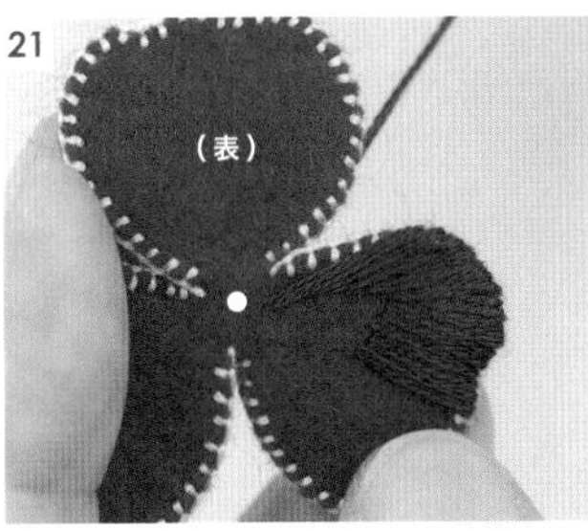

カーブの部分では短い針目を入れながら、針目が常に花芯の中心に向かうように調整して刺す

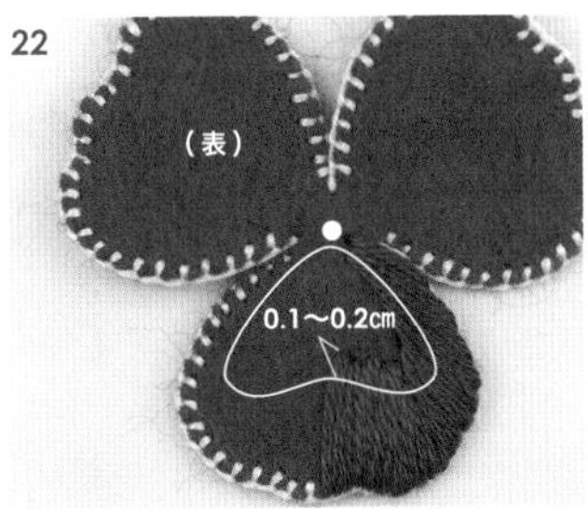

花びら片側にサテンst を刺したところ。段ごとの目安線より0.1〜0.2cm の内側で針を入れる

フェルトを裏に返し、表にひびかないようにフェルトをすくう

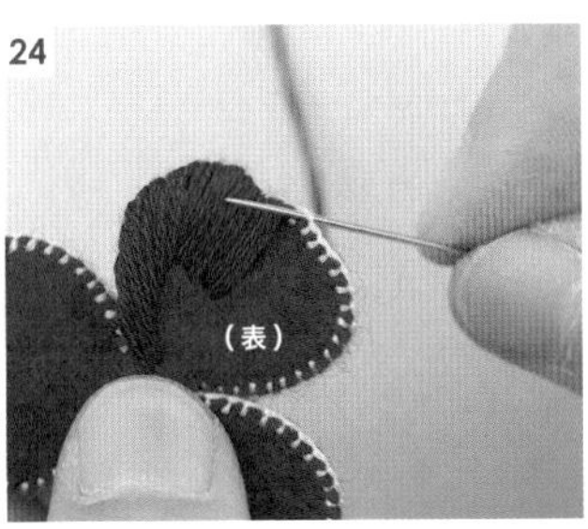

フェルトを表に返し、フェルトとブランケットst の間から針を出して残り半分にもサテンst を刺す

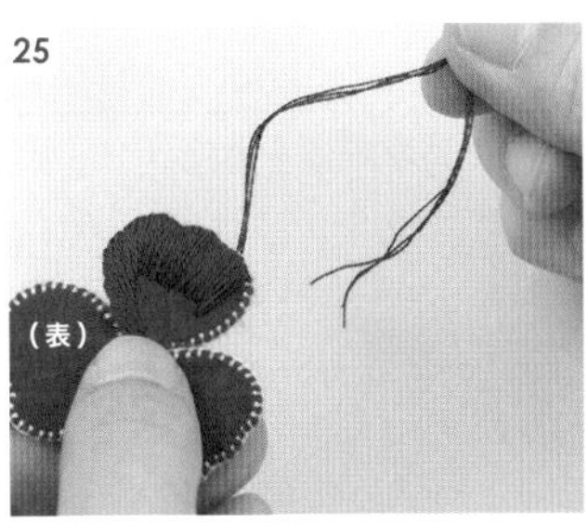

糸が短くなった場合は途中で糸替えを行う

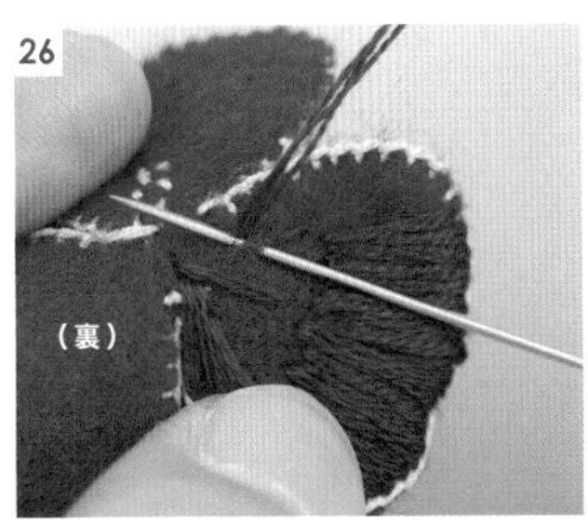

フェルトを裏に返して刺し終わりの処理をし、余分な糸をはさみで切る

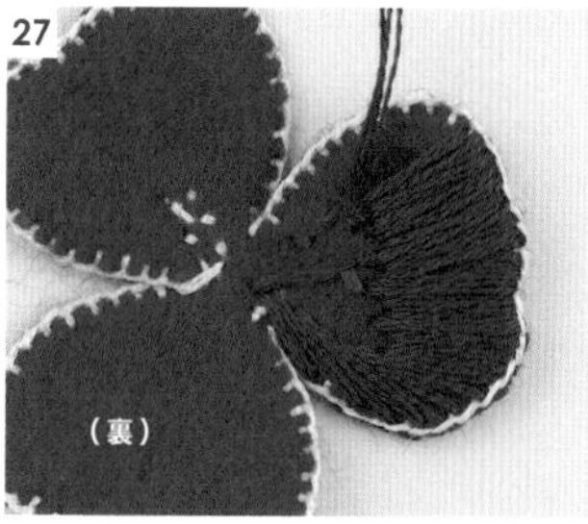

針に新しい糸を通して裏で刺し始めの処理をする。フェルトを表に返し、続けてサテンst をする

1段めのサテンstを刺し終えたところ

＊刺繍糸はわかりやすいように目立つ色で刺しています。実際は[濃赤②]で刺します。

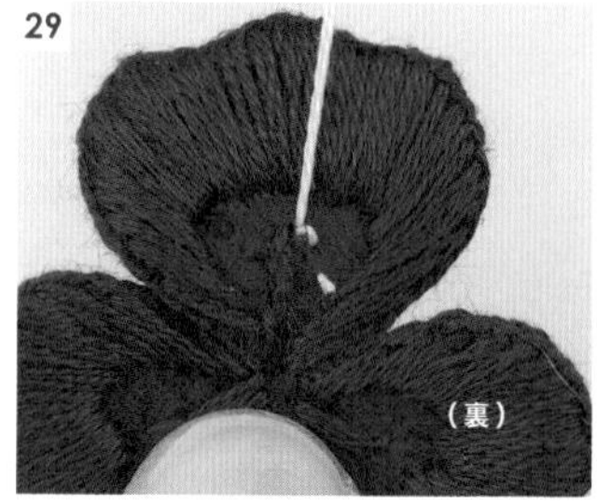

フェルトを裏に返す。針に糸［濃赤②］を通し、花びらの中央で刺し始めの処理をする

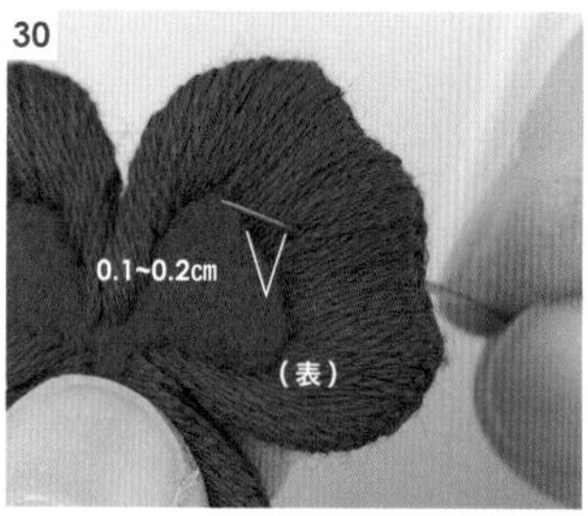

1 段めのサテンst の中央、間から針を表に出して2段めの刺繍をする

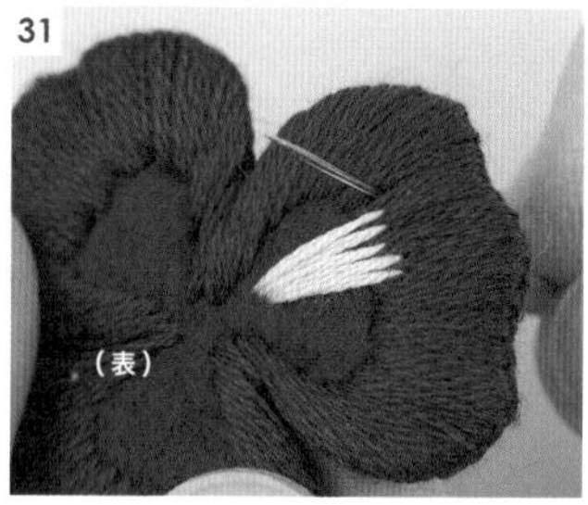

1 段めのサテンst を0.1~0.2cm またぎながら2 段めのサテンst を刺す

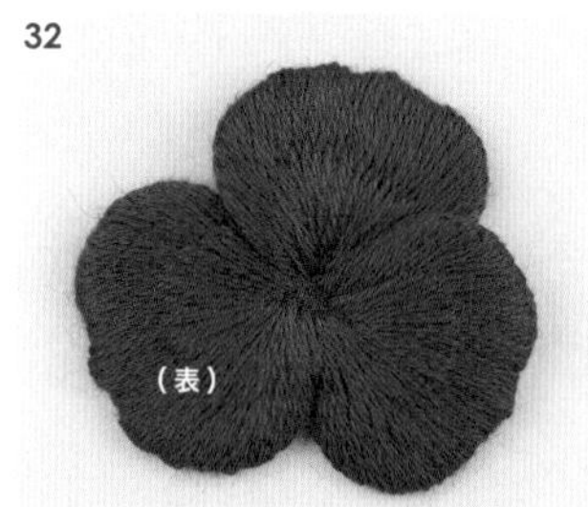

2段めのサテンst を刺し終えたところ。花芯の刺繍パーツの完成

ワイヤー入りの花弁小の刺繍パーツを作る

花弁小のパーツの縁に糸［濃赤②］でブランケットst をする

ワイヤー入りのパーツを作る

フェルトの裏の縁にワイヤーを縫いとめて、花や葉の表情を作りやすくします。ワイヤーの足が出ていないパーツをワイヤー入りと呼びます。

▷▷▷

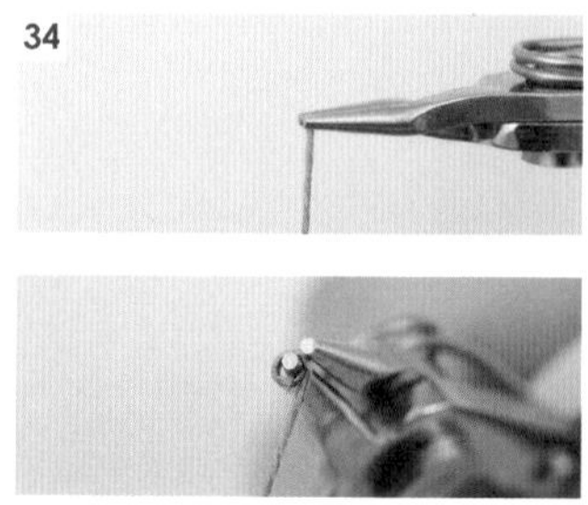

長さ36cmのワイヤー #26 の端を丸ペンチで挟み、ペンチに添わせて丸め、直径0.2〜0.3cmの輪を作る

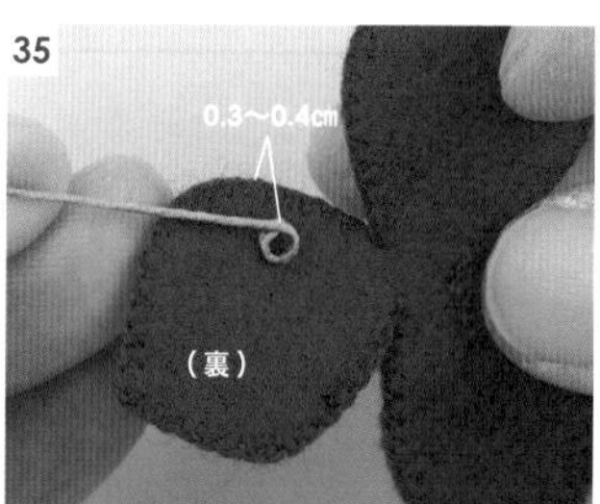

輪をフェルトの裏、縁から約0.3〜0.4cmのところに置く

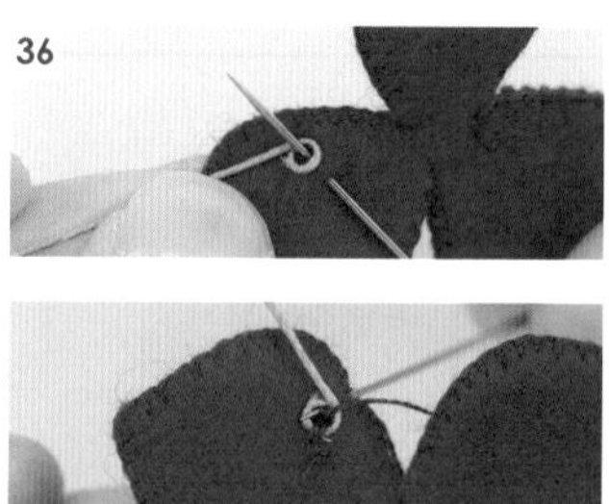

針に糸［濃赤①］を通して糸端に玉結びを作る。フェルトと輪をすくう。輪を2、3 回縫いとめる

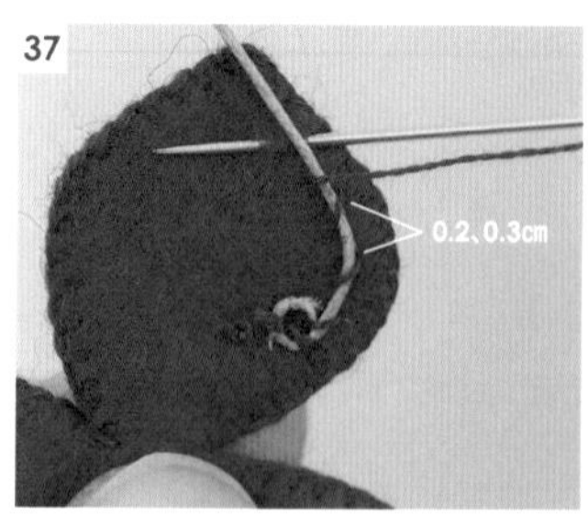

ワイヤーを花びらのカーブに沿って曲げながら、0.2〜0.3cm間隔の巻きかがりで縫いとめる

38

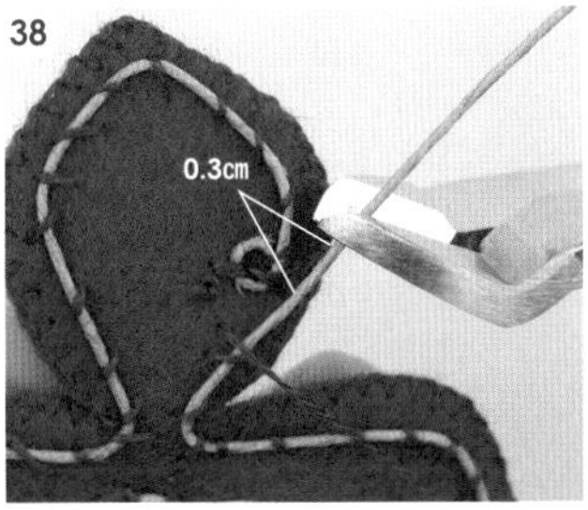

輪の手前まで縫いとめたらワイヤーの端を約0.3cm残してニッパーで切り落とす

39

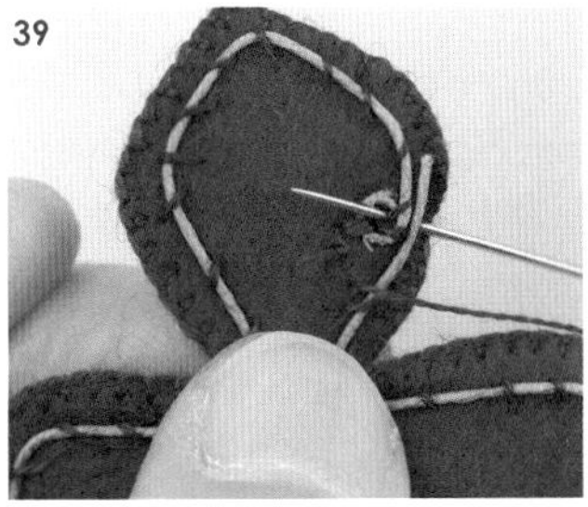

輪と端を一緒に2、3回縫いとめる

40

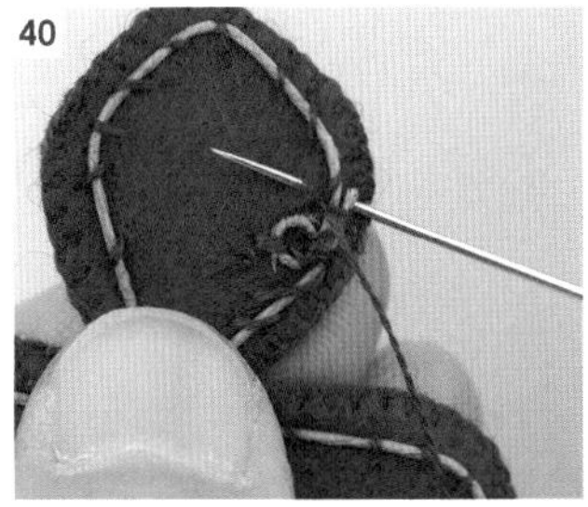

すでに縫いとめたワイヤーと端を一緒に2、3回縫いとめる。玉どめをしてから余分な糸をはさみで切る

41

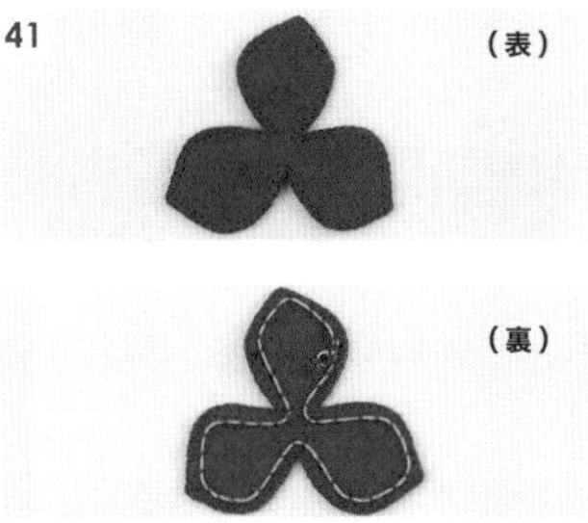

ワイヤーは表にひびかないように縫いとめる

42

指定の糸で1〜3段めのサテンstをする。ワイヤー入りの花弁小の刺繍パーツの完成

ワイヤー入りの花弁大の刺繍パーツを作る

43

花弁大のパーツを花弁小と同様にして、指定の糸で刺繍をする。

ワイヤー付きの花弁中の刺繍パーツを作る

44

花弁中のパーツの縁に糸［濃赤②］でブランケットstをする

ワイヤー付きのパーツを作る

フェルトの裏の縁にワイヤーを縫いとめて、ワイヤーの足が付いたパーツを作ります。ワイヤー付きと呼びます。

▷▷▷

45

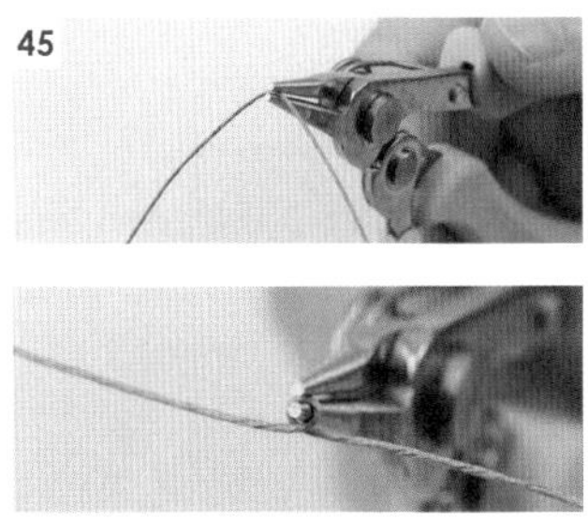

長さ36cmのワイヤー#26の中央を丸ペンチで挟み、ワイヤーを交差させ、直径0.2〜0.3cmの輪を作る

46

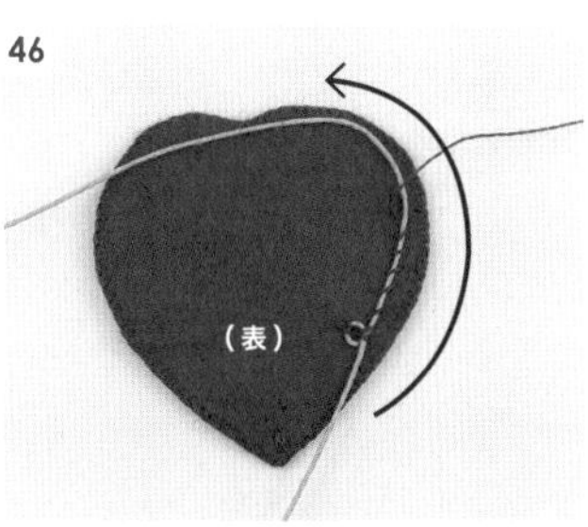

ワイヤー入りの花弁小と同様にして、糸［濃赤①］でワイヤーの輪を縫いとめる。矢印方向に巻きかがりで縫いとめる

47

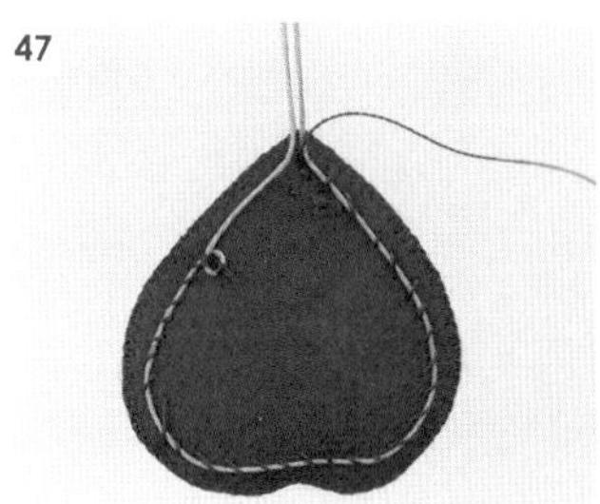

花びらの根元まで縫いとめたらワイヤー2本を寄せる

48

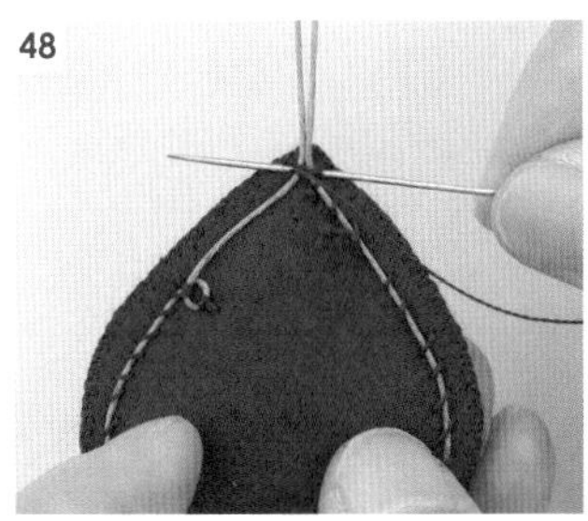

寄せた2本のワイヤーを根元で2、3回縫いとめたら続けて輪まで巻きかがりで縫いとめる

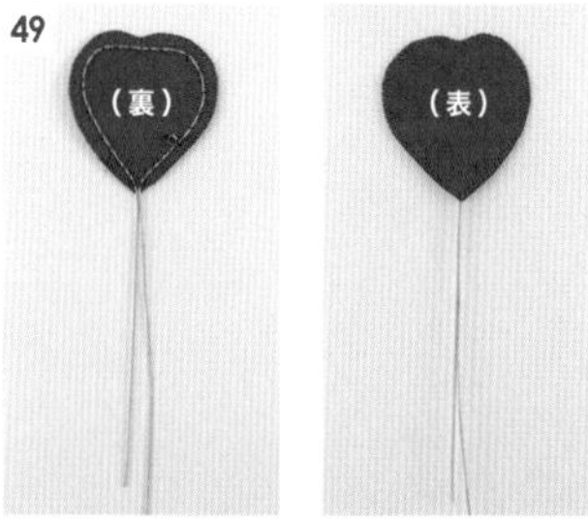

輪まで縫いとめたら玉どめをしてから余分な糸をはさみで切る。ワイヤーは表にひびかないように縫いとめる

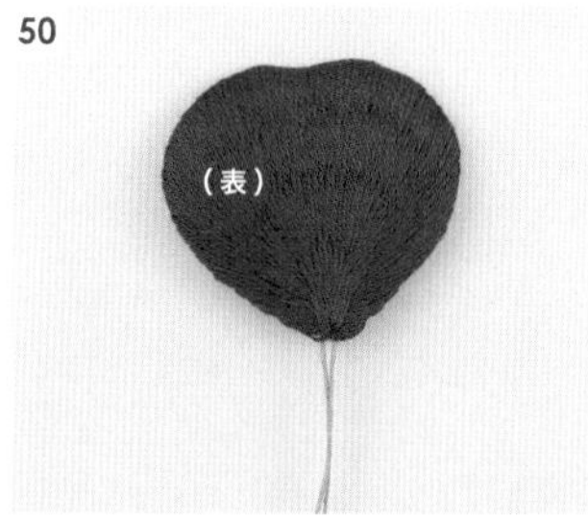

指定の糸で1〜4段めのサテンstをする。ワイヤー付きの花弁中の刺繍パーツを5本作る

ワイヤー入りのガクの刺繍パーツを作る

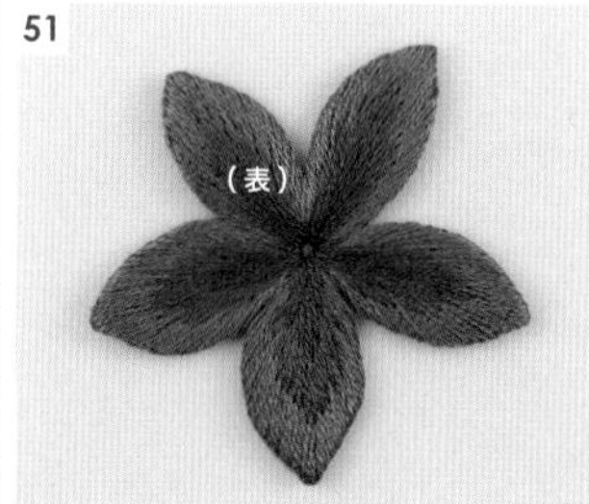

ガクのパーツをワイヤー入りの花弁小と同様にして指定の糸で刺繍をする

ワイヤー付きの葉aと葉bの刺繍パーツを作る

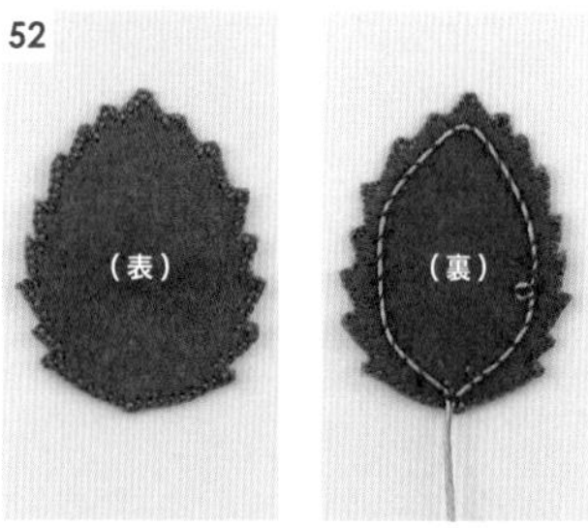

葉aの縁に糸［淡緑②］でブランケットstをする。長さ36cmのワイヤー#26の中央に輪を作り、ワイヤーを巻きかがりで縫いとめる

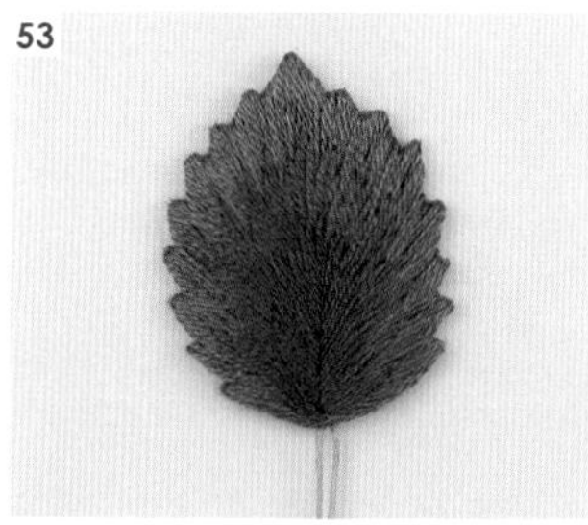

指定の糸で1〜3段めのサテンstをする。ワイヤー付きの葉aの刺繍パーツの完成。葉bも同様にして2本作る

各パーツに茎を作る

葉の刺繍パーツの
ワイヤーに糸を巻いて
茎に仕立てます。

▷▷▷

茎を作る

葉bのワイヤーにボンドを薄く塗って糸端［濃緑①］を貼る

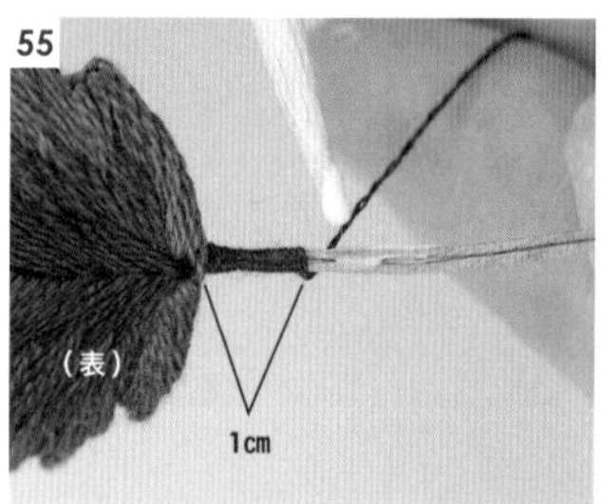

すき間があかないよう、ボンドを薄く塗りながら糸を約1cm巻く

葉bの余分な糸ははさみで切る。葉aも同様にして糸［濃緑①］を約3.5cm巻き、糸は残しておく

3枚葉を作る

葉aの左右に葉bを添える。ワイヤー3本にボンドを薄く塗る

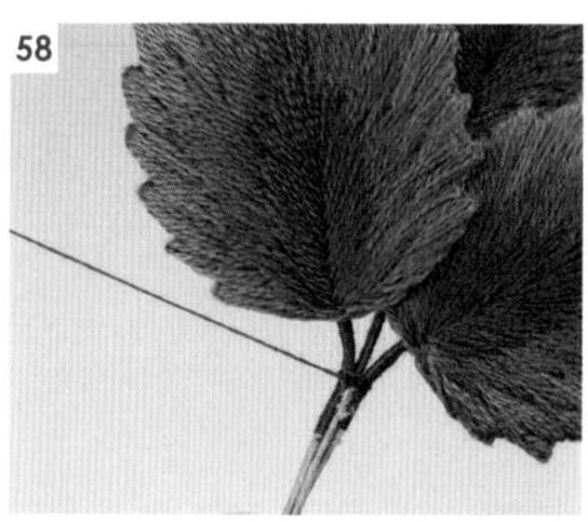

ワイヤーにボンドを薄く塗りながら、すき間があかないように残していた葉aの糸を巻く

約2cm巻いて茎を作り、余分な糸ははさみで切る。3枚葉の完成

トゲのパーツを作る

60

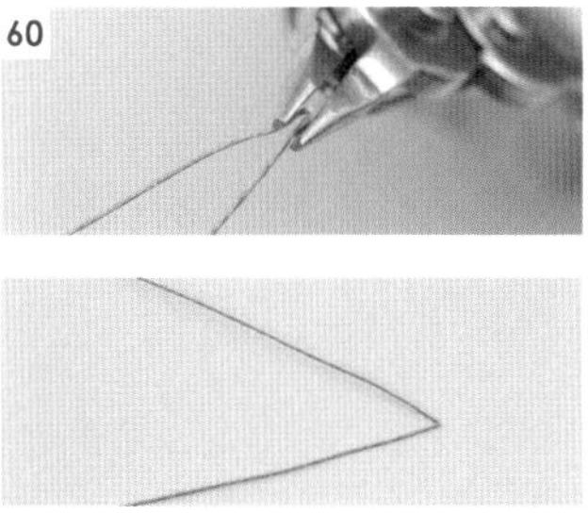

長さ36cm のワイヤー #30 の中央を平ペンチで半分に折る

61

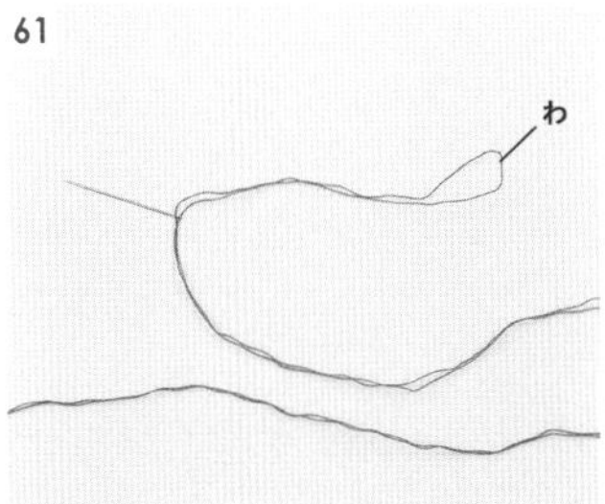

糸［赤①］を半分に折り、糸2本を針穴に通す

62

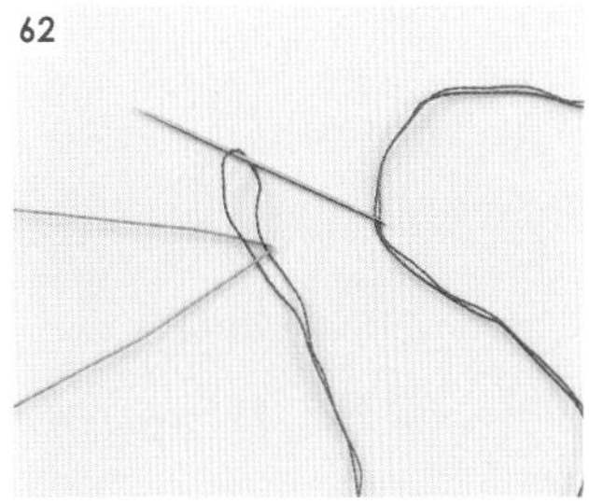

ワイヤーに糸をかけ、糸のわに針先を通す

63

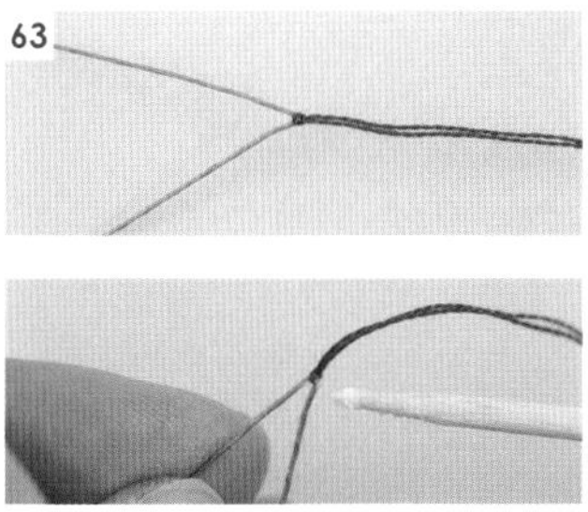

針を引く。ワイヤーにかけた糸にボンドを塗り、糸をワイヤーに固定する

64

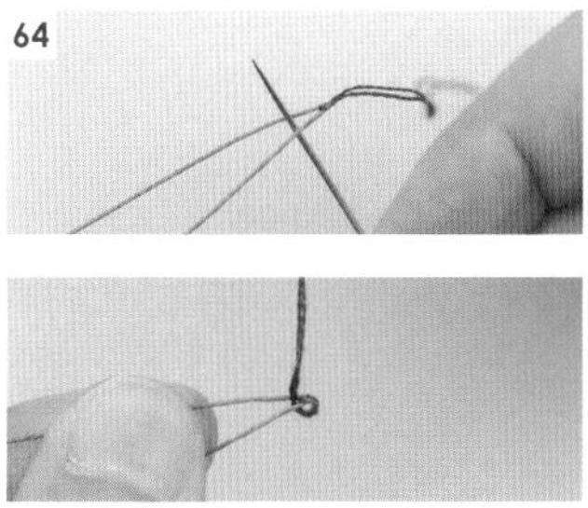

手前のワイヤーの下から針を通し、針を上に引く

65

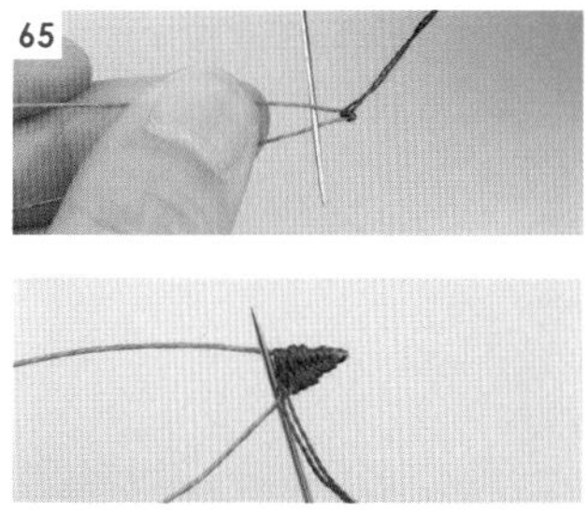

奥側のワイヤーの下から針を通し、針を下に引く。約0.5cm になるまで**64**、**65** を繰り返す

66

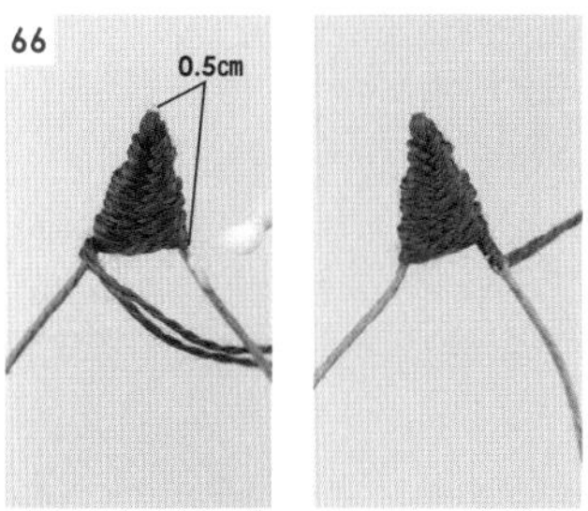

最後はワイヤーにボンドを薄く塗って、糸を2、3 回巻いて余分な糸をはさみで切る

67

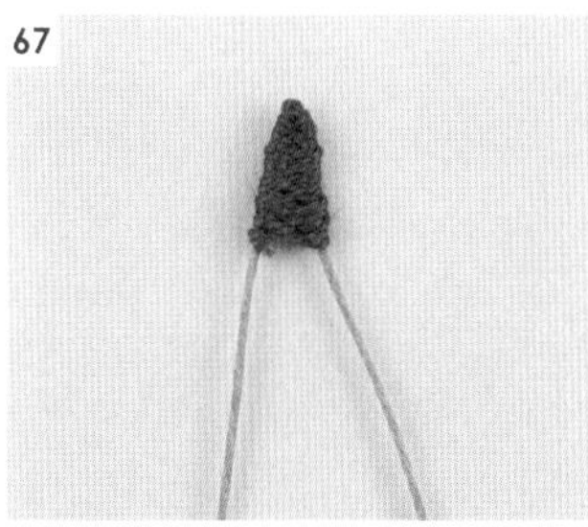

トゲのパーツの完成。３本作る

花芯と花弁のパーツをまとめる

68

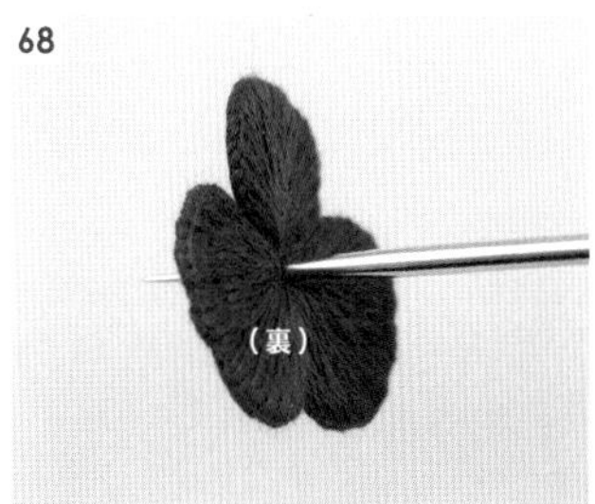

花芯の刺繍パーツの中心に裏から細目打ちで穴をあける

69

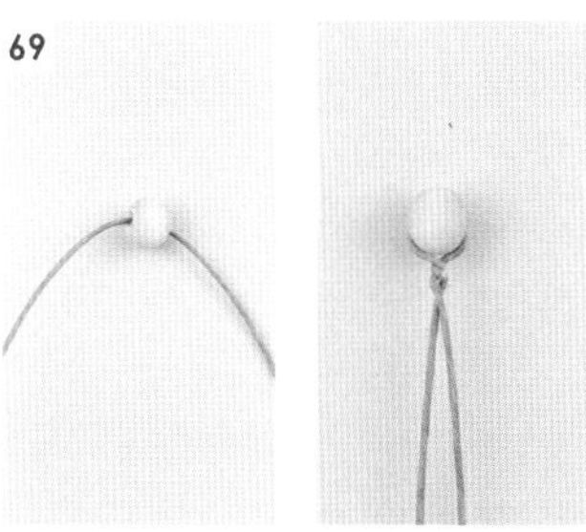

長さ36cm のワイヤー #24 の中央にウッドビーズを通す。ウッドビーズの根元でワイヤーを2、3 回ねじる

70

花芯（裏）にあけた穴にワイヤーを通す

71

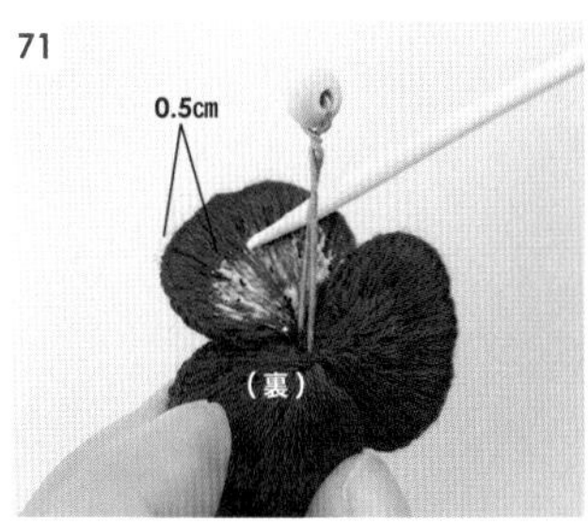

花びら１枚（裏）の内側、端から約0.5cm控えたところにボンドを塗る

72

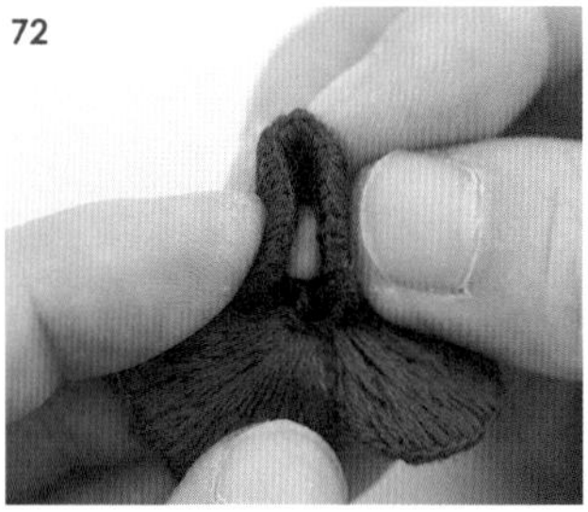

ウッドビーズを包むように花びらを貼る

73

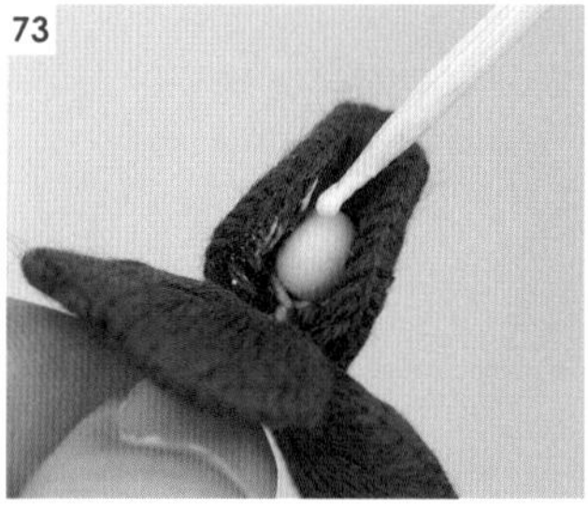

一度で貼りきれなかったら、その箇所（左側）にボンドを少し塗って貼る。花びら（右側）も同様にする

74

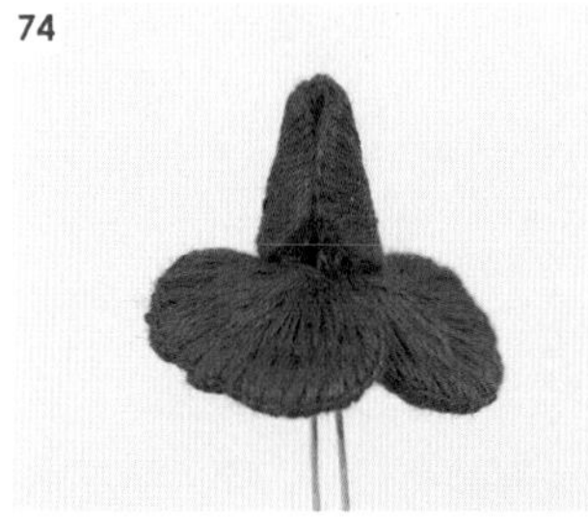

しっかりウッドビーズに貼る

75

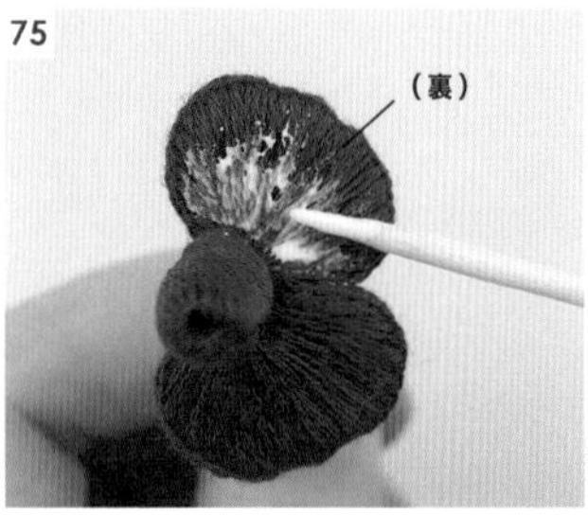

2枚めの花びら（裏）の内側、端から約0.5cm 控えたところにボンドを塗る

76

1枚めを包むように貼る。3枚めも同様に、ボンドを塗って2枚めも包むようにして貼る

77

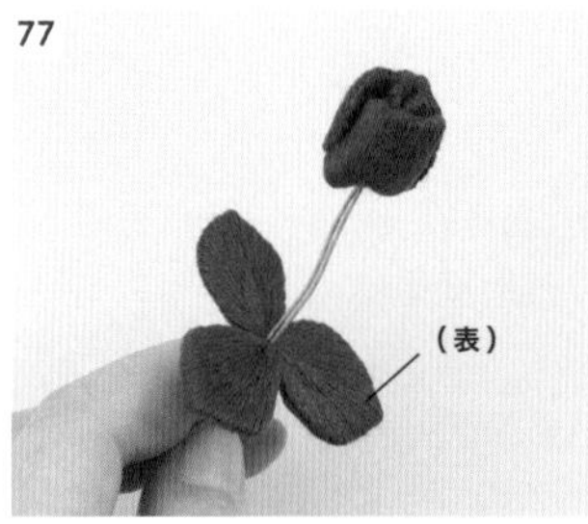

ワイヤー入りの花弁小の刺繍パーツの中心に表から細目打ちで穴をあけ、ワイヤーを通す

78

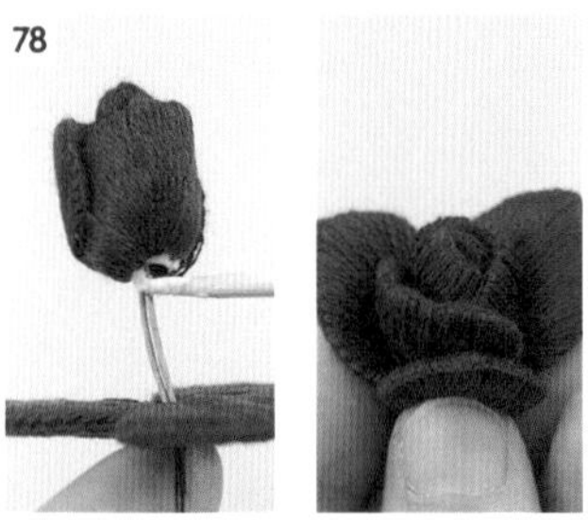

花芯の根元にボンドを塗り、花弁小を指先で押さえつけて貼る

79

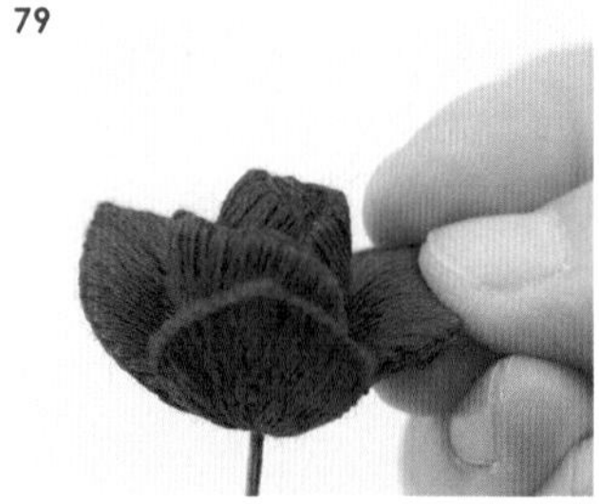

化弁小に指先で表情をつける

80

リイヤー入りの花弁大の刺繍パーツの花びらに細目打ちで表情をつける

81

花弁大の中心に表から細目打ちで穴をあけ、ワイヤーを通す。花弁小の底にボンドを塗る

82

花弁大を指先で押さえつけて貼る

83

ワイヤー付きの花弁中の刺繍パーツに細目打ちで表情をつける

84

1枚めの花弁中を添え、ワイヤーにボンドを薄く塗って糸端［濃緑①］を貼る。すき間があかないように糸を2、3回巻く

85

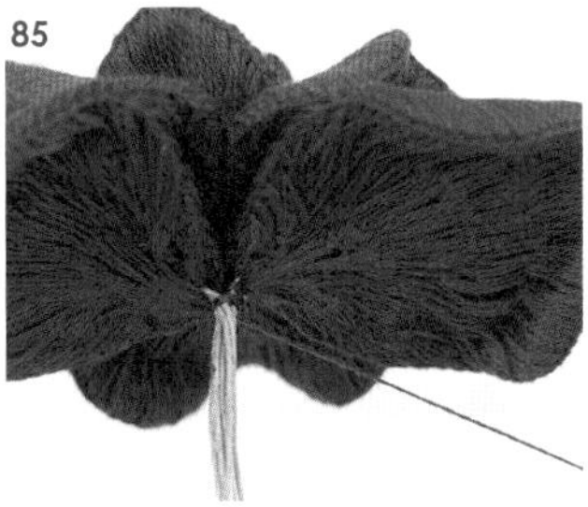

2枚めの花弁中は1枚めとずらして添え、ワイヤーにボンドを薄く塗って糸を2、3回巻く

86

3、4枚めも同様にして、花びらをずらして添え、ワイヤーにボンドを薄く塗って糸を2、3回巻くことを繰り返す

87

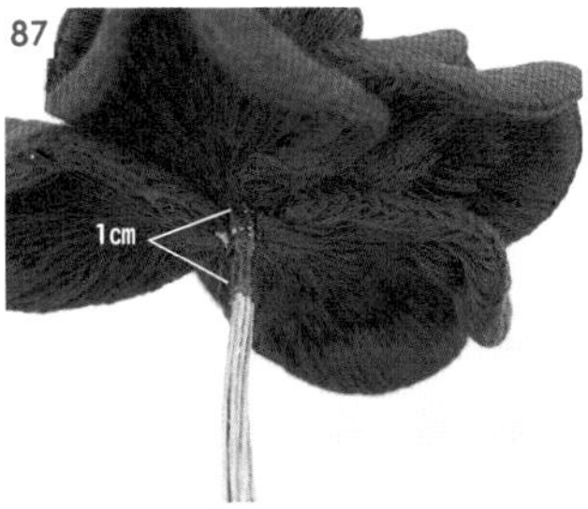

5枚めも添えてワイヤーにボンドを薄く塗りながら糸を約1cm巻く。余分な糸ははさみで切る

バラに仕立てる

花に仕立てる

花弁、3枚葉、ガク、トゲ等の刺繍パーツを束ねて、花に仕立てます。

▷▷▷

88

ワイヤー入りのガクの刺繍パーツに指先で表情をつける

89

ガクの中心に裏から太目打ちで穴をあける

90

ガクを花弁のワイヤーに通す

91

ガクの裏、穴の周辺にボンドを塗る

92

ガクを花弁にしっかり貼る

93

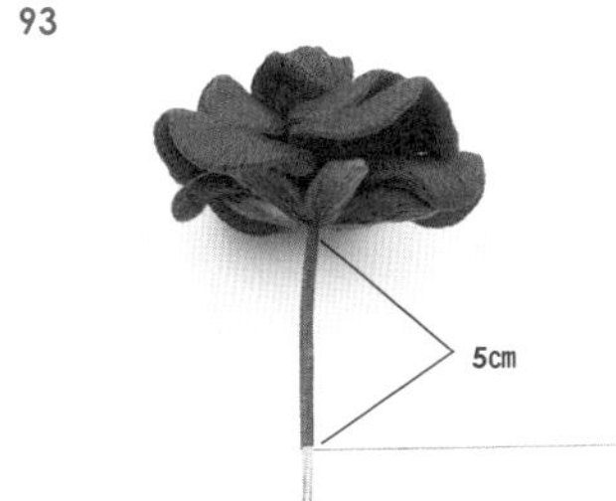

ワイヤーにボンドを薄く塗って糸端［濃緑①］を貼る。ワイヤーにボンドを薄く塗りながら糸を約5cm巻く

94

3枚葉を添える

95

花と3枚葉のワイヤーにボンドを薄く塗って糸を約0.5cm巻く

96

トゲのパーツを添え、ワイヤーにボンドを薄く塗りながら糸を約1.2cm巻く

97

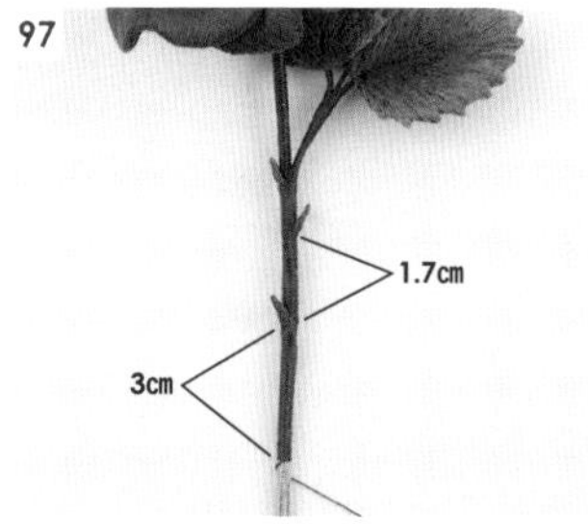

トゲの向きをずらして2、3本めも添え、ワイヤーにボンドを薄く塗りながら糸を指定の長さに巻く。糸は残しておく

茎の端の処理

束ねて太くなった
ワイヤーの太さ、
長さを調節して糸を
巻きます。

▷▷▷

98

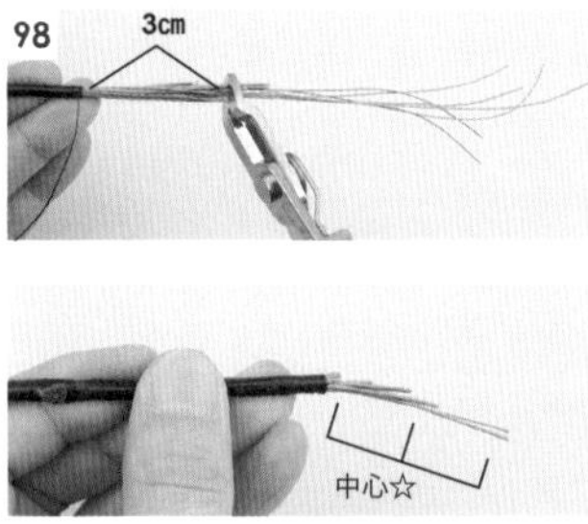

ワイヤーをニッパーで端から約3cmに切りそろえ粗裁ちする。さらに階段状に切り落とす

99

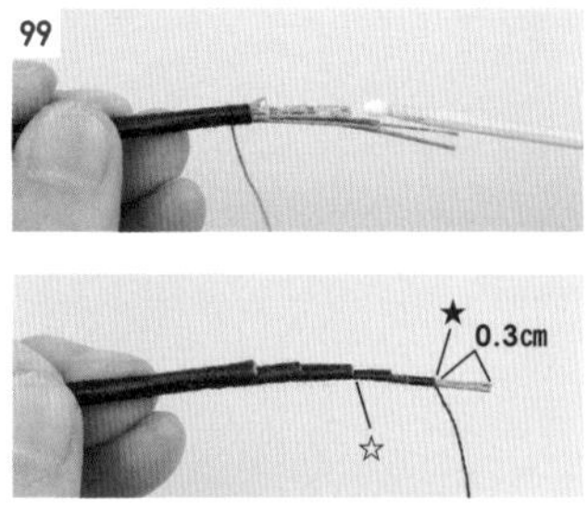

ボンドを薄く塗りながら端から0.3cm（★）のところまで糸を巻く

100

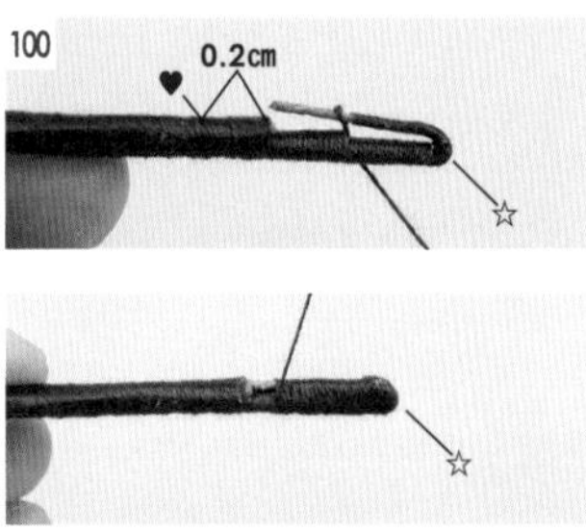

中心（☆）の位置でワイヤーを平ペンチで折り曲げる。ボンドを薄く塗りながら♥〜☆を往復して糸を巻く

101

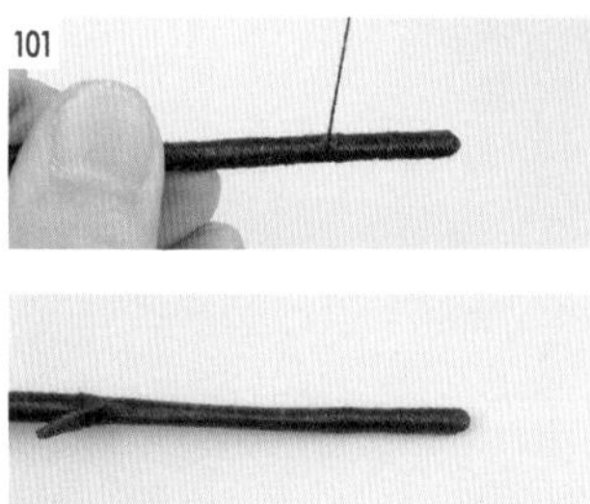

余分な糸ははさみで切って茎の端の処理の完成

102

本物のバラらしく茎の向きを整える

103

バラの完成

実物大型紙 ＊型紙の作り方はP.39、ステッチはP.111参照

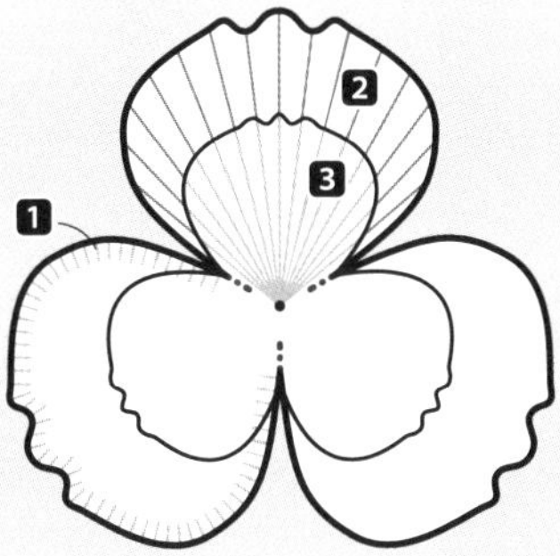

花芯

フェルト：赤：1枚
❶濃赤 ブランケットst②
❷濃赤 サテンst③
❸濃赤 サテンst②
• 目打ちで穴をあける
ー・ー 切り込み線

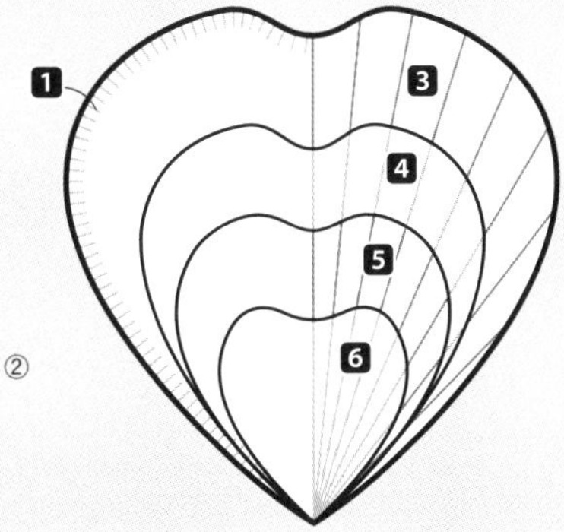

ワイヤー付きの花弁中

フェルト：赤：5枚
❶濃赤 ブランケットst②
❷ワイヤー #26 濃赤①
❸濃赤 サテンst③
❹濃赤 サテンst②
❺濃赤 サテンst②
❻濃赤 サテンst②

ワイヤー入りの花弁大

フェルト：赤：1枚
❶濃赤 ブランケットst②
❷ワイヤー #26 濃赤①
❸濃赤 サテンst③
❹濃赤 サテンst②
❺濃赤 サテンst②
• 目打ちで穴をあける
ー・ー 切り込み線

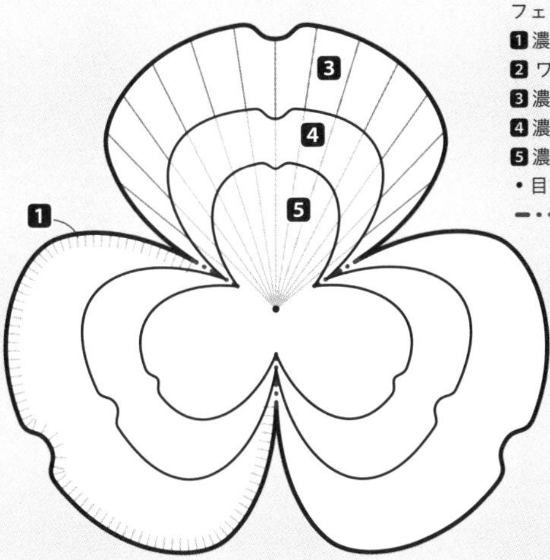

ワイヤー入りの花弁小

フェルト：赤：1枚
❶濃赤 ブランケットst②
❷ワイヤー #26 濃赤①
❸濃赤 サテンst③
❹濃赤 サテンst②
❺濃赤 サテンst②
• 目打ちで穴をあける

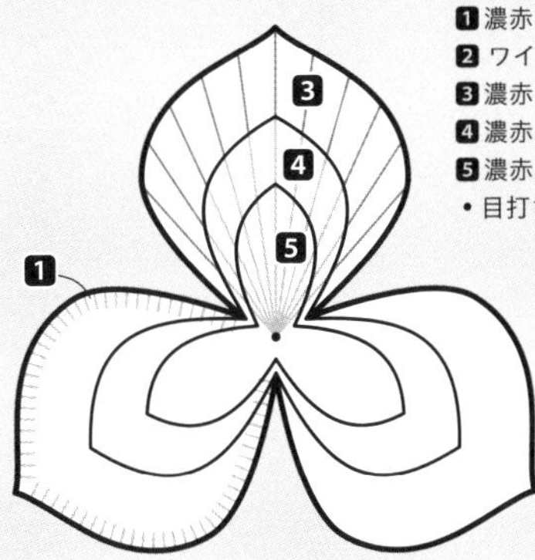

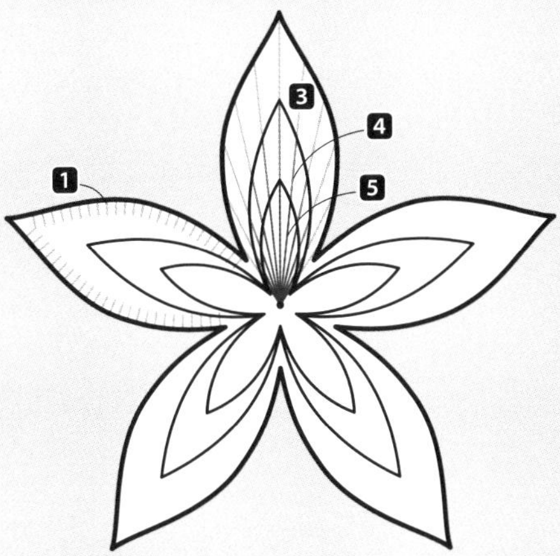

ワイヤー入りのガク

フェルト：緑：1枚
❶淡緑 ブランケットst②
❷ワイヤー #26 淡緑①
❸淡緑 サテンst②
❹緑 サテンst②
❺濃緑 サテンst②
• 目打ちで穴をあける

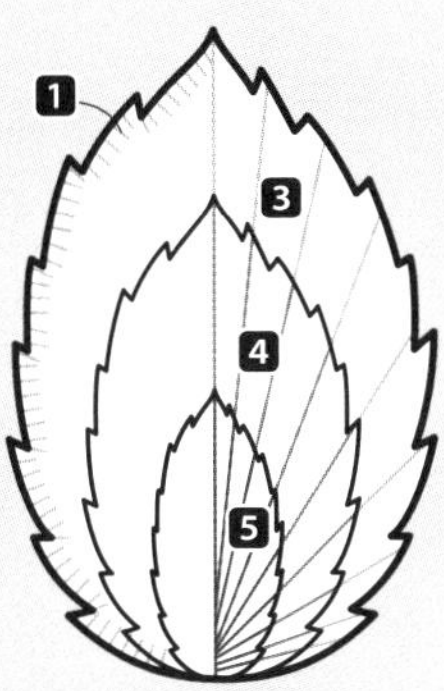

ワイヤー付きの葉a

フェルト：緑：1枚
❶淡緑 ブランケットst②
❷ワイヤー #26 淡緑①
❸淡緑 サテンst②
❹緑 サテンst②
❺濃緑 サテンst②

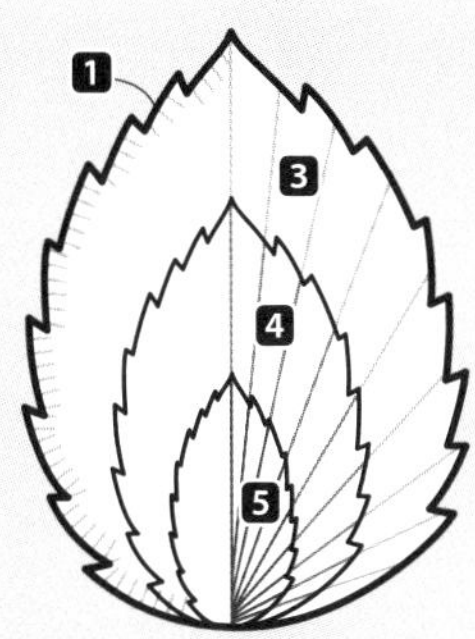

ワイヤー付きの葉b

フェルト：緑：2枚
❶淡緑 ブランケットst②
❷ワイヤー #26 淡緑①
❸淡緑 サテンst②
❹緑 サテンst②
❺濃緑 サテンst②

基本のテクニックⅡ

モンシロチョウの工程を通して、蝶々の作品に共通する基本のテクニックを紹介します。

モンシロチョウ　P.7

材料

刺繍糸
- 茶（938）
- 白（746）
- ベージュ（422）

フェルト
- 白（701）

ワイヤー
- #24（36cm）
  各1本…前翅（まえはね）・後翅（うしろはね）・体
- #30（36cm）
  1本…触角

その他
- アクリル絵の具（黒）…ワイヤー

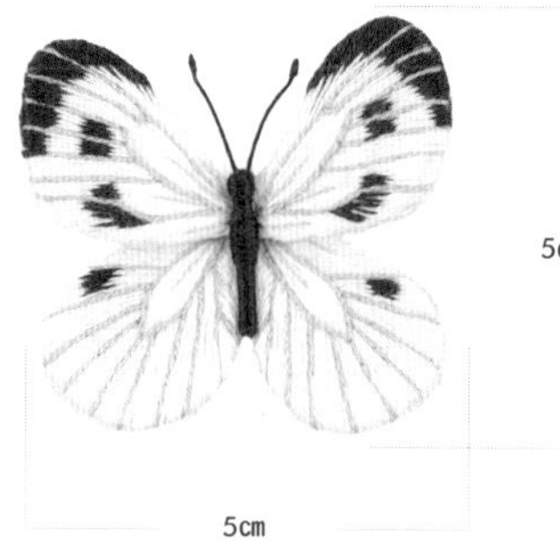

＊裏打ち用フェルトは蝶々の翅の大きさに合わせて用意します。

パーツを用意する

1 蝶々のフェルトを型紙（→P.56）通りに、前翅と後翅を各2枚図案を写しとって裁断する

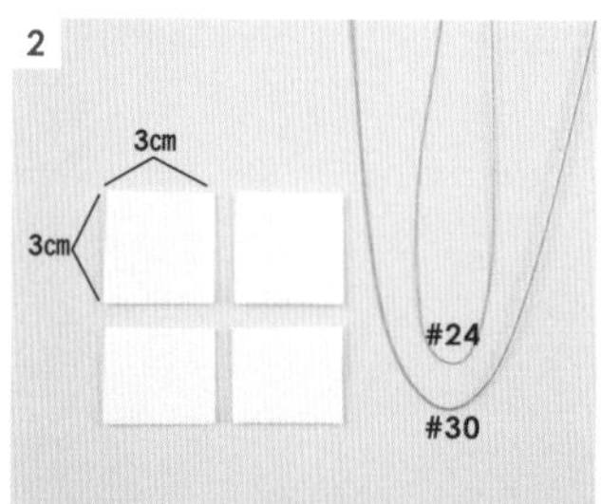

2 裏打ち用のフェルト（前翅と後翅各2枚）、前翅と後翅、体、触角用のワイヤーを用意する

翅を刺繍する

前翅、後翅のパーツに指定の糸とステッチで刺繍をします。

▷▷▷

翅の刺繍パーツを作る

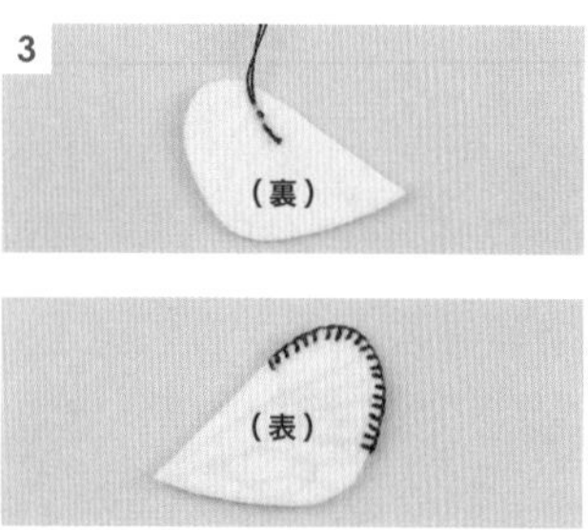

3 針に糸［茶②］を通し、刺し始めの処理をして前翅の指定の位置にブランケットstをする。刺し終わりの処理をする（→P.41、42）

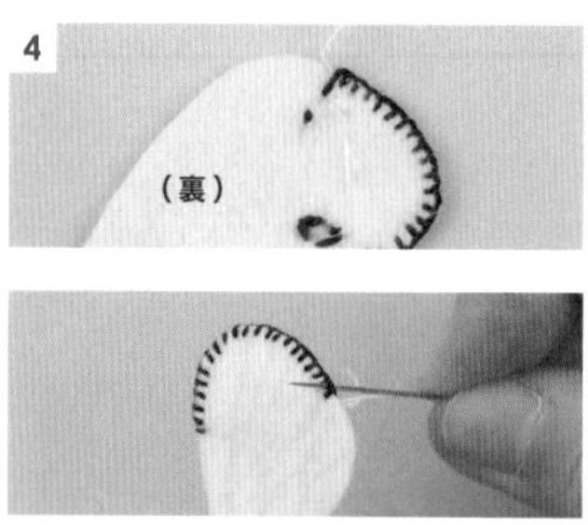

4 針に糸［白②］を通し、刺し始めの処理（→P.41）をして先に刺したブランケットstの目を裏からすくって糸を引く

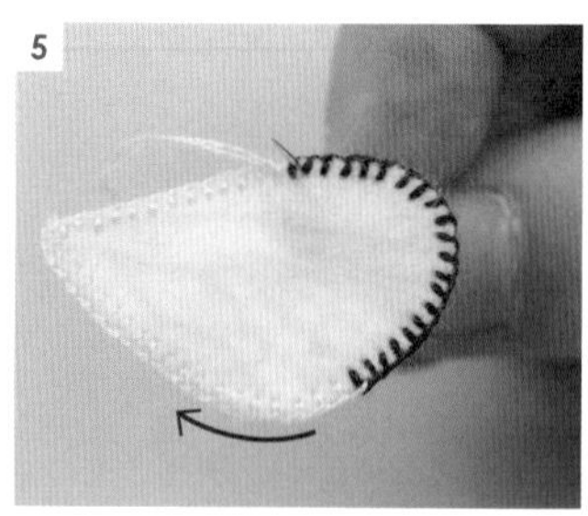

5 続けてブランケットstをする。先に刺したブランケットstを裏からすくって糸を引く

6

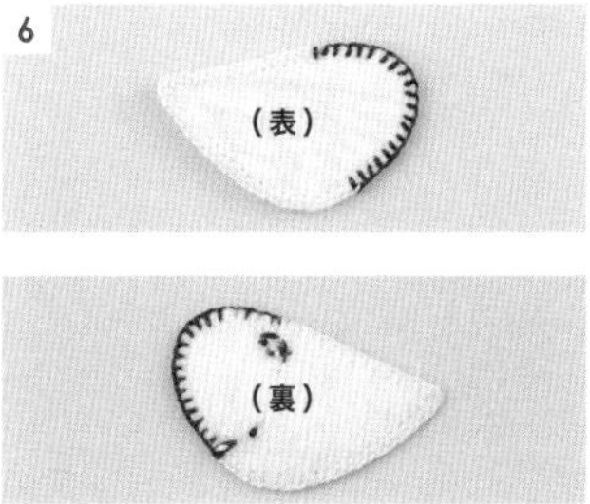

刺し終わりの処理（→P.42）をする。前翅にブランケットstを刺したところ

7

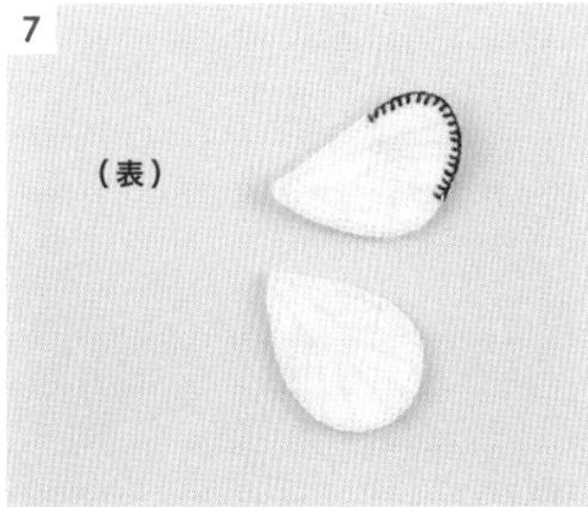

後翅も同様にブランケットstをする

8

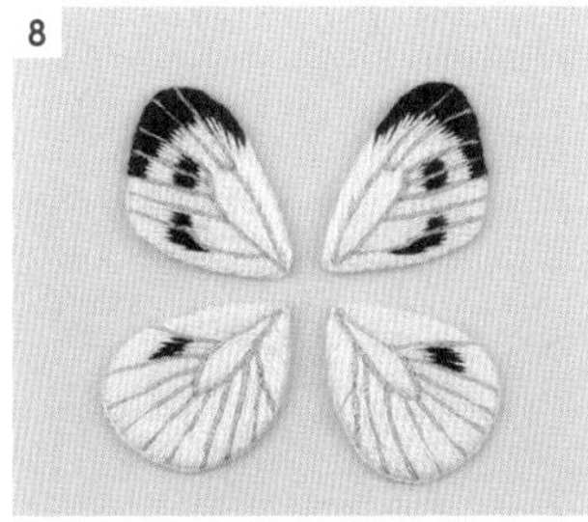

フランス刺繍の要領で内側の刺繍をする。前翅はb〜f、後翅はb〜dを刺す

裏打ち用のパーツを作る

9

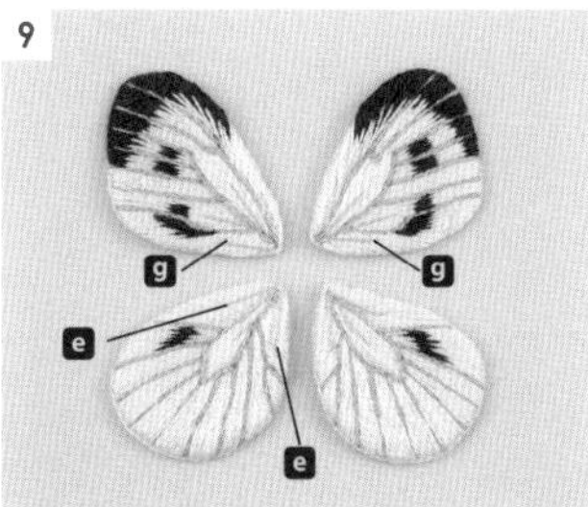

飾り刺繍をする。前翅はg、後翅はeを刺す

10

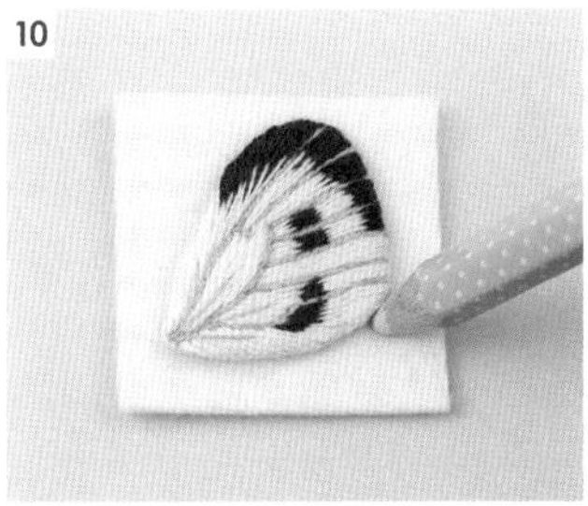

前翅の刺繍パーツを裏打ち用のフェルト（白）の上に置き、輪郭をチャコペルでなぞる

11

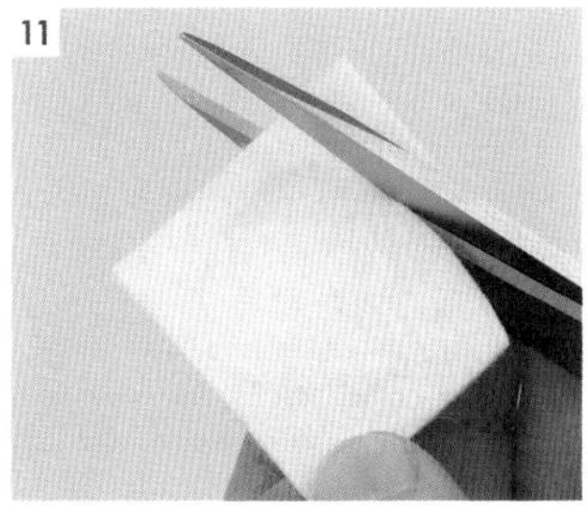

描いた線の内側をはさみで切る

12

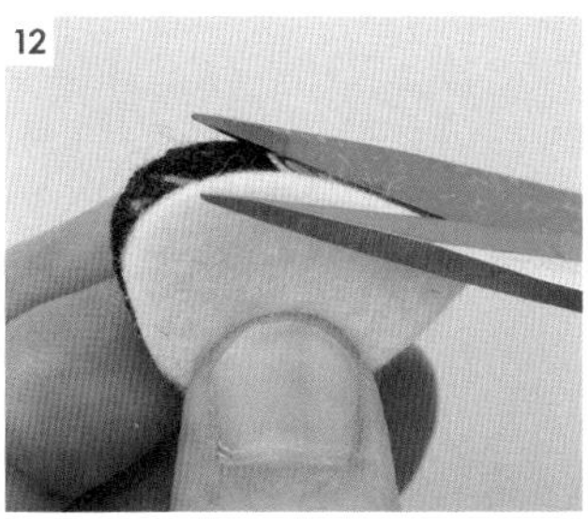

刺繍パーツと重ね、余分なフェルトをはさみで切り落として輪郭を整える

13

裏打ち用のパーツの完成。前翅用、後翅用各2枚用意する

ワイヤーを着色する

14

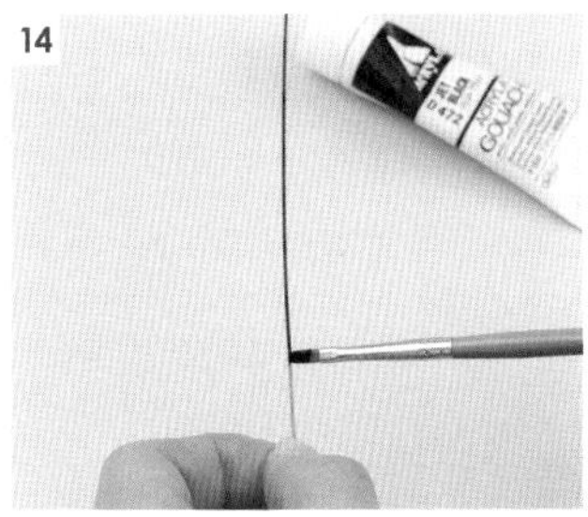

長さ36cmのワイヤー#24（体用）と#30の先端断面と全体をアクリル絵の具（黒）で着色する

15

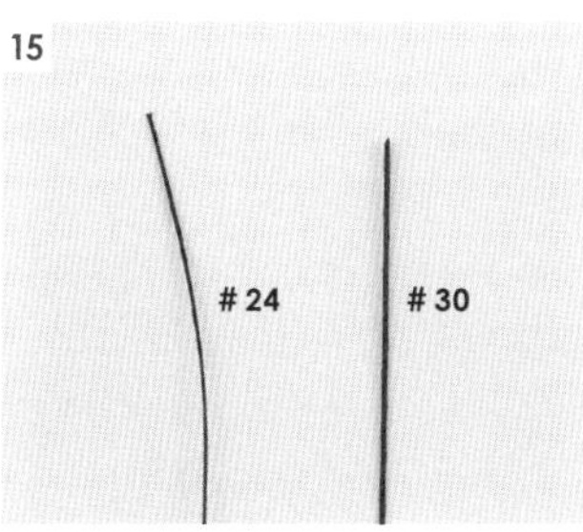

2〜3時間乾燥させる

翅を組み立てる

前翅、後翅の刺繍パーツを翅の形に仕立てます。

▷▷▷

翅を組み立てる

16

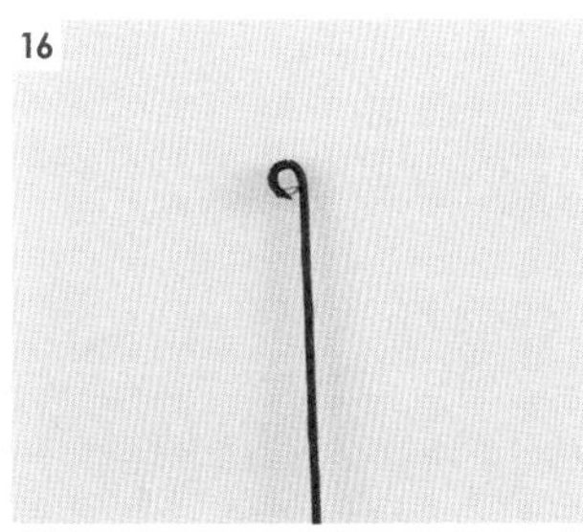

着色したワイヤー#24の先端を丸ペンチで挟み、直径0.2〜0.3cmの輪を作る（→P.44の34）

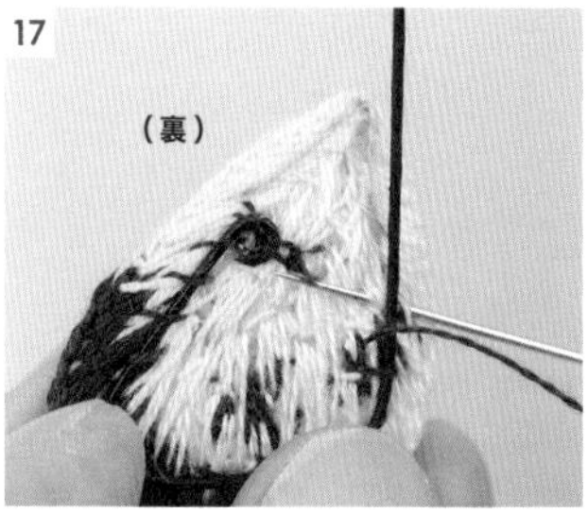

ワイヤーの輪を前翅の裏に置き、玉結びをした糸［茶①］で輪を縫いとめ、ワイヤーは翅のカーブに合わせて曲げ、巻きかがりで縫いとめる（→P.44の35〜37）

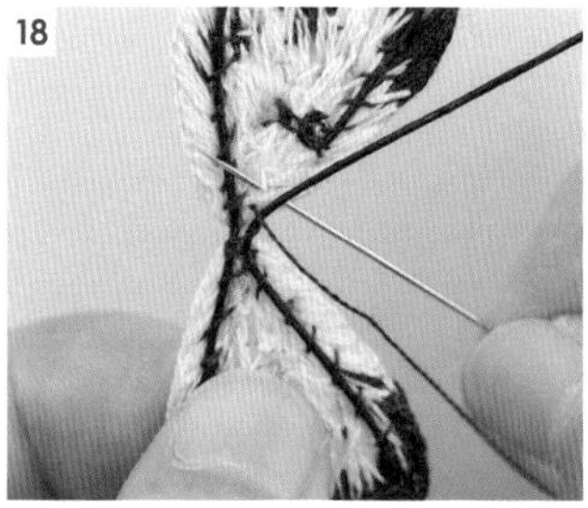

1枚めの端まで縫いとめたら対の翅を突き合わせてワイヤーを渡す。続けて巻きかがりで輪の手前まで縫いとめる

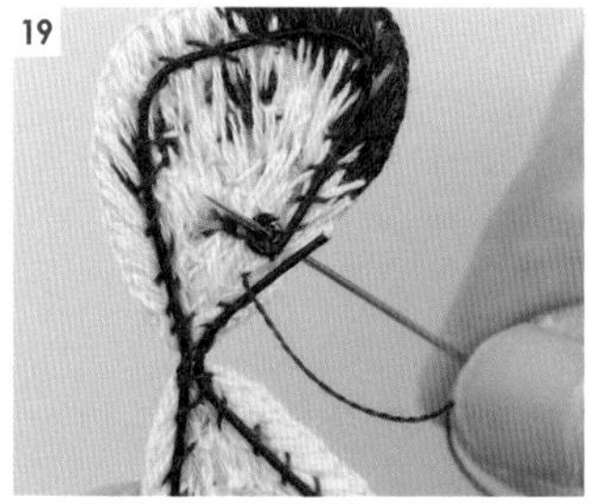

ワイヤーの端を約0.3cm残してニッパーで切り落とし、輪と端を一緒に縫いとめる。玉どめをしたら余分な糸ははさみで切る（→P.45の38〜41）

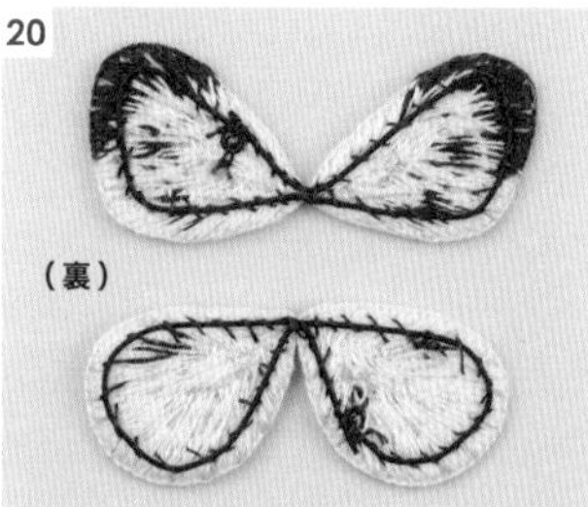

後翅も同様に、ワイヤーを縫いとめながら2枚をつなぐ

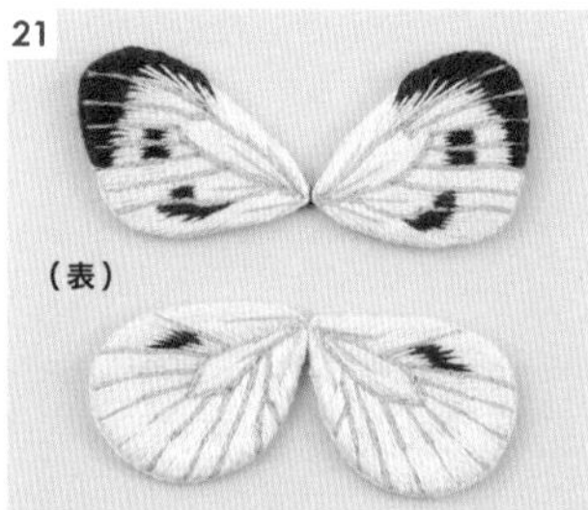

表から見たところ

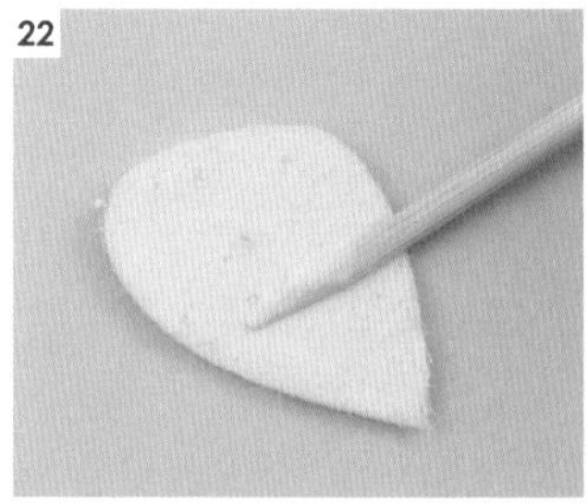

前翅の裏打ち用のパーツの片面全体にボンドを塗る

前翅の裏に貼る

後翅も同様に、裏打ち用のパーツをボンドで貼る

表に返して翅を好みに調節する

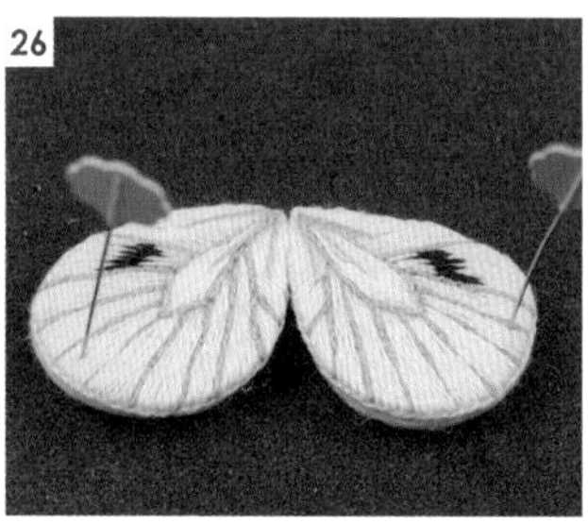

スポンジの上に後翅を置き、待ち針で固定する

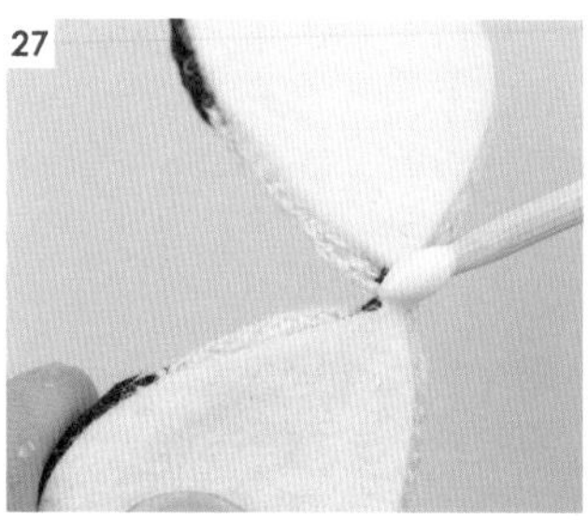

前翅の裏の付け根にボンドを塗る

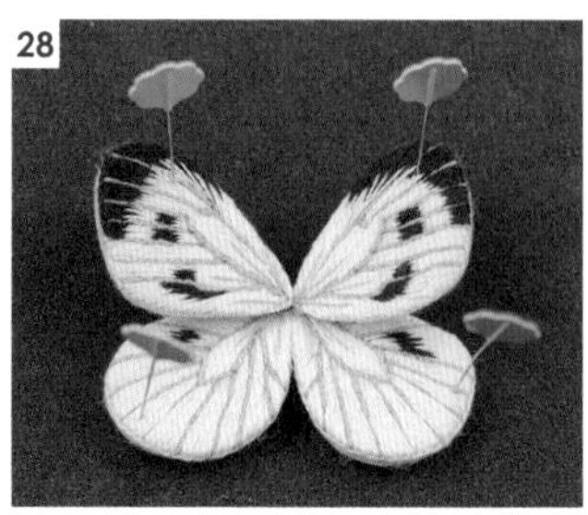

後翅の上に貼り、待ち針で固定する。ボンドが乾くまで乾燥させる

触角と体を作る

触角と体の実物大サイズを参照（→P.56）して、ワイヤーと糸で触角と体を仕立てます。

▷▷▷

触角のパーツを作る

29

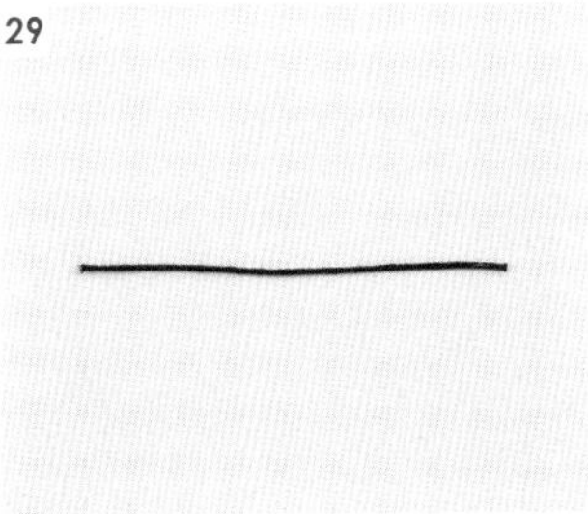

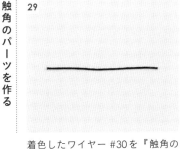

着色したワイヤー #30を『触角の長さ（約1.5cm）×2＋頭の長さ（約0.5cm）×2』の長さに切る

30

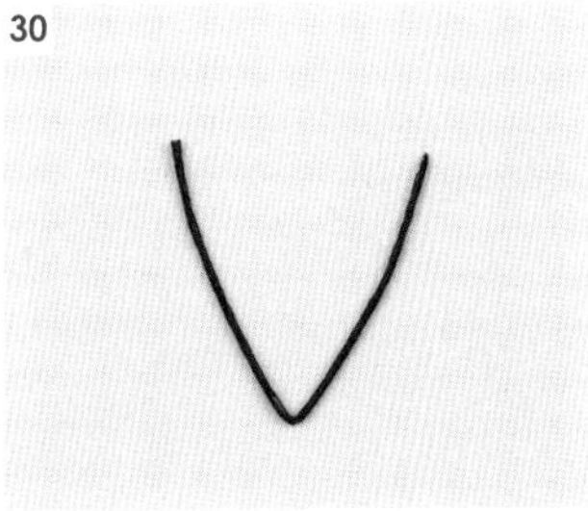

半分に折る

31

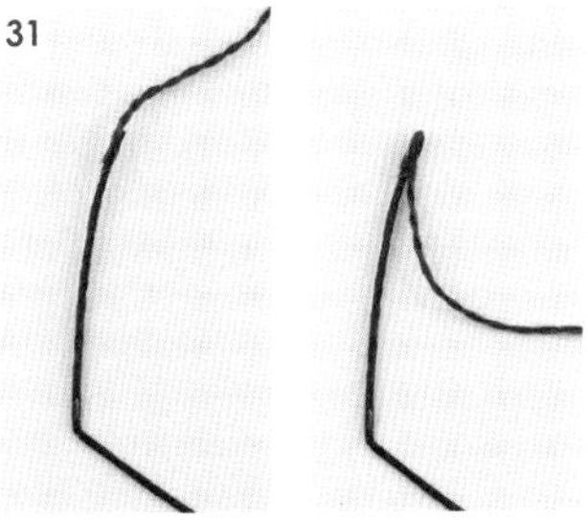

ワイヤーの先端にボンドを塗って糸端［茶①］を置く。先端を覆うように糸端をU字にして貼る

32

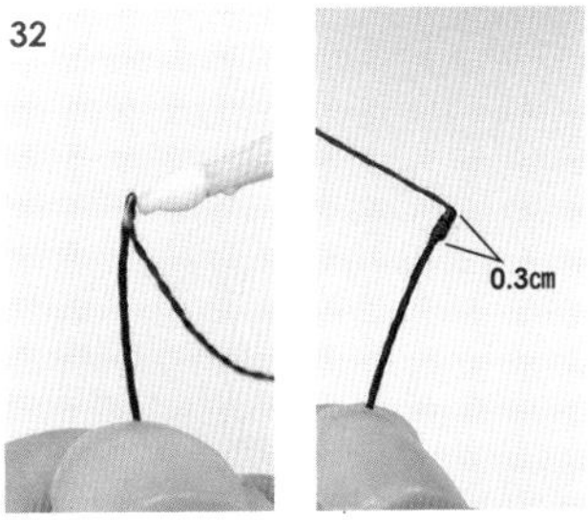

ワイヤーの先端にボンドを薄く塗って糸を約0.3cm巻く。巻き終わりは糸にボンドを塗ってワイヤーに貼る

33

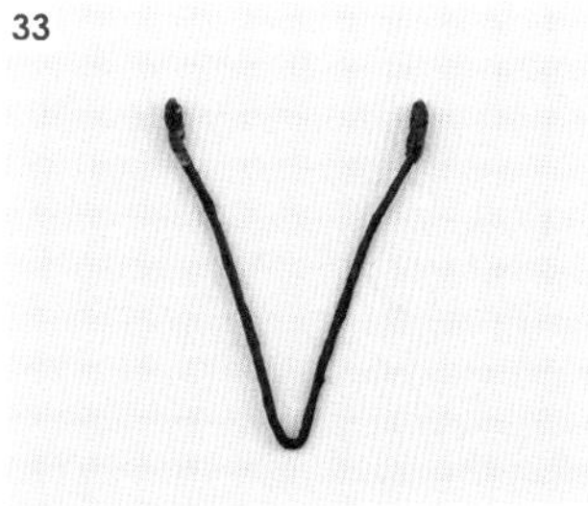

余分な糸ははさみで切る。もう片端も同様に糸を巻く。触角パーツの完成

体のパーツを作る

34

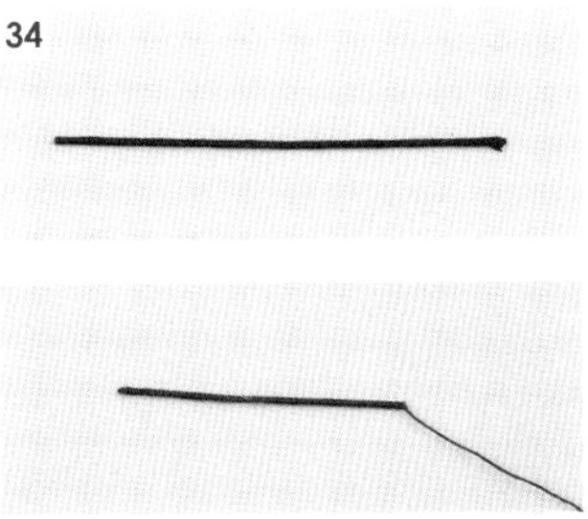

着色したワイヤー #24を『胴体の長さ（約2cm）×2』の長さに切る。ワイヤーに糸［茶①］をボンドを薄く塗りながら端から端まで巻く

35

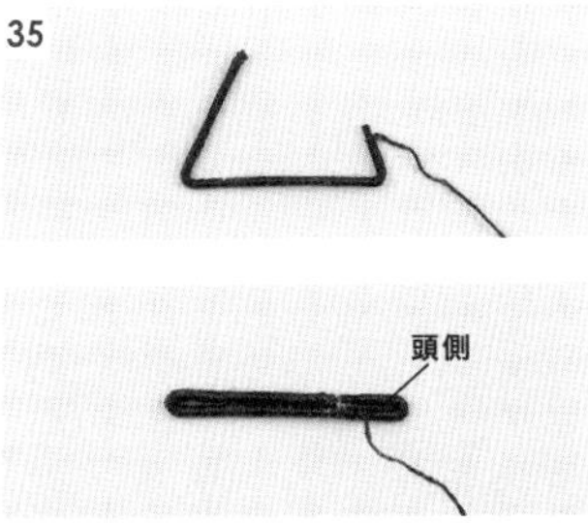

糸は残したまま、ワイヤーの両端が突き合わせになるようにペンチで折り曲げる

36

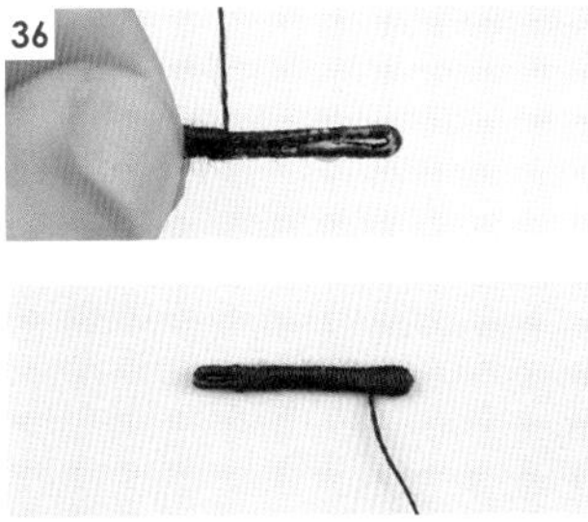

頭側を持ち、ボンドを薄く塗りながら残しておいた糸で腹、胸の順に指定の長さ、太さになるように往復しながら糸を巻く

37

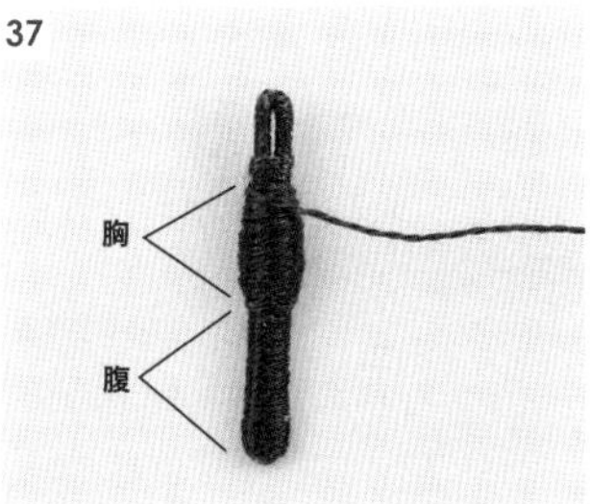

頭を残して、腹と胸に糸を巻いたところ。糸は残しておく

蝶々に仕立てる

翅と触角、体パーツをまとめて、蝶々に仕立てます。

▷▷▷

蝶々に仕立てる

38

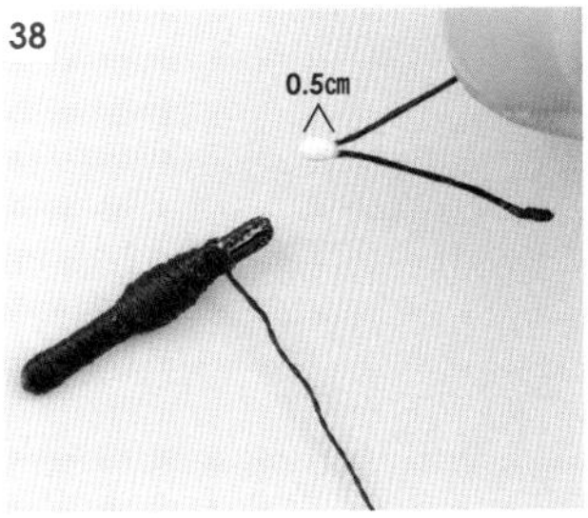

触角パーツのV字部分にボンドを塗って頭に貼る

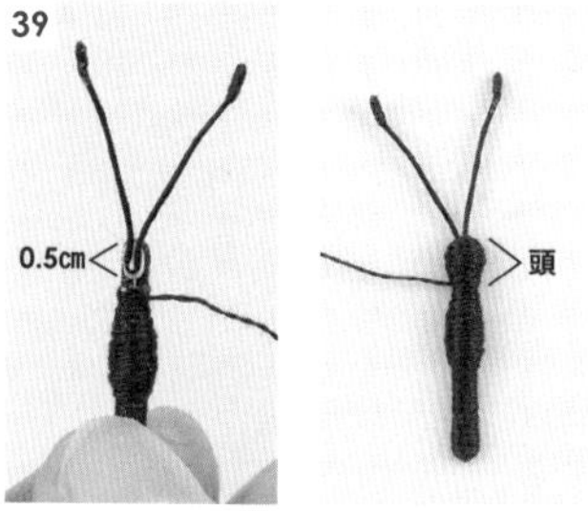

触角のV字を覆うように残しておいた糸で、ボンドを薄く塗りながら頭を指定の太さに巻く

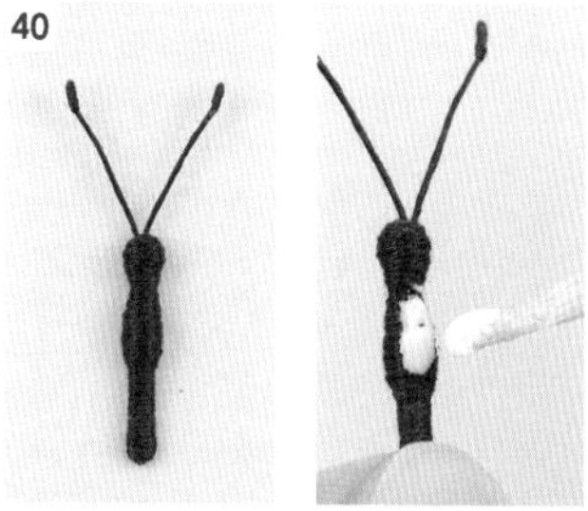

巻き終わりは糸にボンドを塗って頭に貼り、余分な糸ははさみで切る。胸にボンドを塗る

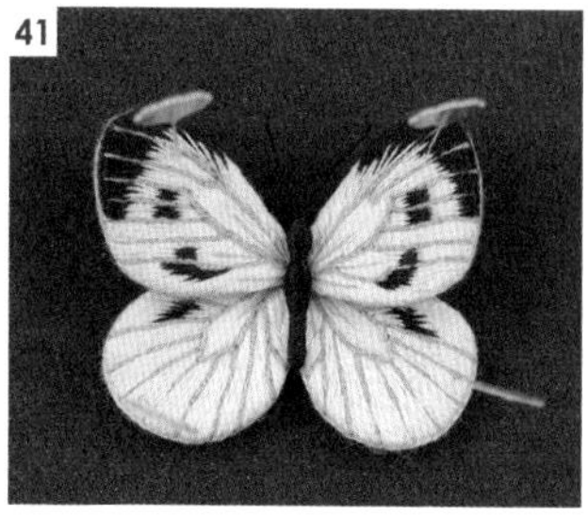

翅に貼って完全乾燥させる。ブローチ金具をつけて完成（→P.40）

触角と体の実物大サイズ ▷

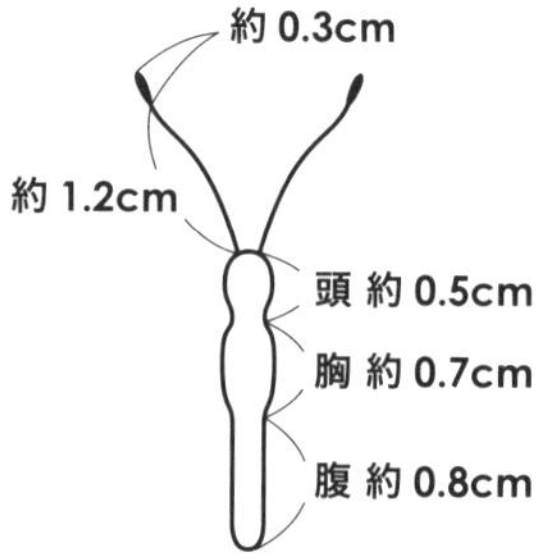

実物大型紙

＊型紙の作り方はP.39、ステッチはP.111 参照
＊左翅は右翅を反転コピーしてください
＊前翅A はブランケットst の図、前翅B は内側に刺すst の図を表しています
＊前翅A を刺してから、前翅B をフランス刺繍の要領で刺してください
＊後翅も前翅A とB と同様に、後翅A →後翅B の順に刺します

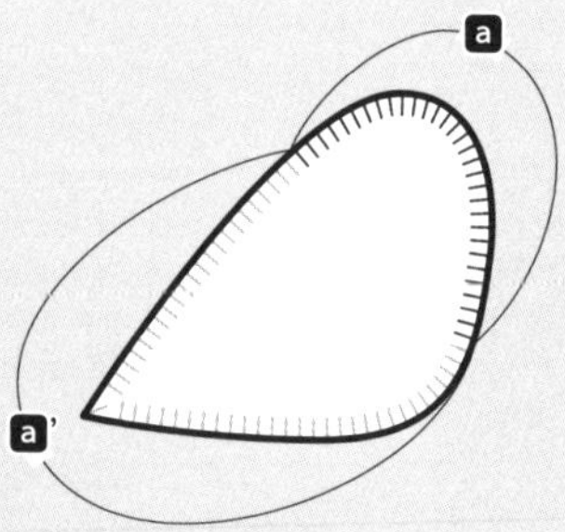

前翅A

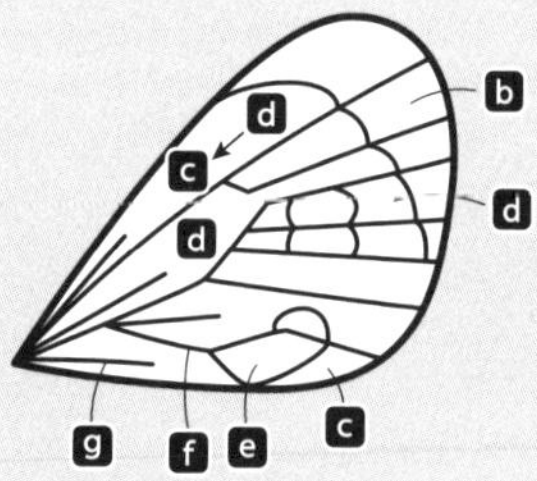

前翅B

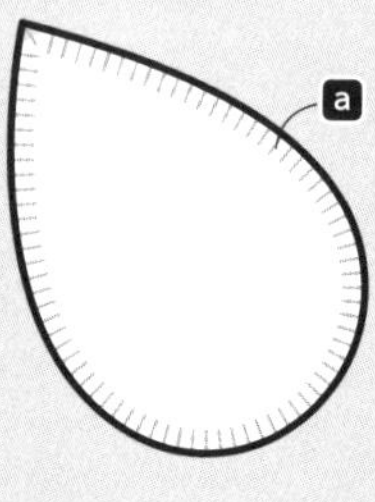

後翅A

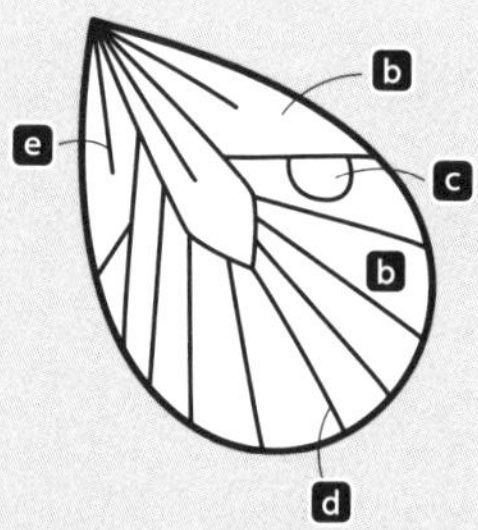

後翅B

前翅A

フェルト：白：左右各1枚
a 茶　ブランケットst②
a' 白　ブランケットst②

前翅B

b 茶　サテンst②
c 白　サテンst②
d 白　サテンst①
e 茶　サテンst①
f ベージュ　アウトラインst②
g ベージュ　ストレートst①

後翅A

フェルト：白：左右各1枚
a 白　ブランケットst②

後翅B

b 白　サテンst②
c 茶　サテンst①
d ベージュ　アウトラインst②
e ベージュ　ストレートst①

各花のテクニック

各花の特徴を表現するために必要なテクニックを紹介します。

ナノハナ

作品　P.6
作り方　P.71

花芯と蕾と実のパーツを作る

▷▷▷

花芯のパーツを作る

1

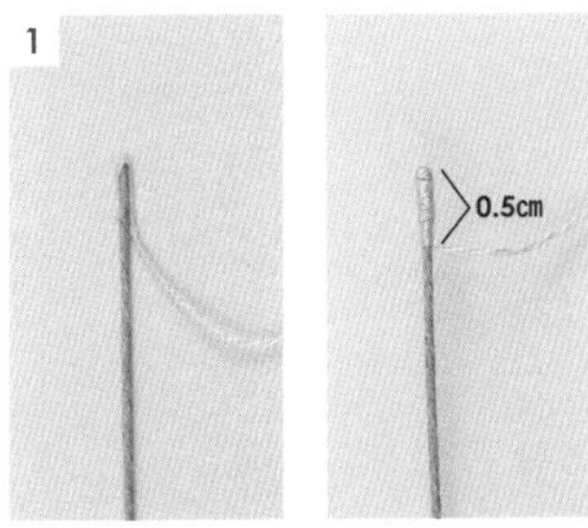

長さ18cmのワイヤー#26にボンドを塗って先を覆うように糸端［黄緑①］をU字に貼る。ボンドを薄く塗りながら約0.5cm、1往復して巻く

2

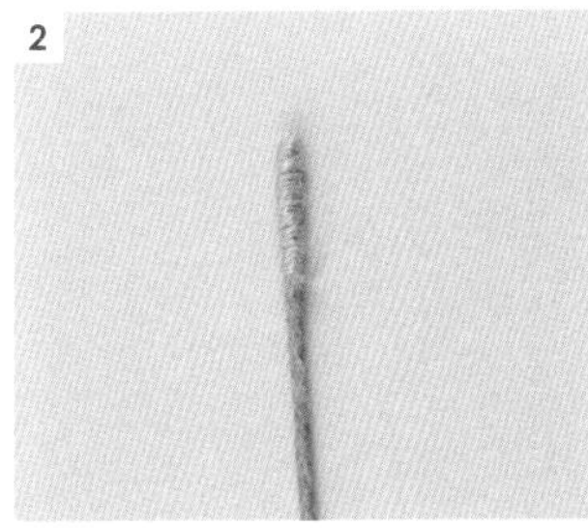

巻き終わりは糸にボンドを塗ってワイヤーに貼り、余分な糸ははさみで切る。花芯の中央の完成。19本作る

3

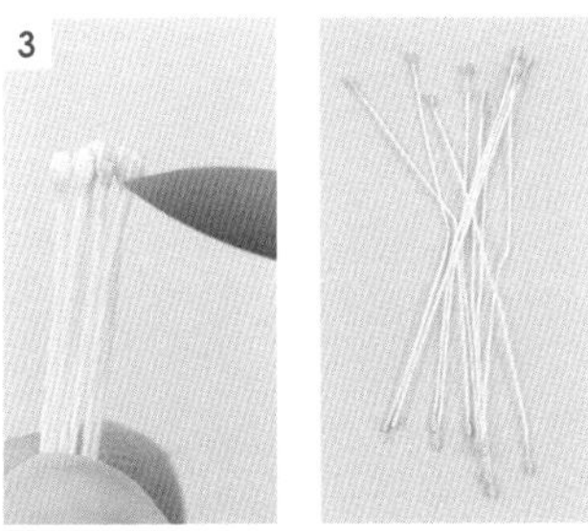

素玉極小のペップの両先をコピック（黄）で塗る。57本着色する

4

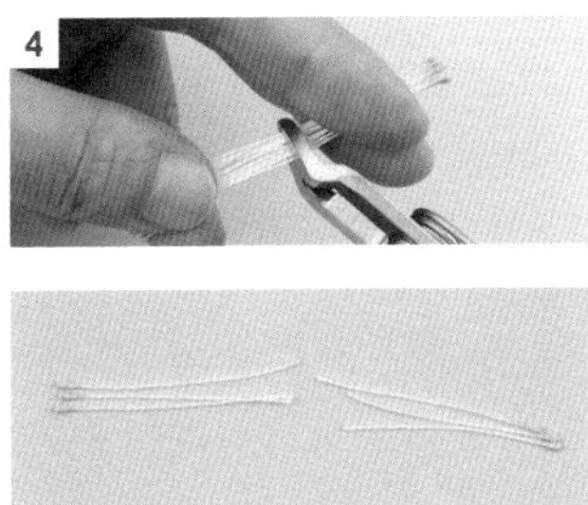

ニッパーで半分に切る。6本1セットとする

5

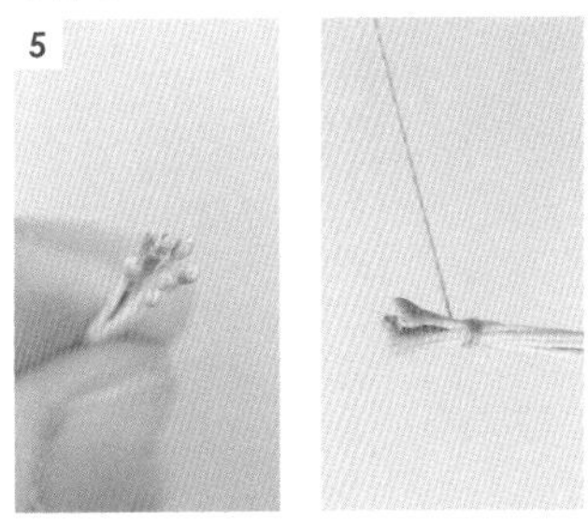

花芯の中央の周囲にペップ6本を束ねる。ペップにボンドを薄く塗って糸［黄緑①］を2、3回巻く

6

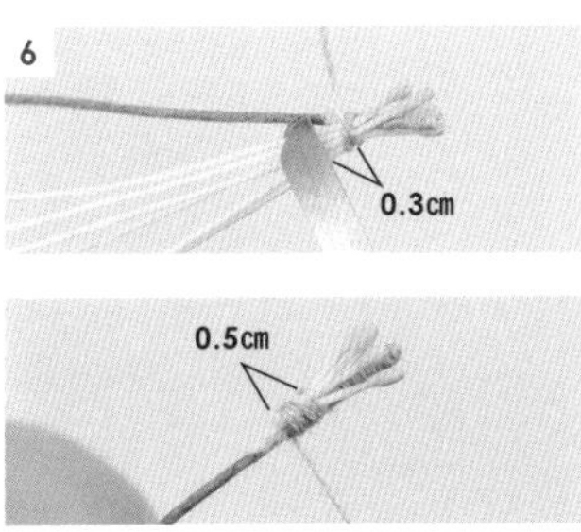

ペップの端を約0.3cm残してニッパーで切る。ワイヤーと糸は残しておく。ペップの軸とワイヤーにボンドを薄く塗り、残しておいた糸で約0.5cm巻く

7

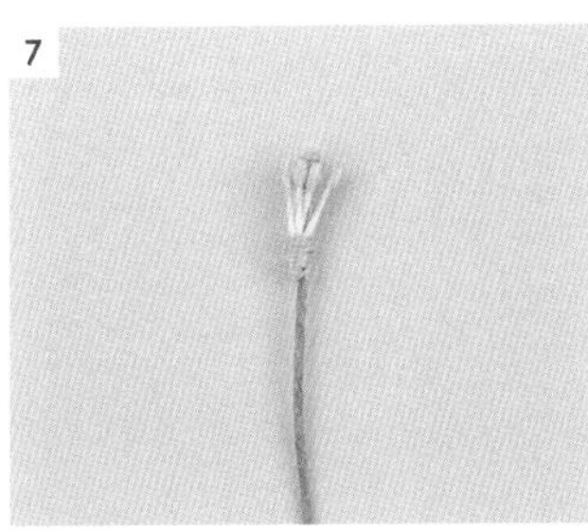

巻き終わりは糸にボンドを塗ってワイヤーに貼り、余分な糸ははさみで切る。19本作る

蕾小と蕾大のパーツを作る

8

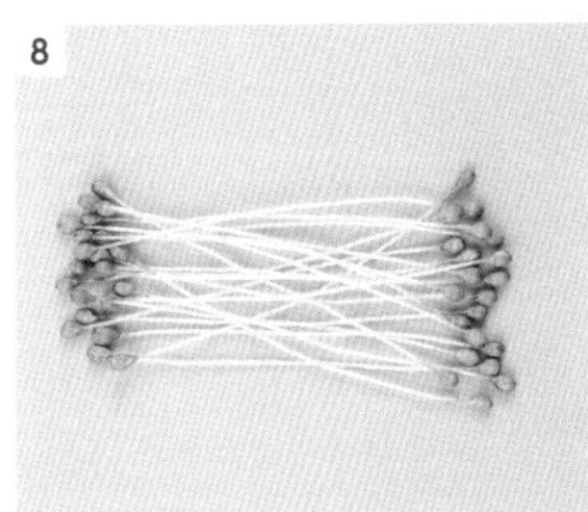

素玉大のペップの両先をコピック（緑）で塗る。21本着色する。蕾小となる

9

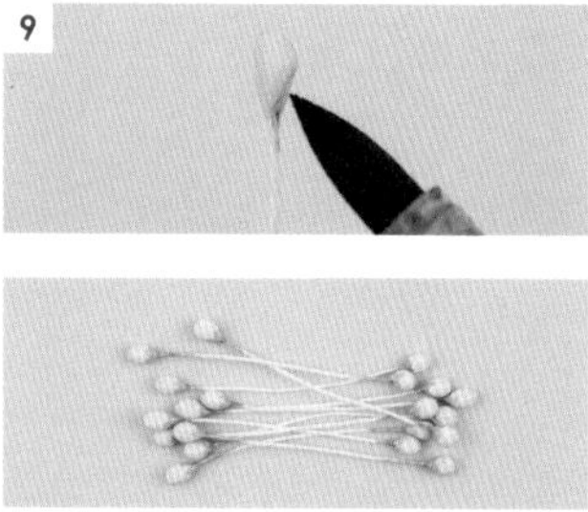

素玉特大のペップの両先をコピック（黄）、ガクに（緑）を塗る。10本着色する。蕾大となる

10

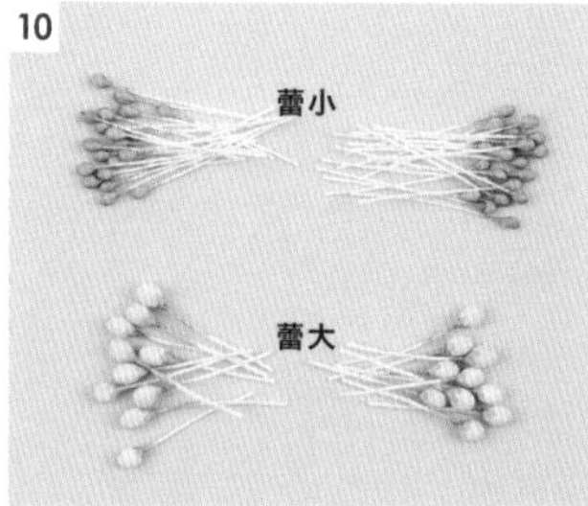

ニッパーで半分に切る。蕾小と蕾大のパーツの完成

11

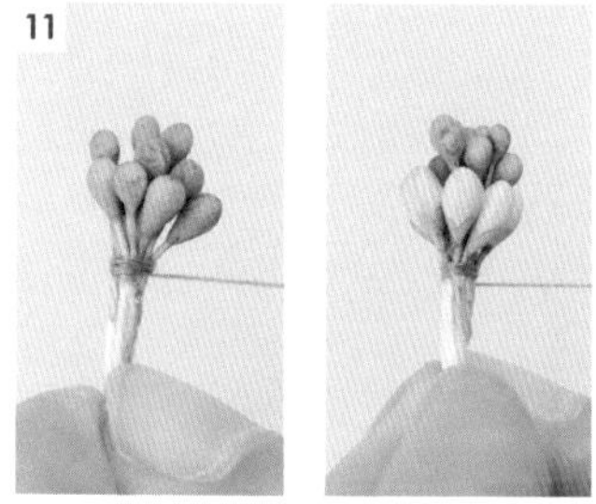

蕾小13〜15本に束ね、軸にボンドを薄く塗りながら糸［淡緑①］を2、3回巻く。周囲に蕾大6、7本を束ね同様に糸を巻く

12

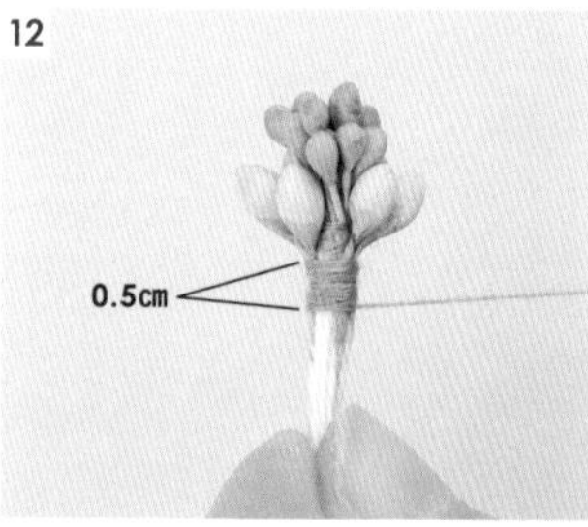

軸にボンドを薄く塗りながら糸［淡緑①］を約0.5cm巻く。糸は残しておく

13

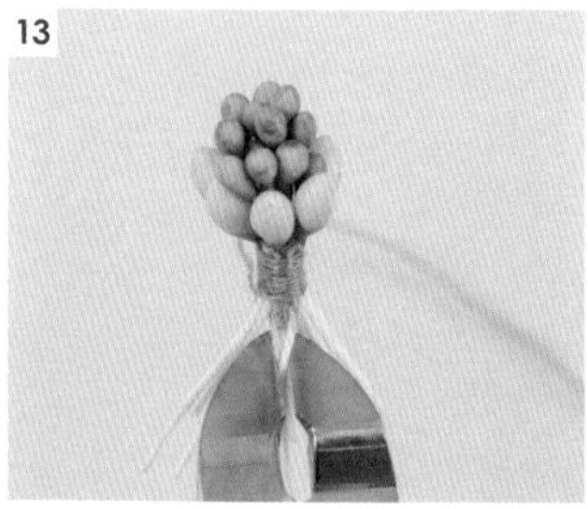

軸を細くするために内側のペップ数本をニッパーで切り落とす

14

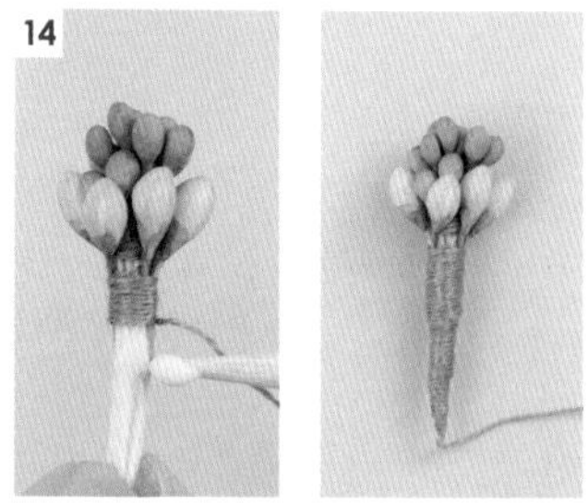

軸にボンドを薄く塗りながら残しておいた糸で端まで巻く。巻き終わりは巻いた糸に貼り、余分な糸ははさみで切る。3束作る

実のパーツを作る

15

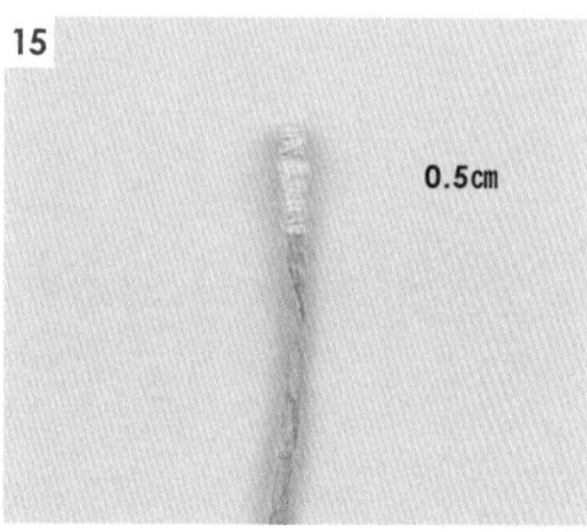

長さ18cmのワイヤー#26にボンドを薄く塗りながら糸［黄①］を約0.5cm巻く（→**P.57の1、2**）

16

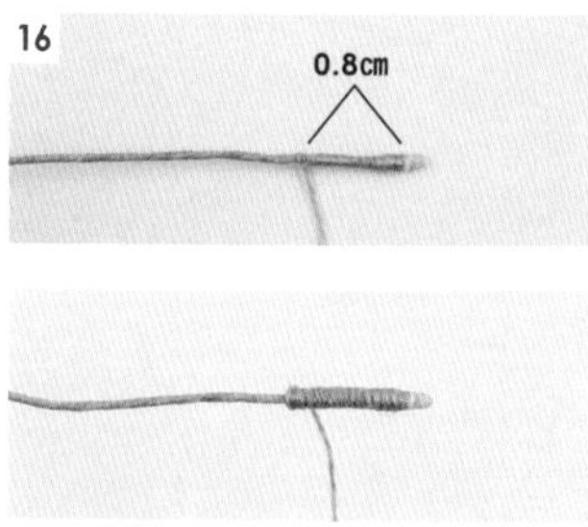

巻いた糸［黄］の根元にボンドを塗って糸［淡緑①］を貼る。ボンドを薄く塗りながら、幅約0.8cmに厚みが出るように2往復半巻く

17

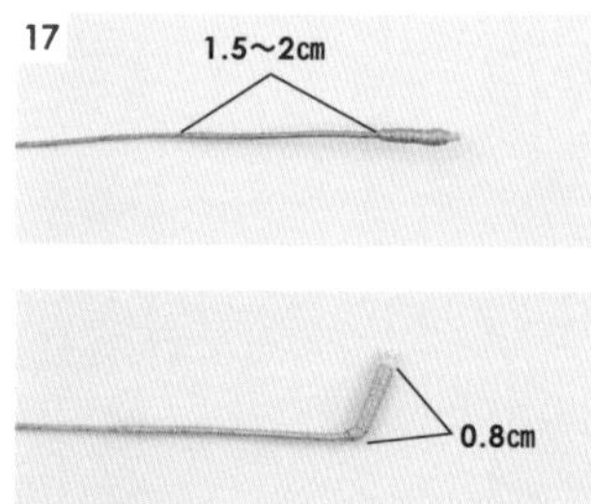

さらに糸を1.5〜2cm巻く。巻き終わりは糸をワイヤーに貼り、余分ははさみで切る。0.8cmのところで曲げる。実のパーツの完成。5本作る

スイートピー

作品　P.12
作り方 P.73

豆とツルと花のパーツを作る

▷▷▷

豆のパーツを作る

1

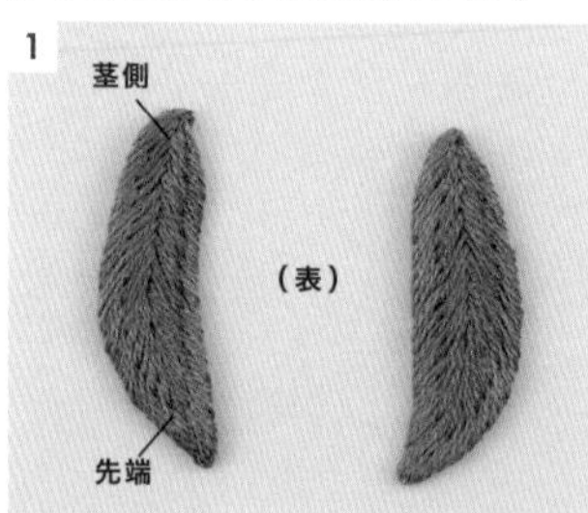

サヤの刺繍パーツを作る

2

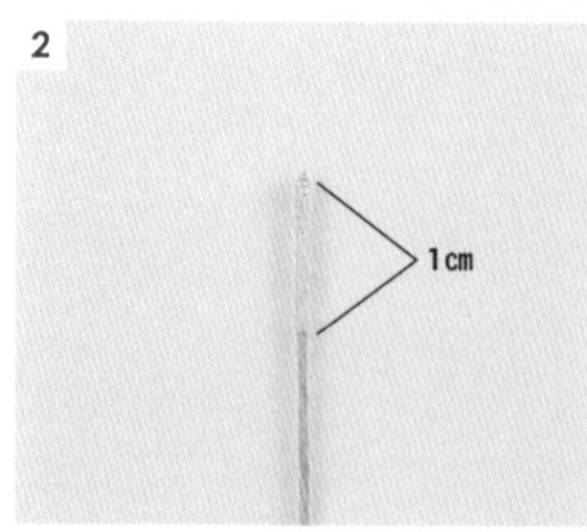

長さ18cmのワイヤー#26にボンドを薄く塗りながら糸［肌色①］を約1cm巻く（→**P.57の1、2**）

＊巻きかがりは（→**P.44の35～37**）

3

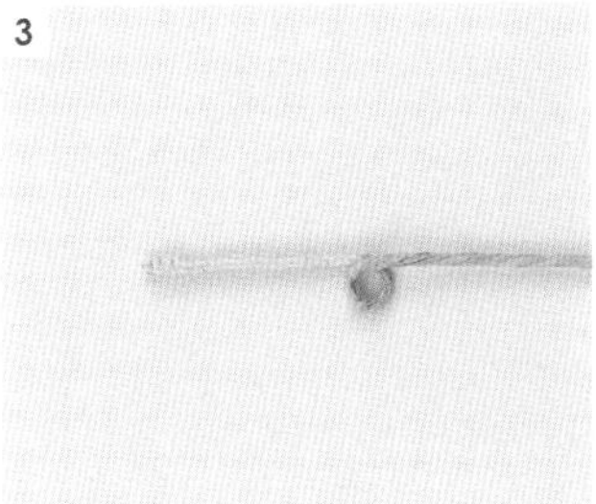

巻いた糸の根元に直径0.2～0.3㎝の輪を丸ペンチで作る（→**P.45の45**）

＊刺繍糸はわかりやすいように目立つ糸で縫いとめています。実際は[淡緑①]で縫いとめます。

4

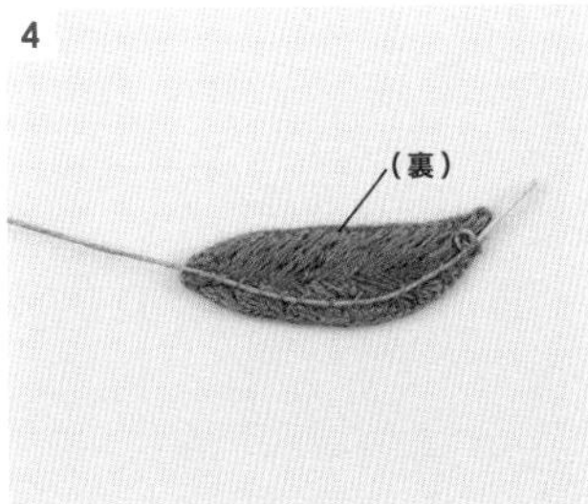

輪をサヤの先端（裏）に置く。玉結びをした糸［淡緑①］を針に通して巻きかがりで縫いとめ、玉どめをして余分な糸ははさみで切る

5

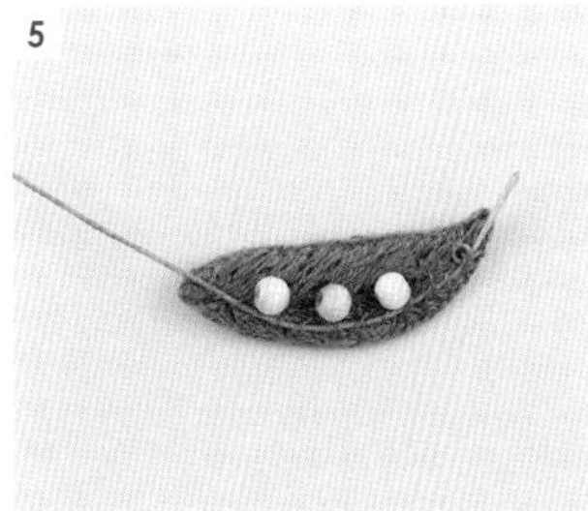

玉結びをした糸[緑①]を針に通し、ウッドビーズを1個ずつ間隔をあけて縫いとめる。玉どめをして余分な糸ははさみで切る

6

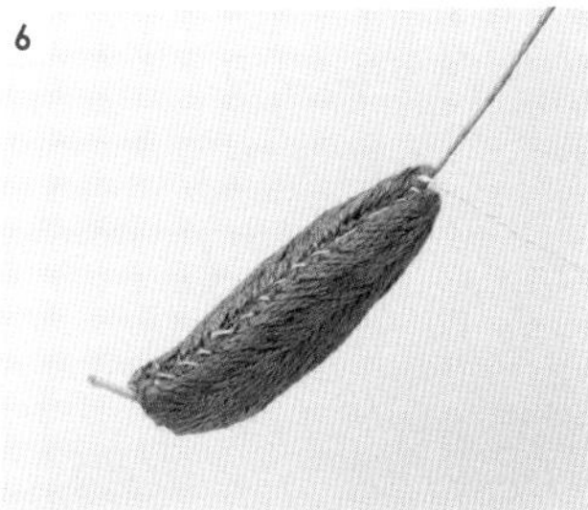

もう一枚のサヤを重ねる。玉結びをした糸［淡緑①］を針に通し、ワイヤー側を巻きかがりで縫いとめる（→**P.60の19**）。糸は残しておく

7

サヤを開いて内側にボンドを塗る

8

サヤを閉じる。残しておいた糸で巻きかがりで縫いとめる（→**P.60の19**）。玉どめをして余分な糸ははさみで切る

9

ウッドビーズに沿ってピンセットで押さえつけて膨らみを出して、豆の表情を作る

10

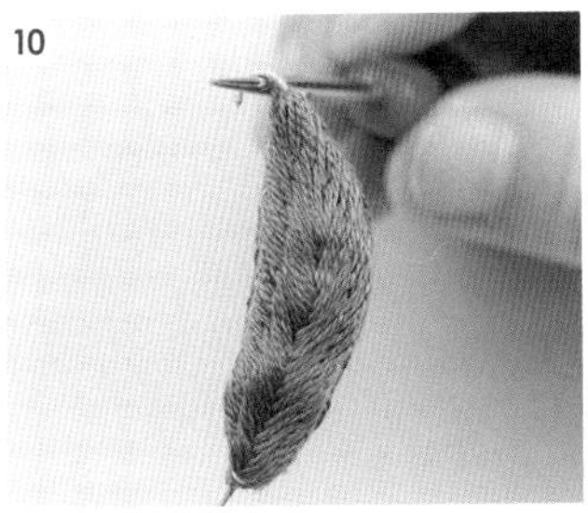

サヤから出ているワイヤーを細目打ちに巻いて表情を作る

11

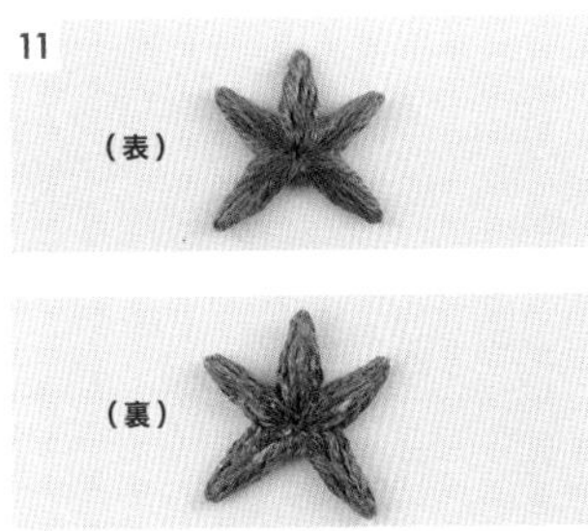

サヤのガクの刺繍パーツを、花のガクと同様に5枚（裏）にボンドを塗って半分に折って貼る（→**P.60の23～25**）

12

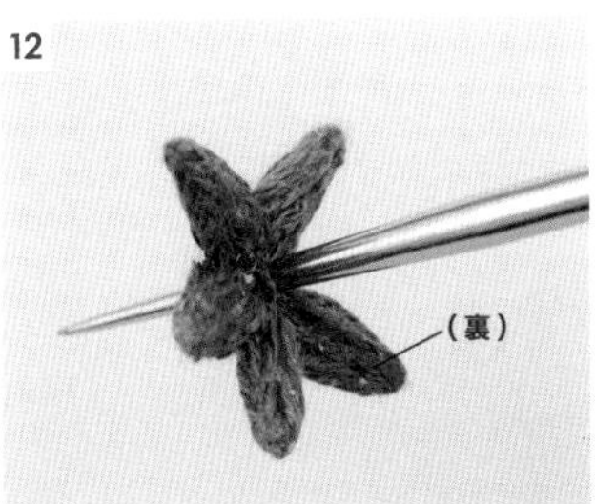

指定の位置に裏から細目打ちで穴をあける

13

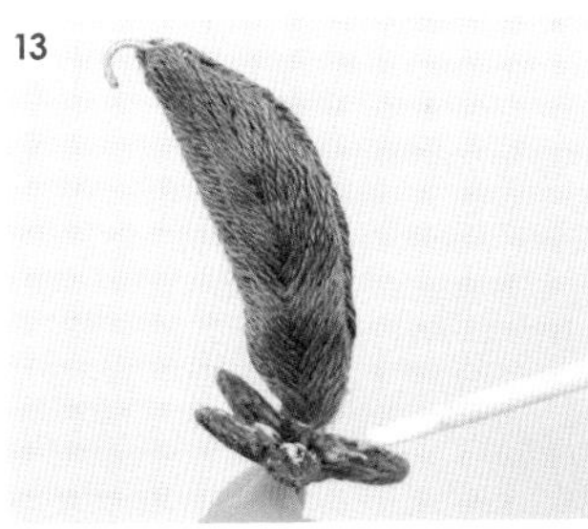

ガクをサヤのワイヤーに通し、ガクの裏全体にボンドを塗る

14

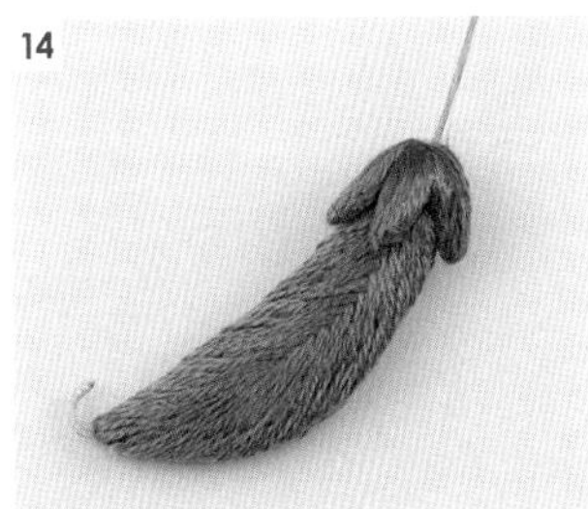

ガクをサヤに貼る。豆のパーツの完成。2本作る

ツルのパーツを作る

15

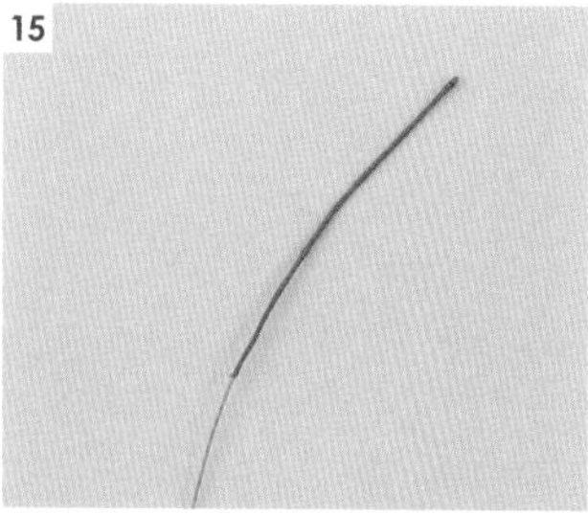

長さ18cmのワイヤー#30にボンドを薄く塗りながら糸［淡緑①］を約5cm巻く（→**P.57の1、2**）

16

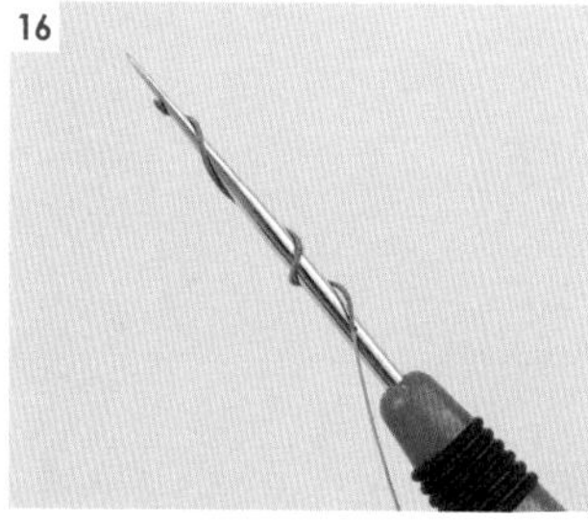

巻き終わりは糸にボンドを塗ってワイヤーに貼り、余分な糸ははさみで切る。ワイヤーを細目打ちに3、4回巻く

17

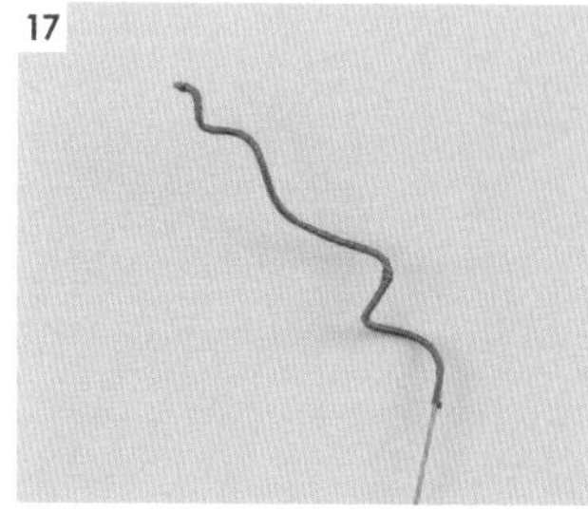

細目打ちから外してツルのパーツの完成。10本作る

花弁の刺繍パーツをまとめる

＊刺繍糸はわかりやすいように目立つ糸で刺しています。実際は[肌色①]で刺します。

18

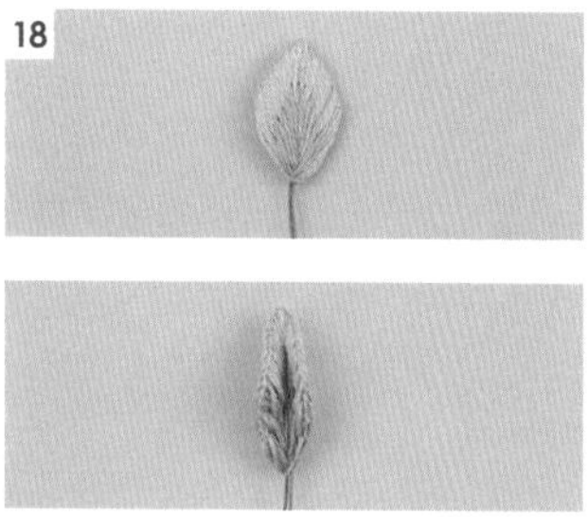

ワイヤー付きの花弁小の刺繍パーツを作り、外表に半分に折る

19

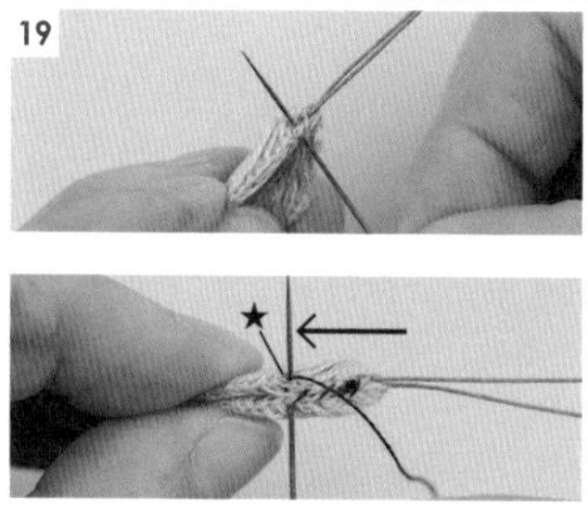

玉結びを作った糸［肌色①］を針に通し、★まで巻きかがりで縫いとめる

＊巻き終わりは糸をワイヤーに貼って余分な糸ははさみで切る

20

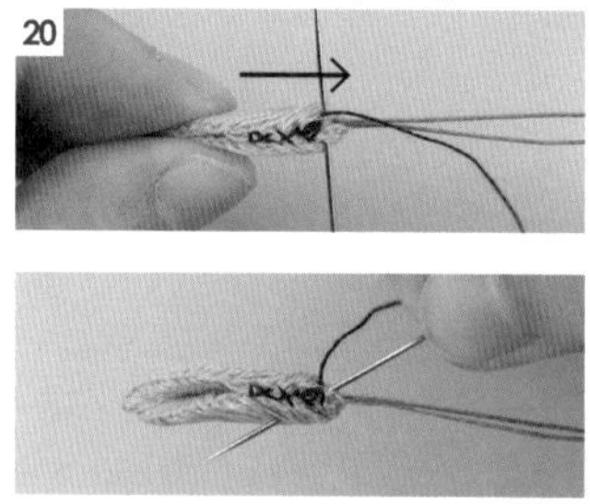

根元まで巻きかがりで縫い戻り（1往復）。玉どめを作る。玉どめを隠すために針を花弁小に刺し、糸を引いてから糸を切る

21

ワイヤー付きの花弁中の刺繍パーツ2本を左右に添え、ワイヤーにボンドを薄く塗って糸[濃杏①]を貼って2、3回巻く。糸は残しておく

22

ワイヤー付きの花弁大の刺繍パーツを添え、ワイヤーにボンドを薄く塗って糸を2、3回巻く

花のガクのパーツを作る

23

花のガクの刺繍パーツ（裏）の5枚の1枚にボンドを塗る

24

外表に半分に折って貼る

25

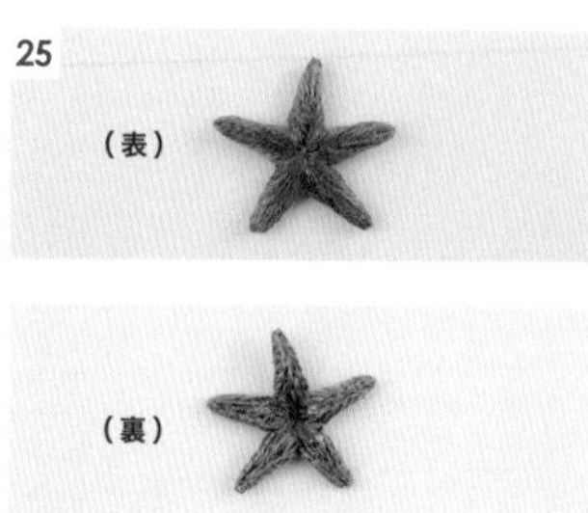

全ての葉にボンドを塗って半分に折って貼り合わせる

花のパーツを作る

26

ガクの中心に、裏から細目打ちで穴をあけ、花弁のワイヤーに通す。ガク全体にボンドを塗って花弁大の裏に貼る。花のパーツの完成

スミレ

作品　P.20
作り方 P.76

花弁と蕾と根のパーツを作り、スミレに仕立てる

▷▷▷

ワイヤー付きの花弁と蕾の刺繍パーツを作る

＊蕾はワイヤー #26を使用。

1

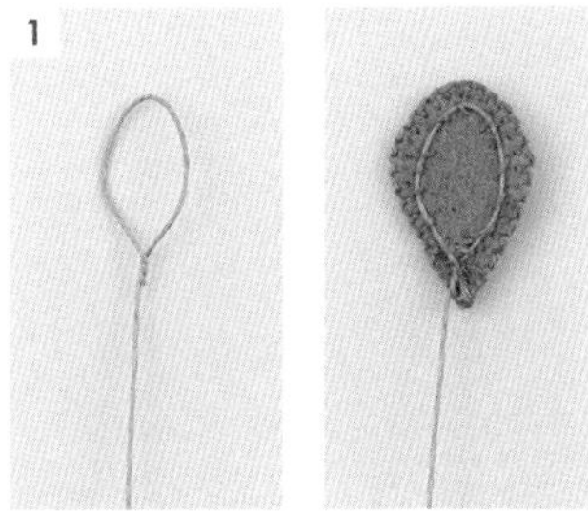

長さ18cmのワイヤー #30の端に輪を作る。根元を2、3回ねじり、花弁の上に置いて巻きかがりで縫いとめる。15本作る。蕾は2本作る

根のパーツを作る

2

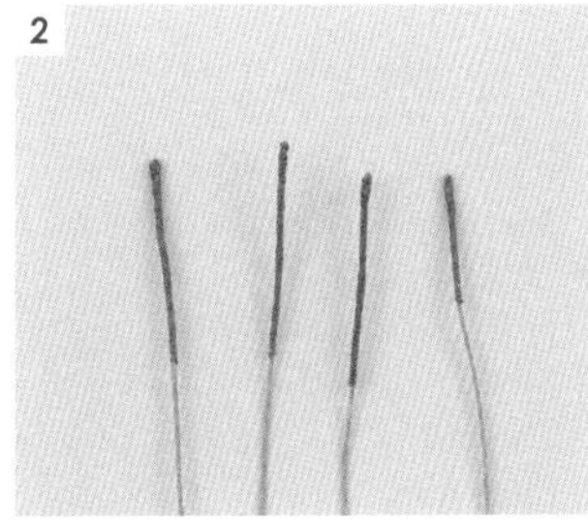

長さ12cmのワイヤー #30にボンドを薄く塗りながら糸［茶①］を1.5～2cm巻く（→**P.57の1、2**）。55本作る

3

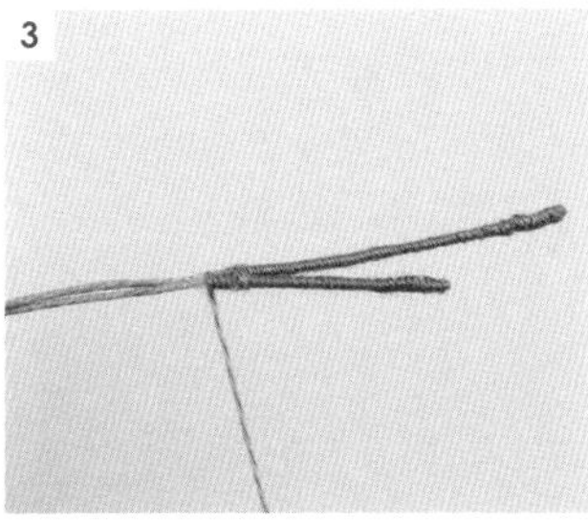

3～5本を束ねてワイヤーにボンドを薄く塗りながら糸［茶①］を巻く。小さい根のパーツを作る

4

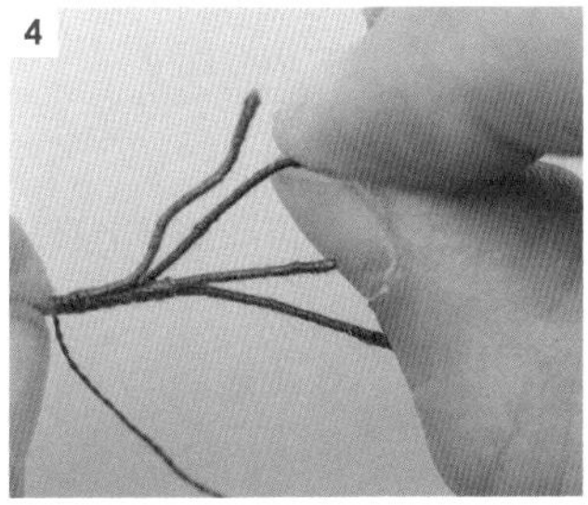

束ねながら指先で表情をつける

5

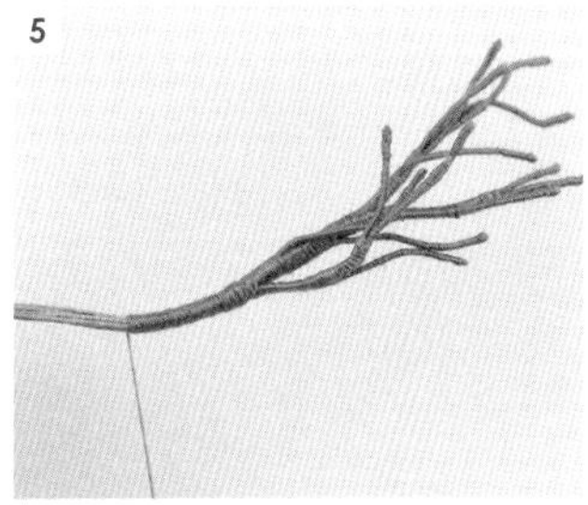

小さい根のパーツ同士を束ねて、ワイヤーにボンドを薄く塗りながら糸を巻いて大きな根のパーツを作る。2つ作る

6

大きな根同士を束ねる

7

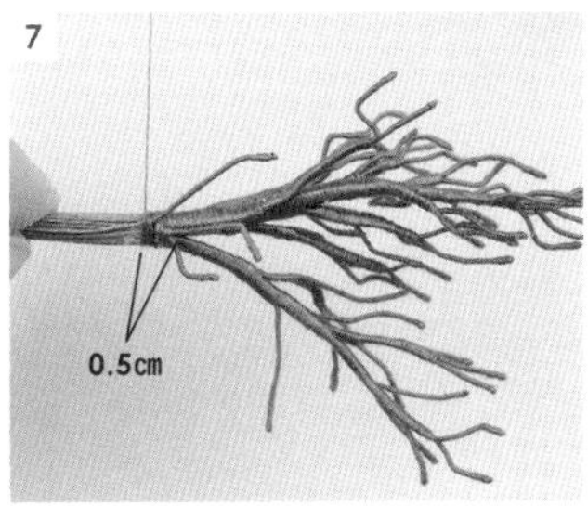

ワイヤーにボンドを薄く塗って糸［茶①］を約0.5cm巻く

8

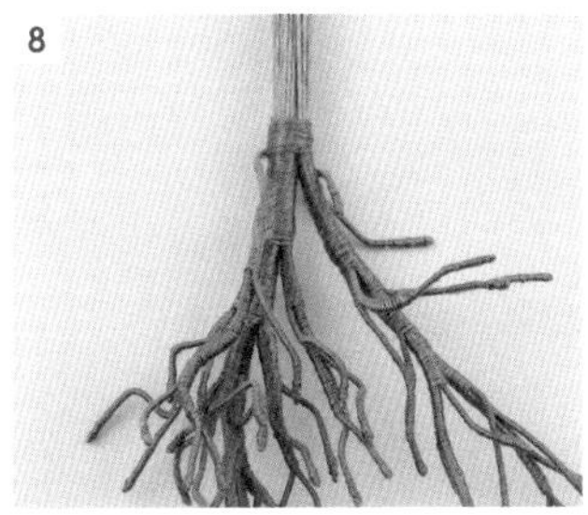

巻き終わりは糸にボンドを塗って貼る。余分な糸ははさみで切る。根のパーツの完成

スミレに仕立てる

9

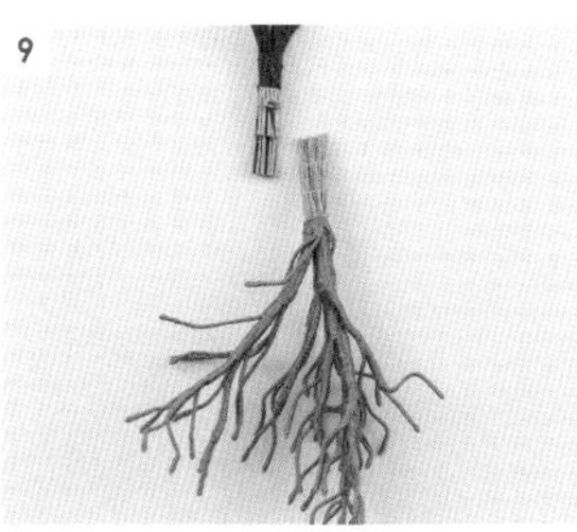

花と葉、蕾の束と根の束のワイヤーを階段状にニッパーで切り落とす（→**P.50の98**）

10

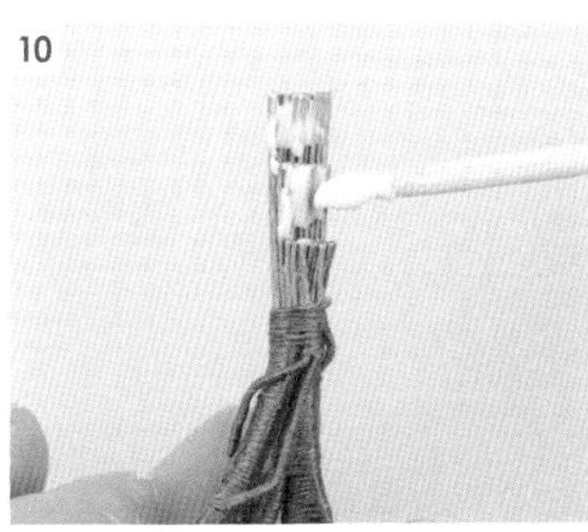

根の束の階段状側にボンドを塗る

11

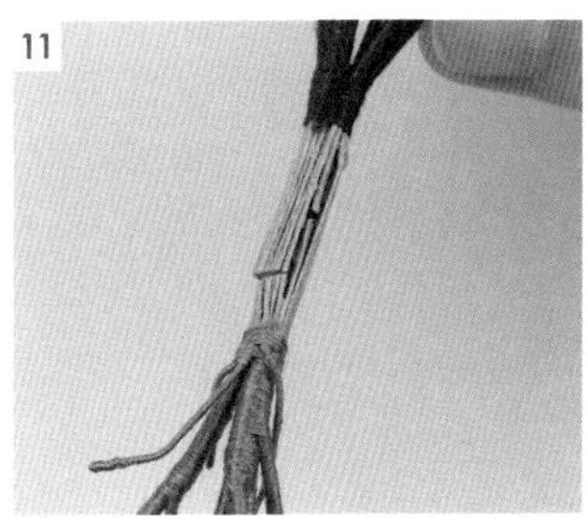

花と葉、蕾の束と根の束の階段状側を貼り合わせる

12

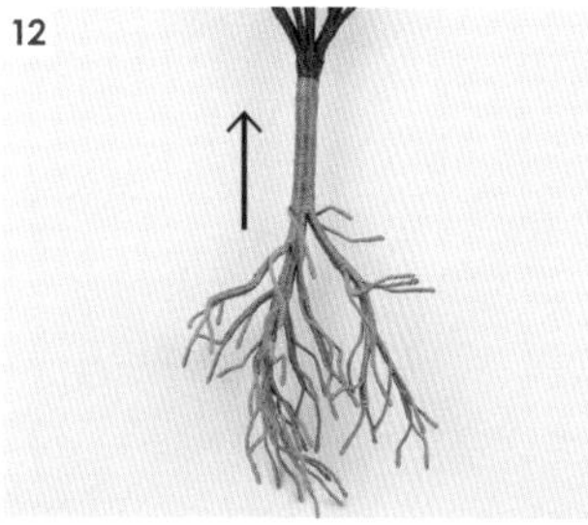

ワイヤーにボンドを薄く塗って糸［濃茶①］を根側から花と葉、蕾の束の方へ巻く

13

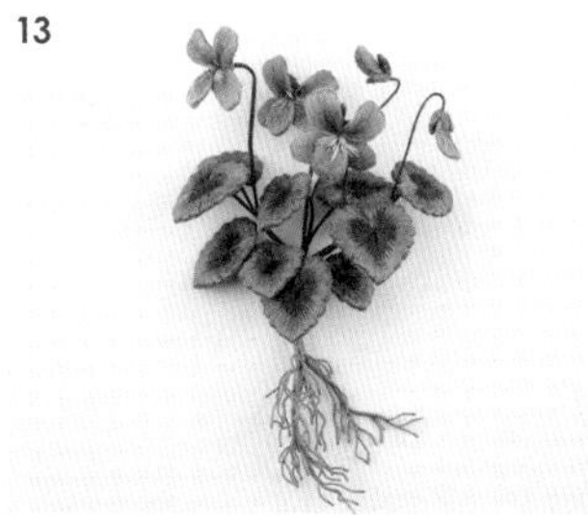

花や葉の向きを整えて根のついたスミレの完成

アツミゲシ

作品　P.25

作り方 P.79

花と蕾大とケシ坊主のパーツを作る

▷▷▷

おしべのパーツを作る

1

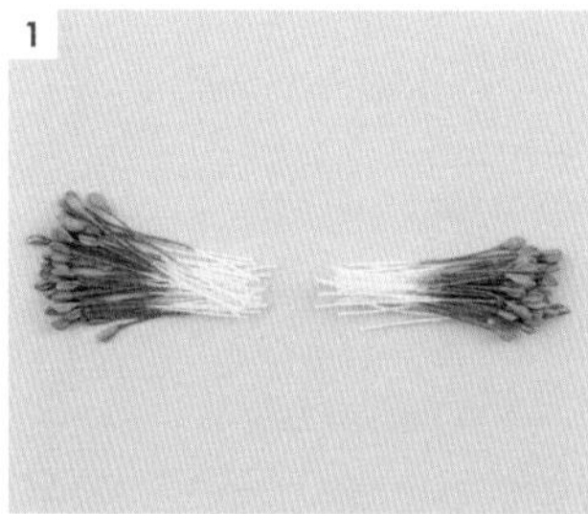

ペップの両先をコピック（緑）、軸をコピック（紫）で40本着色する。ニッパーで半分に切る

2

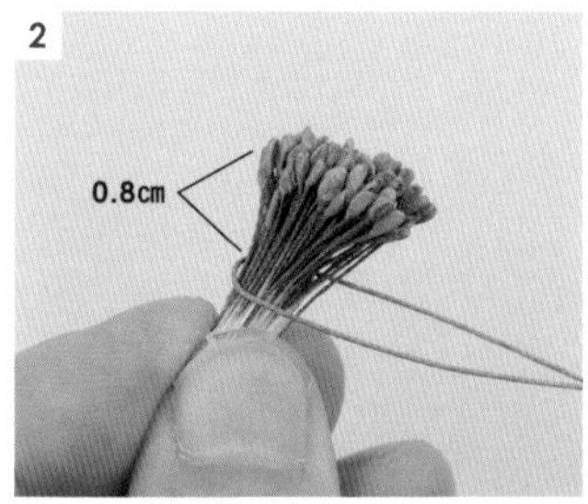

半分に切ったペップを全て束ねる。長さ36cmのワイヤー #28を半分に折って、先端から0.8cmのところにかける

3

ワイヤーの根元を2、3回ねじる

4

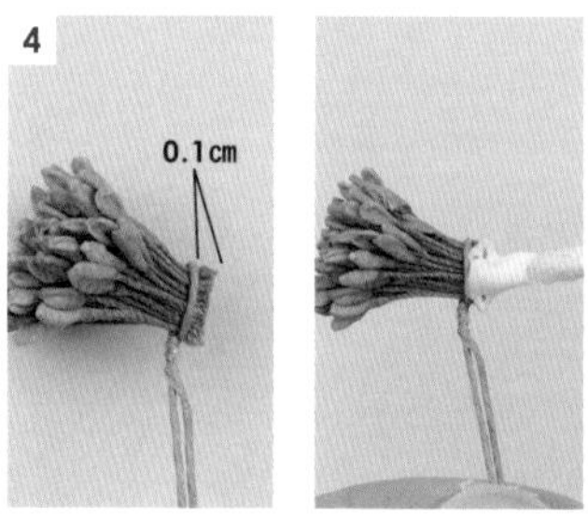

ワイヤーから0.1cm下の軸をニッパーで切り落とす。軸の底とワイヤーにボンドを塗って、スポンジにワイヤーを刺して乾燥させる

めしべのパーツを作る

5

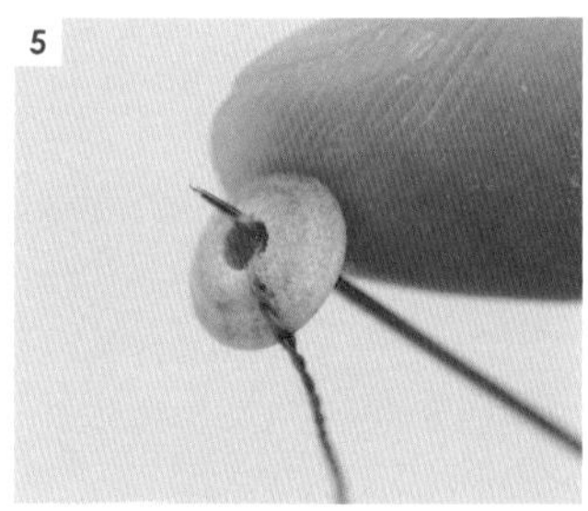

ウッドビーズ（ソロバン小）にボンドを塗って糸端［緑①］を貼り、針に糸のもう片端を通す

6

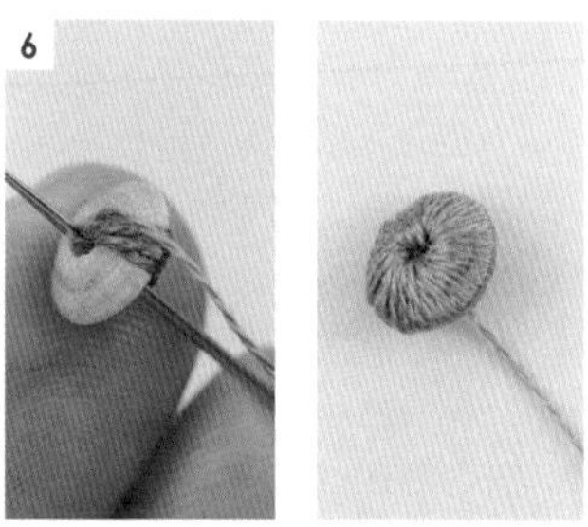

ウッドビーズの穴に針を通してすき間があかないように糸を巻く。巻き終わりは糸端［緑］を10cm以上残して針を抜く

7

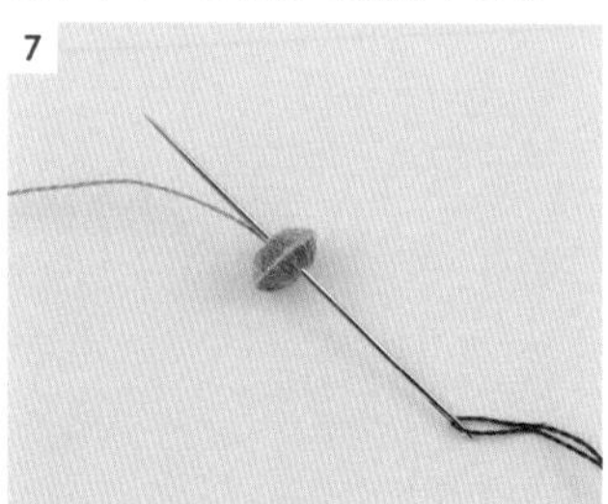

針に糸［濃紫①］を通す。ウッドビーズに残しておいた糸端とは反対から針を通す

8

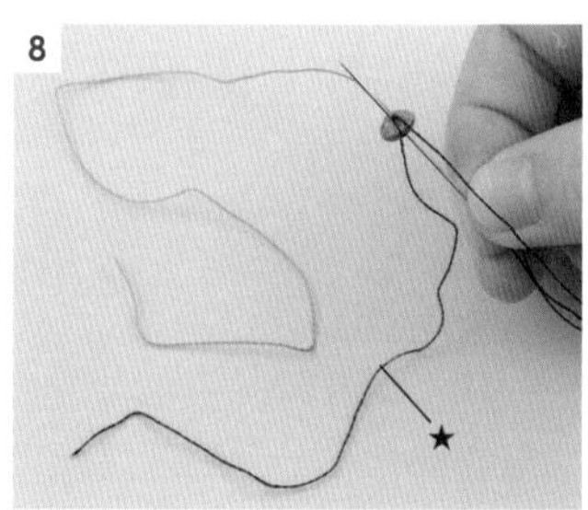

糸端［濃紫］は10cm以上残し、針をウッドビーズに通して糸を8等分に渡す

9

糸を8等分に渡したところ

10

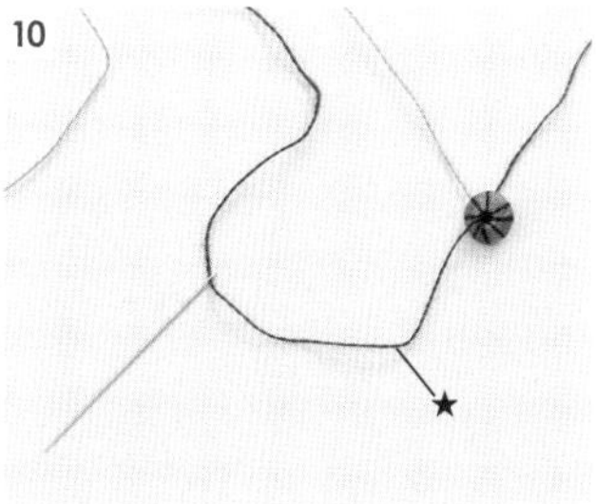

★の糸端［紫］に針を通す

11

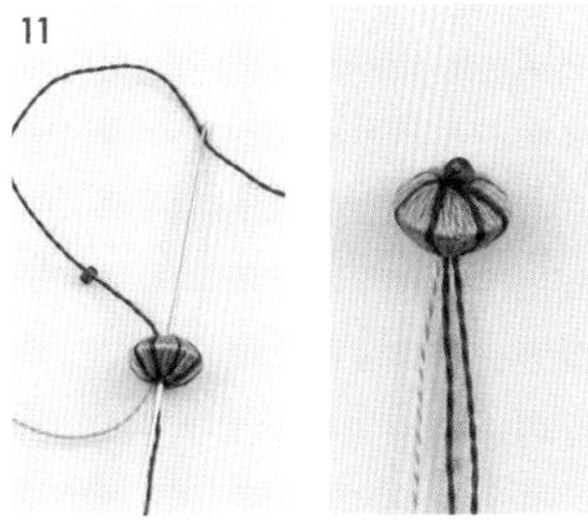

特小ビーズを針に通したらウッドビーズに刺し戻して特小ビーズを固定する

12

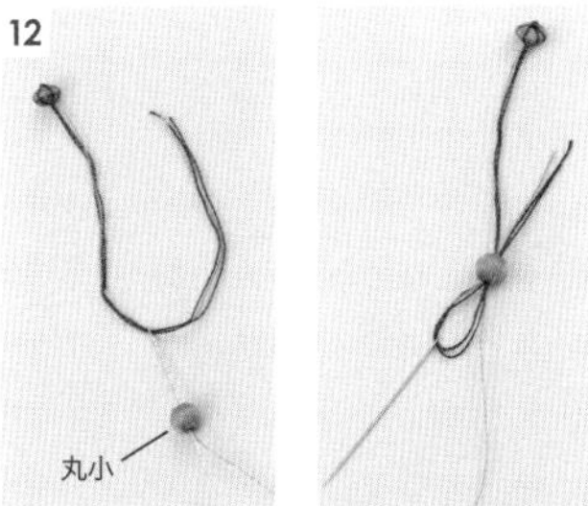

ウッドビーズ（ソロバン小）の糸3本に針を通す。糸［緑①］を巻いておいた（丸中）に針を通して（ソロバン小）を寄せる

13

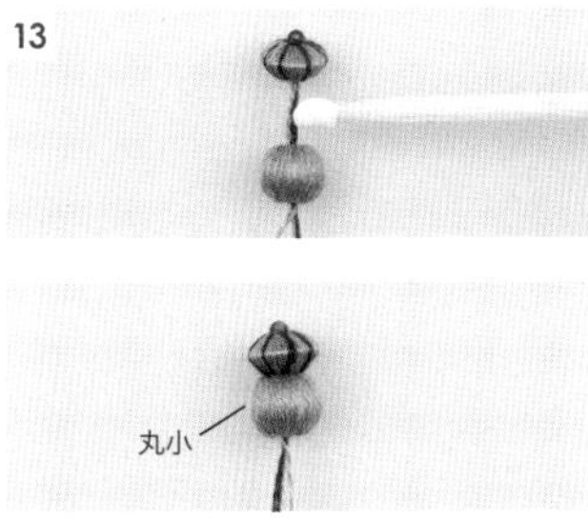

ウッドビーズ（ソロバン小）の底にボンドを塗り、糸を引いて（丸中）に貼る

14

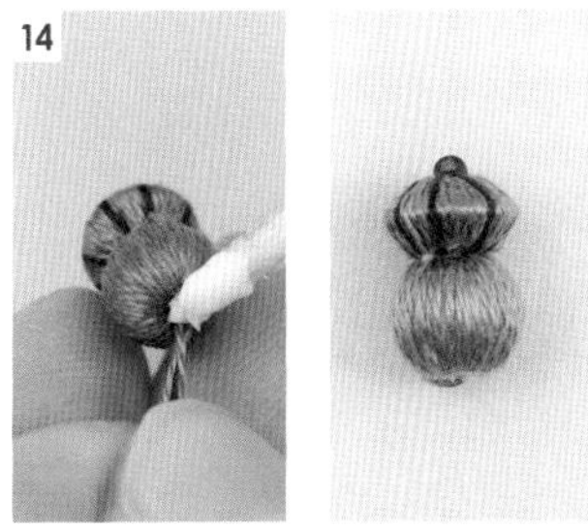

ウッドビーズ（丸中）の反対の底にボンドを塗る。残しておいた糸を貼り、余分はウッドビーズの際ではさみで切る

おしべとめしべとワイヤー入りの花弁の刺繍パーツをまとめる

15

おしべのワイヤーをまっすぐに正す

16

花弁の刺繍パーツの中央に表から太目打ちで穴をあけ、おしべのワイヤーを通す。花芯の根元にボンドを塗る

17

花弁を花芯の根元に、手のひらで押しつけるようにして貼る

18

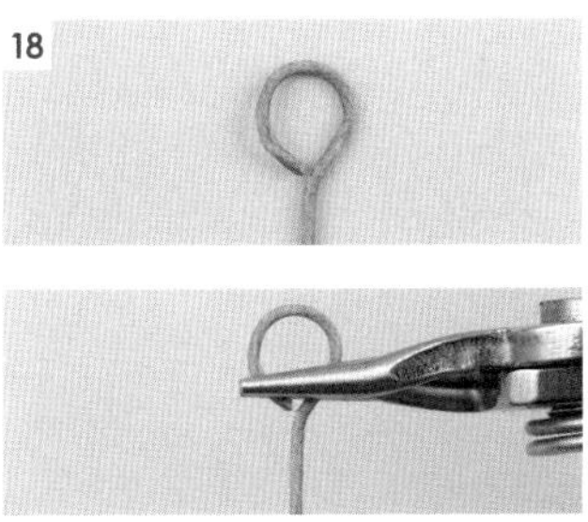

長さ36cmのワイヤー #21の端に直径0.6cmの輪を作り、輪の根元をペンチで挟む

19

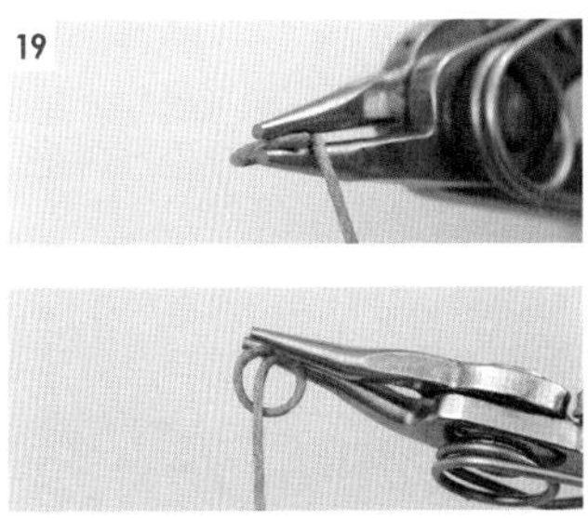

ペンチで直角に曲げ、さらに根元を折り曲げる

20

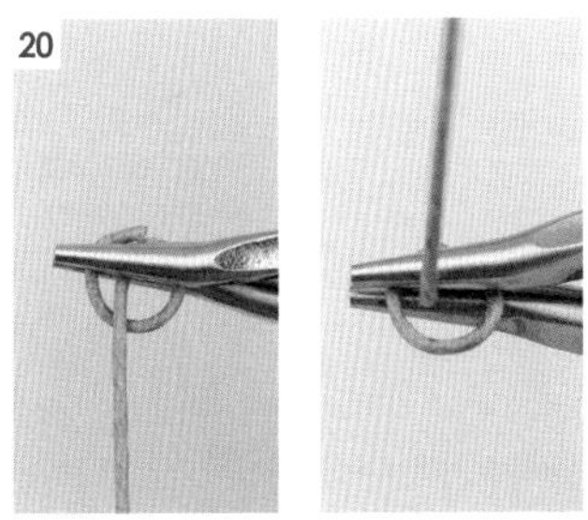

折り曲げた根元をペンチで挟んだら、ワイヤーの軸を直角に、上へ曲げる

21

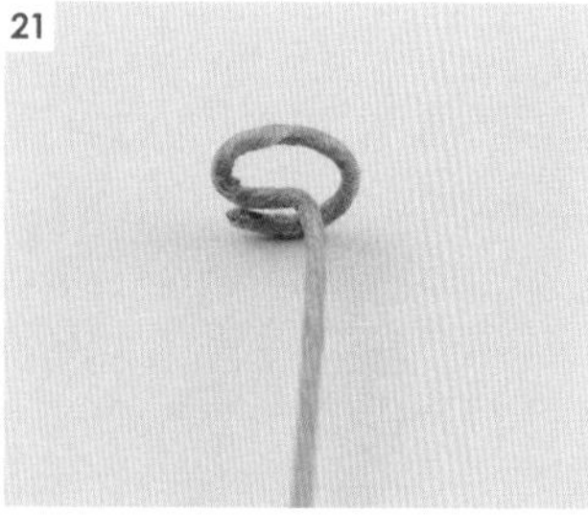

軸のワイヤーの完成

22

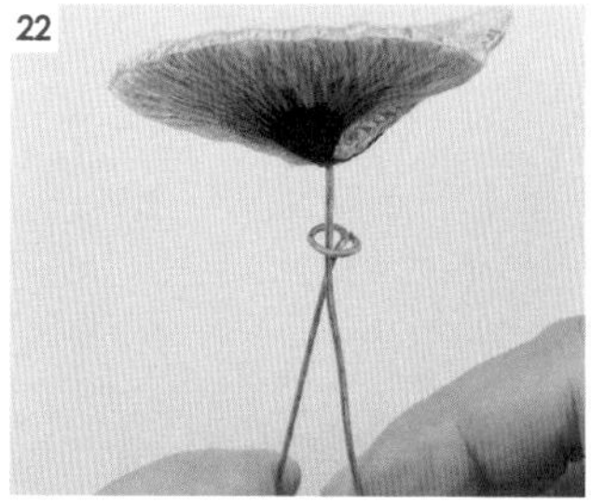

おしべのワイヤーを軸の輪に通す

23

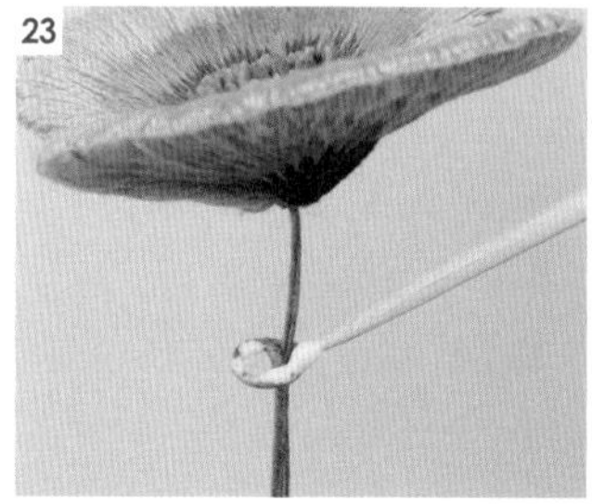

軸の輪にボンドを塗る

24

花弁の裏に貼る

25

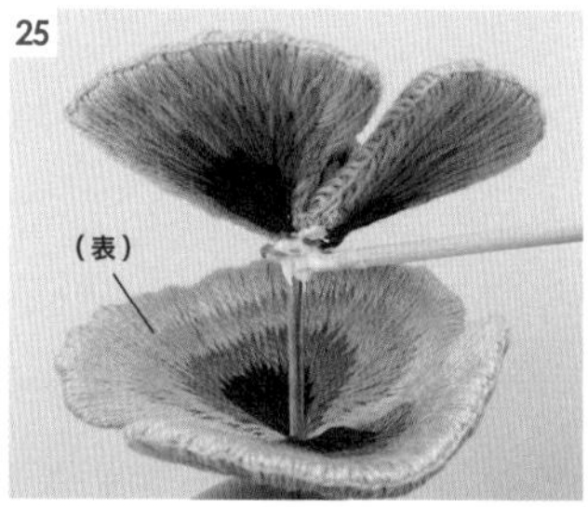

2枚めの花弁の刺繍パーツの中央に表から太目打ちで穴をあけ、花びらをずらしてワイヤーに通す。1枚めの花弁と軸の輪にボンドを塗る

26

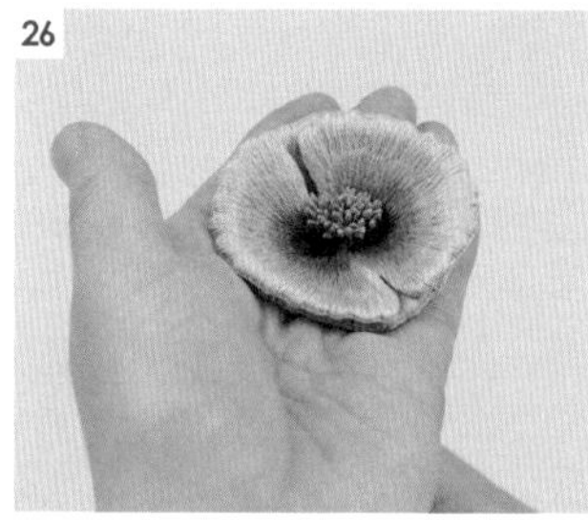

手のひらで押しつけるように1枚めの花弁に2枚めの花弁を貼る

27

ペップの中心をピンセットで広げる

28

めしべのウッドビーズ（丸中）の底にボンドをたっぷり塗って、ペップの中心に貼る

ワイヤー付きの蕾大のパーツを作る

29

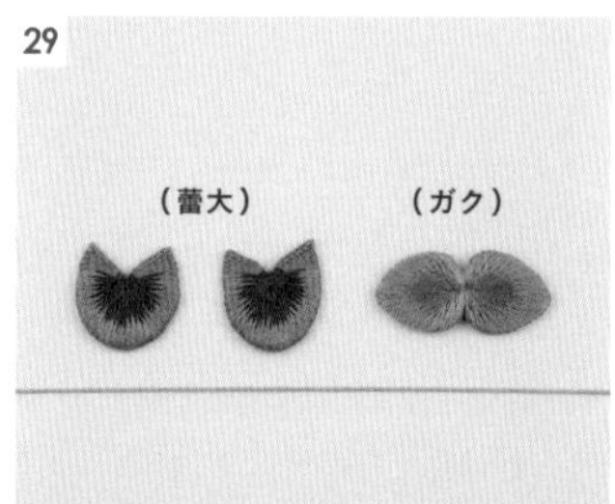

蕾人の刺繍パーツ2枚と蕾大のガクの刺繍パーツ1枚、長さ18cmのワイヤー #21を1本用意する

＊刺繍糸はわかりやすいように目立つ糸で縫いとめています。実際は［濃紫①］で縫いとめます。

30

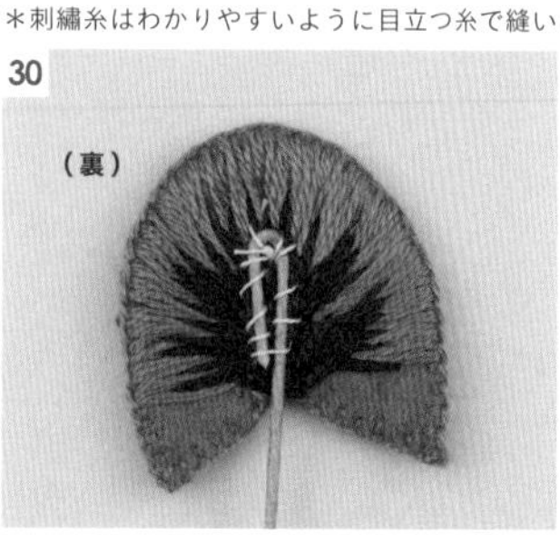

ワイヤーの先を長さ約1cmのU字に曲げ、蕾大の裏に玉結びをした糸［濃紫①］を針に通してワイヤーを縫いとめる。玉どめをして余分な糸ははさみで切る

31

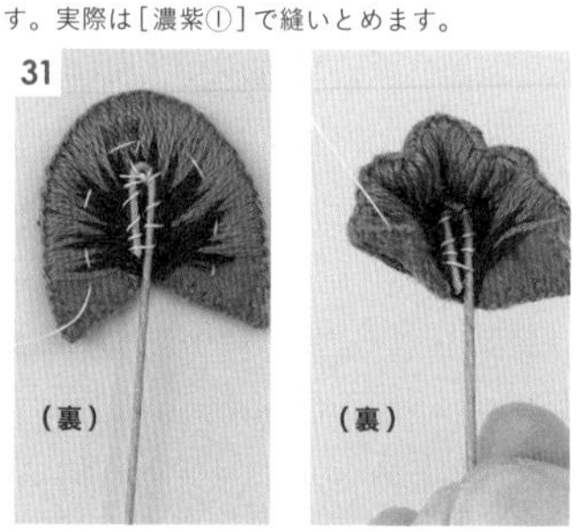

指定の位置に玉結びをした糸［紫①］を針に通してぐし縫いをする。糸を引いて縮めて、玉どめをして余分な糸は切る

32

ボンドを塗ってワイヤーを包むように貼り合わせる

33

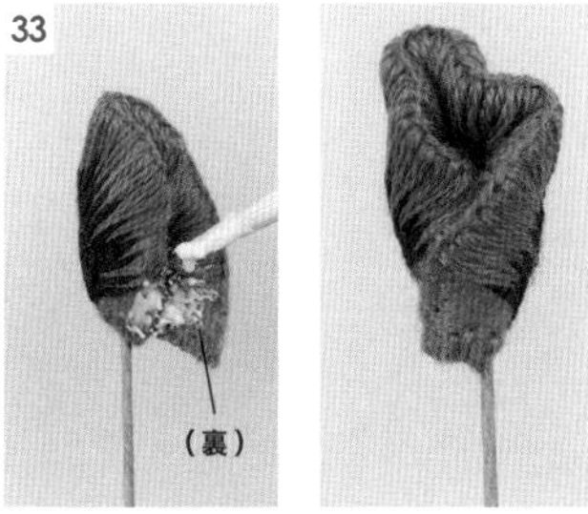

貼り残しがないようにボンドでしっかり貼り合わせる

34

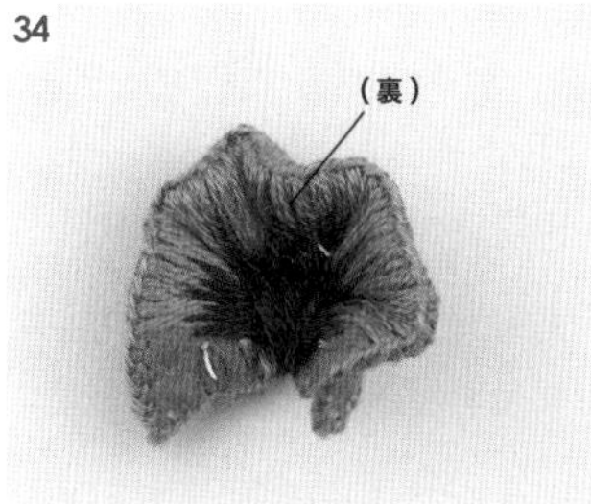

2枚めの蕾大の刺繍パーツも同様にパーツを縮める（→P.64の31）

35

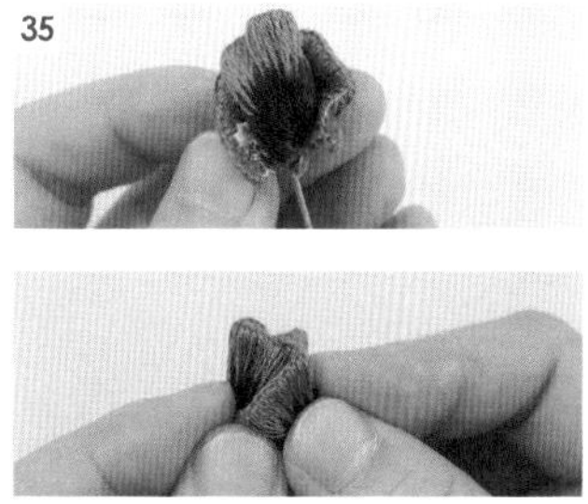

ボンドを裏全体に塗って、1枚めの蕾大の外側にしっかり貼る

36

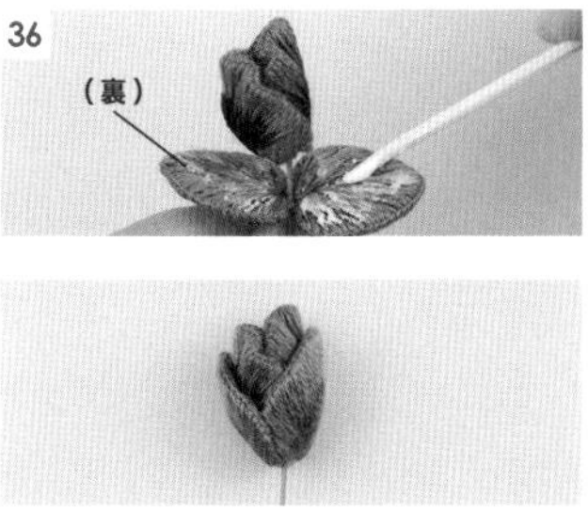

蕾大のガクの指定の位置に裏から細目打ちで穴をあけ、蕾大のワイヤーに通す。ボンドを塗って蕾大に貼る。蕾大パーツの完成

ケシ坊主のパーツを作る

37

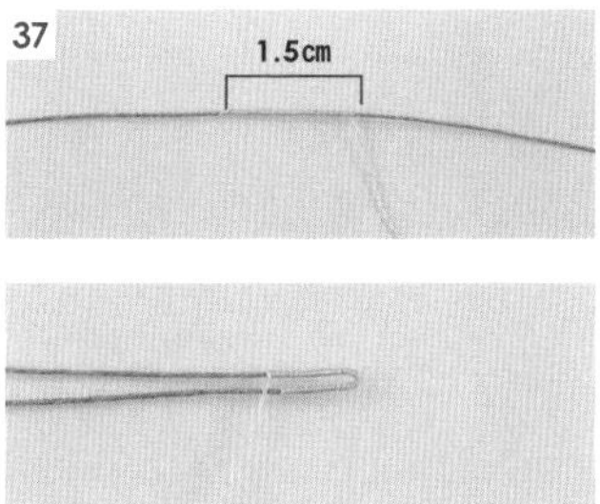

長さ36cmのワイヤー #30の中央にボンドを薄く塗りながら糸［黄①］を約1.5cm巻く。ワイヤーを半分に曲げる。糸は残しておく

38

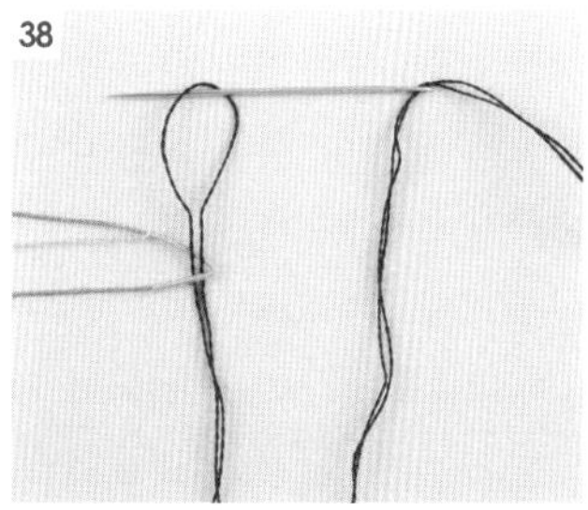

長さ約20cmの糸［濃紫①］を半分にし、糸2本を針に通す。ワイヤーに糸のわを通し、糸のわに針を通す

39

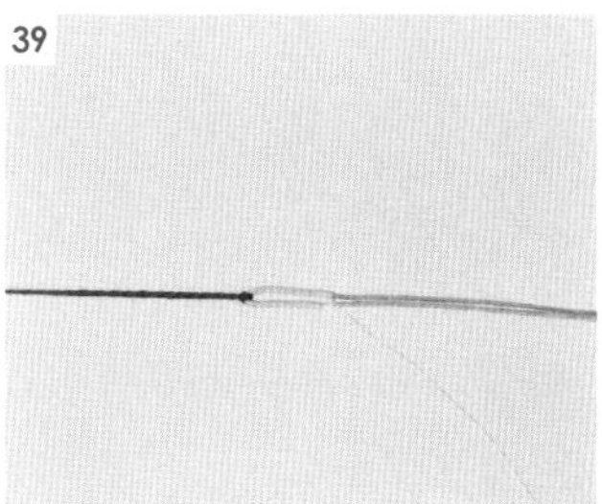

糸［濃紫］を引く

40

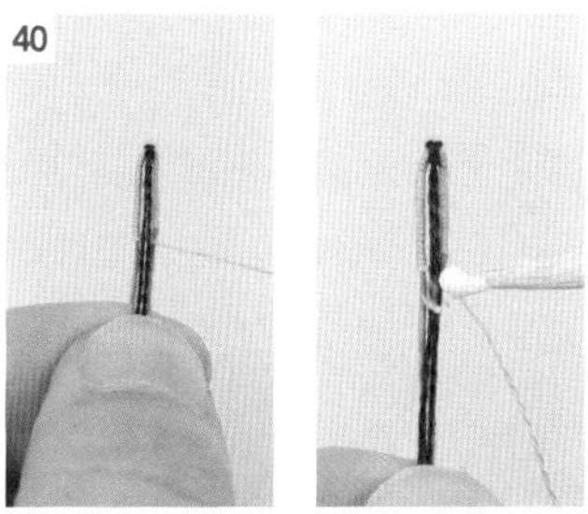

糸［濃紫］をワイヤーに添わせたら、ワイヤーと糸［濃紫］にボンドを塗る

41

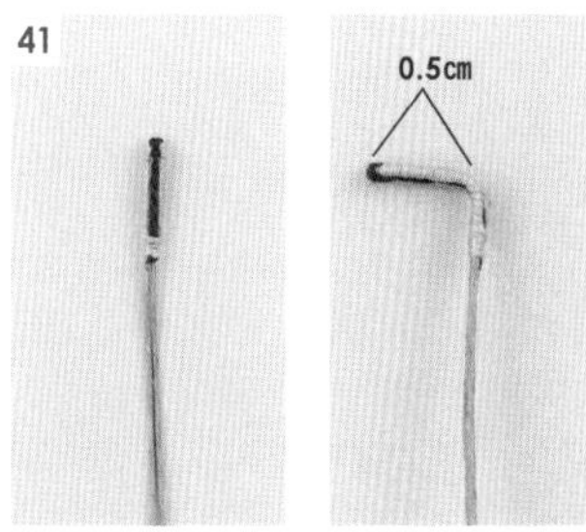

残しておいた糸［黄］を2、3回巻き、余分な糸［黄と濃紫］ははさみで切る。先端から約0.5cmのところでペンチで曲げる。24本作る

42

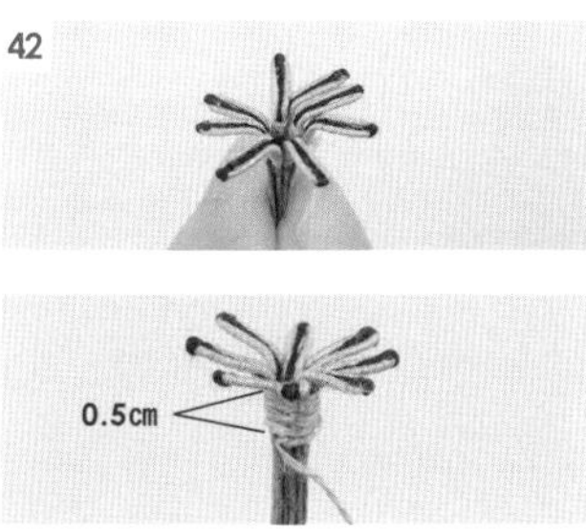

8本を束ねる。ワイヤーにボンドを薄く塗りながら糸［黄①］を約0.5cm巻く

43

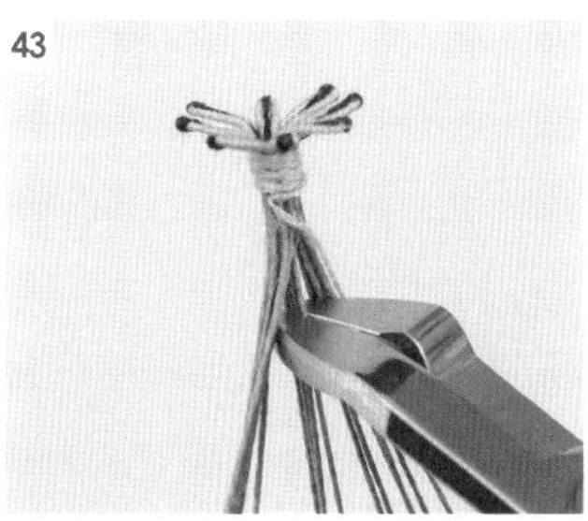

束ねたワイヤーの内側4本をニッパーで切り落としてワイヤーの太さを細くする

44

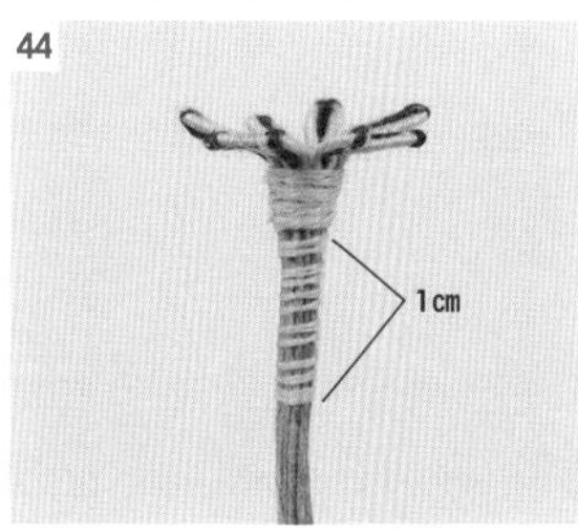

ワイヤーにボンドを薄く塗って糸をさらに約1cm巻く。3本作る

45

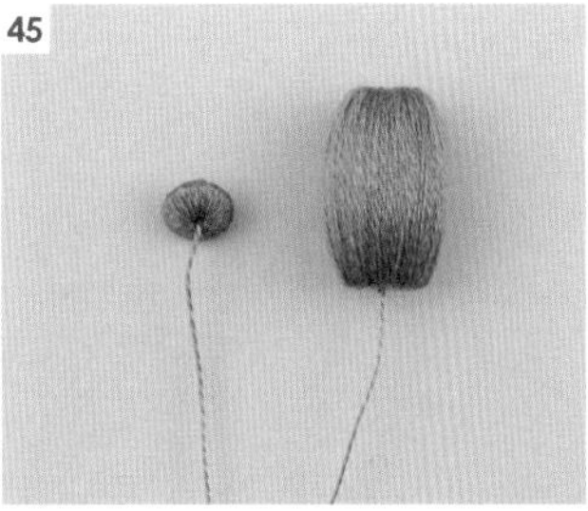

ウッドビーズ（タル大）と（ソロバン小）に糸［緑①］を巻く。糸端を約10 cm残しておく（→P.62の5、6）

46

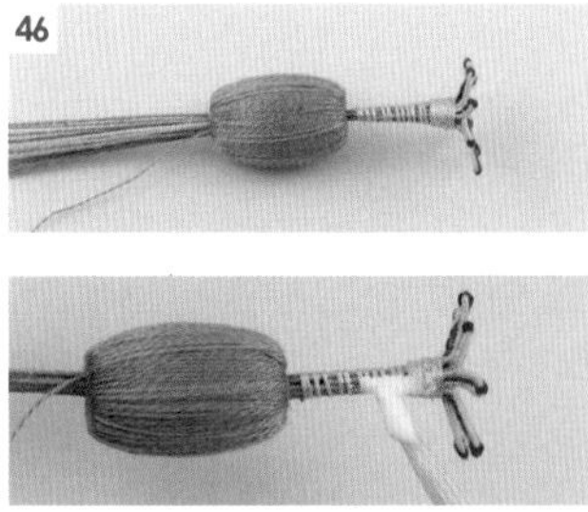

ウッドビーズ（タル大）に残した糸端とは反対から、ワイヤーを通す。1cm巻いた糸にボンドを塗る

47

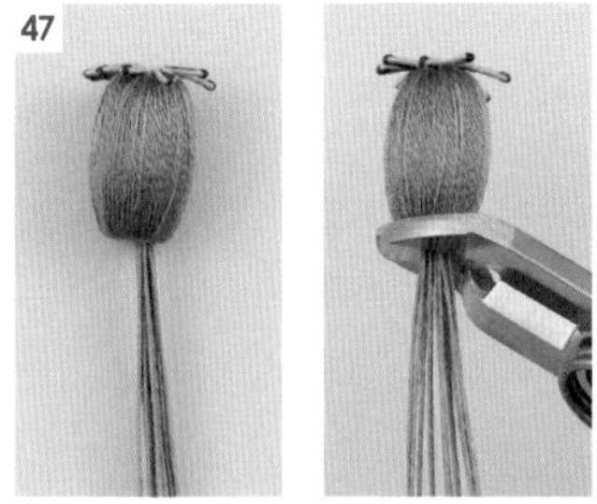

ウッドビーズ（タル大）を貼る。ワイヤーと残しておいた糸をニッパーで切り落とし、切断面にはボンドを塗っておく

48

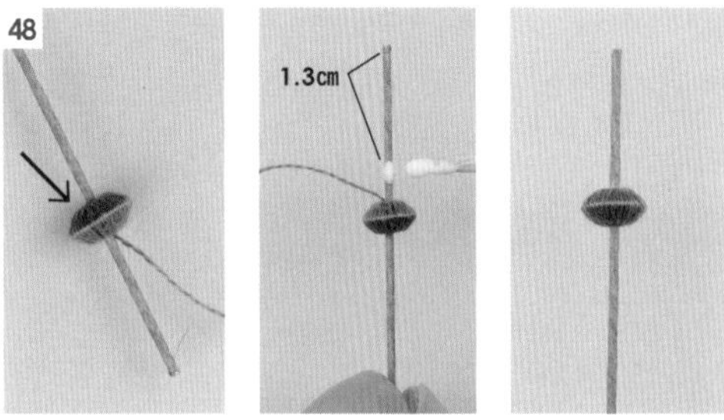

ウッドビーズ（ソロバン小）に残した糸端とは反対から長さ18cmのワイヤー #21を通す。端から約1.3cmのところにボンドを塗ってワイヤーに固定し、余分な糸は切る

49

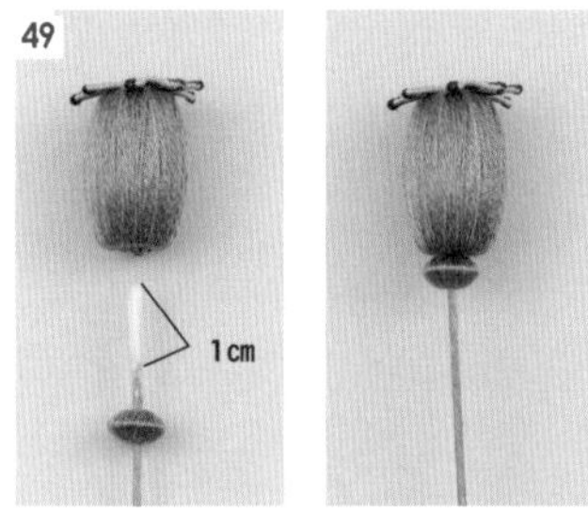

ワイヤー先端にボンドを塗ってウッドビーズ（タル大）を通して貼る。ケシ坊主のパーツの完成。3本作る

トケイソウ

作品　P.30
作り方 P.82

花芯と蕾大とツルのパーツを作る

▷▷▷

めしべのパーツを作る

1

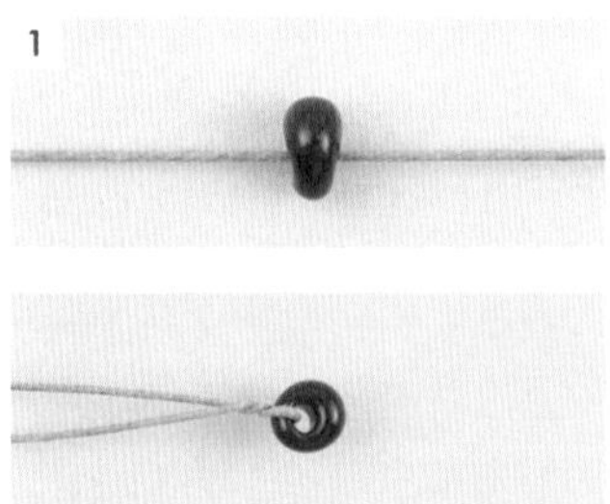

長さ36cmのワイヤー #28の中央にマガ玉ビーズを通し、半分に折ってワイヤーの根元を2、3回ねじる

2

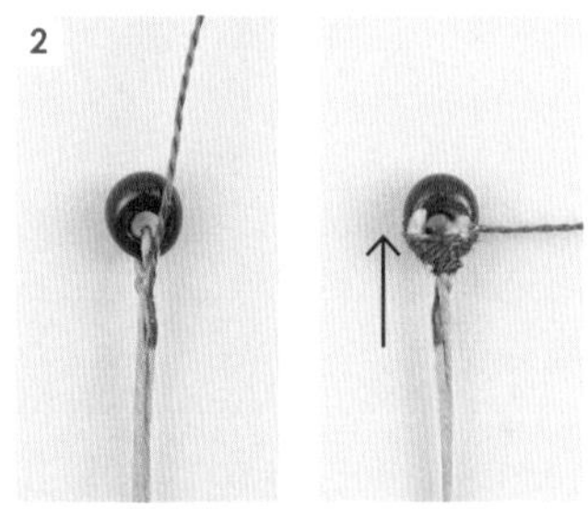

マガ玉ビーズとワイヤーにボンドを塗って糸端［赤紫①］を貼る。ボンドを塗りながらマガ玉ビーズの穴が隠れるまで糸を巻く

3

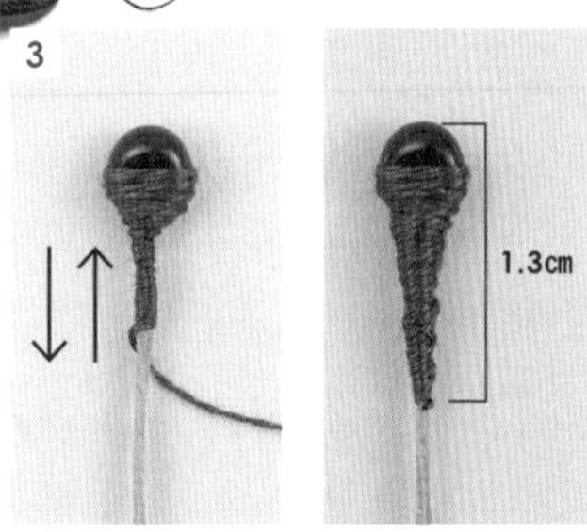

上から約1.3cmのところまでボンドを薄く塗りながら糸を巻き、ビーズとワイヤーがなだらかになるまで巻くことを繰り返す。3本作る

4

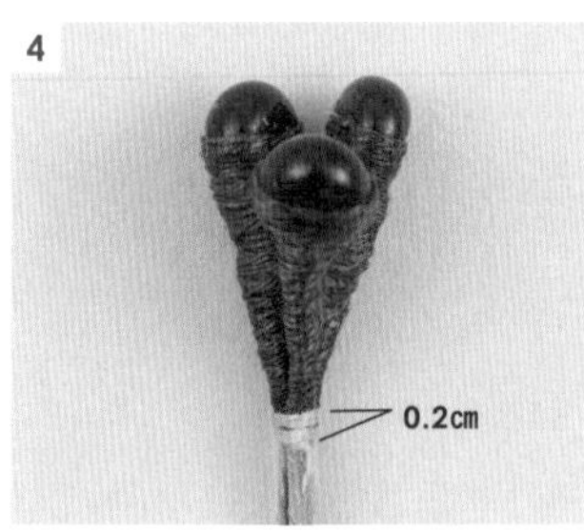

3本を束ねて、ワイヤーにボンドを薄く塗って糸［赤紫①］を約0.2cm巻く

＊刺繍糸はわかりやすいように目立つ糸で巻いています。実際は［赤紫①］で巻きます。

5

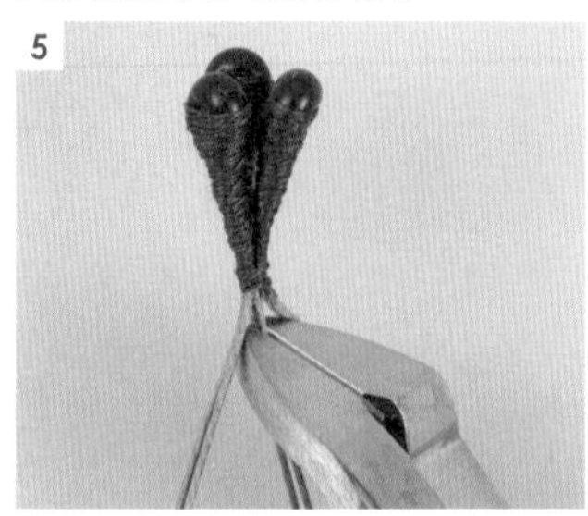

束ねたワイヤー6本の内側2本を、巻いた糸の根元でニッパーで切り落とす

6
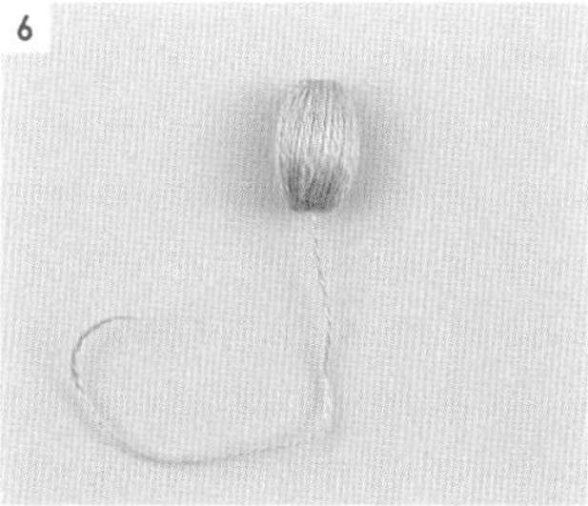

ウッドビーズ（タル小）にボンドを塗って糸［淡オリーブ①］を巻く（→P.62の5、6）

7
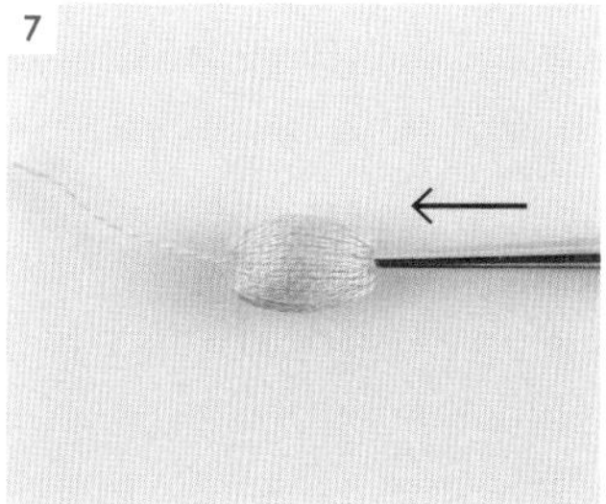

残しておいた糸端とは反対の穴に細目打ちを差し、ワイヤーを通すための穴を確保する。ウッドビーズが割れないように差し込むこと

8
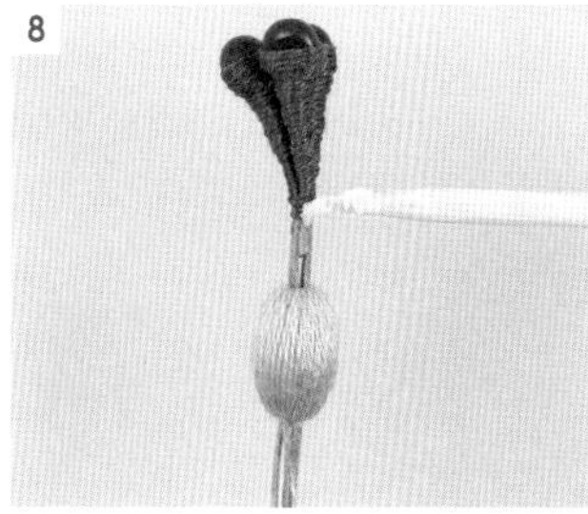

ウッドビーズ（タル小）をワイヤーに通し、ワイヤーの根元にボンドを塗る

9
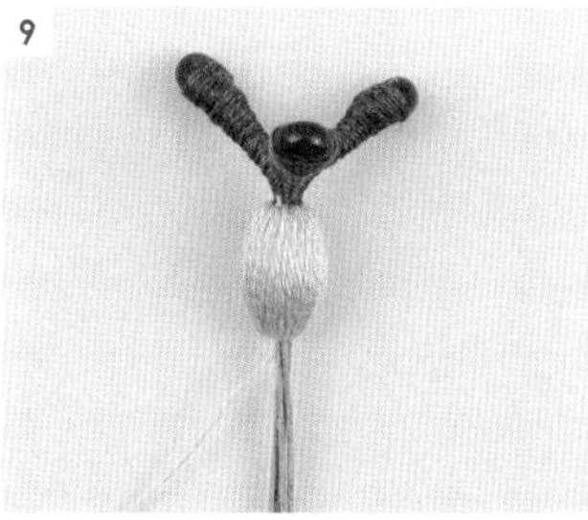

ウッドビーズ（タル小）を貼り、余分な糸ははさみで切る

おしべのパーツを作る

10
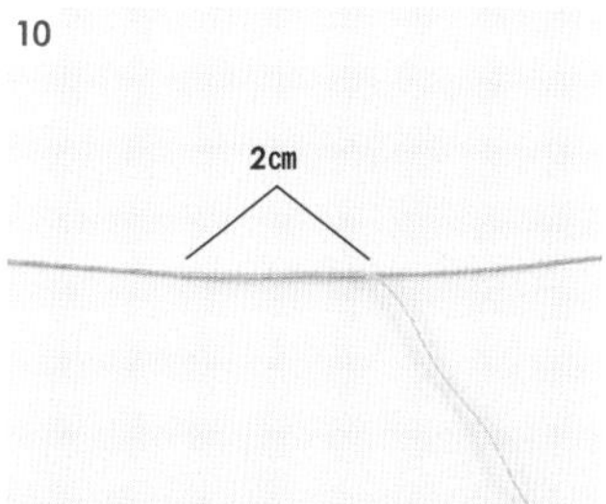

長さ36cmのワイヤー #28の中央にボンドを薄く塗りながら糸［黄土①］を約2cm巻く。糸は残しておく

11
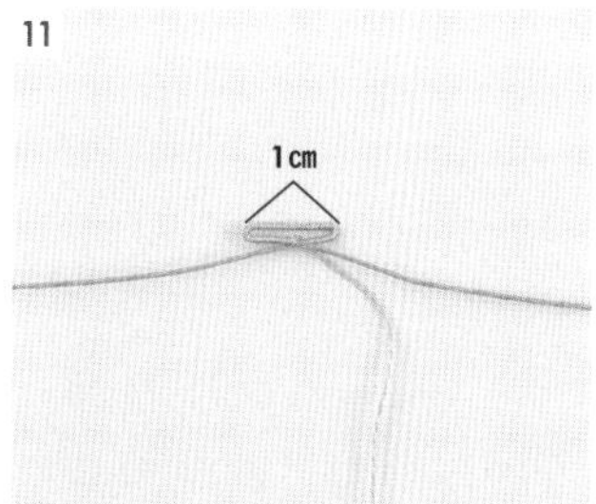

中央に巻いた1cm分を残し、左右を平ペンチで曲げる

12
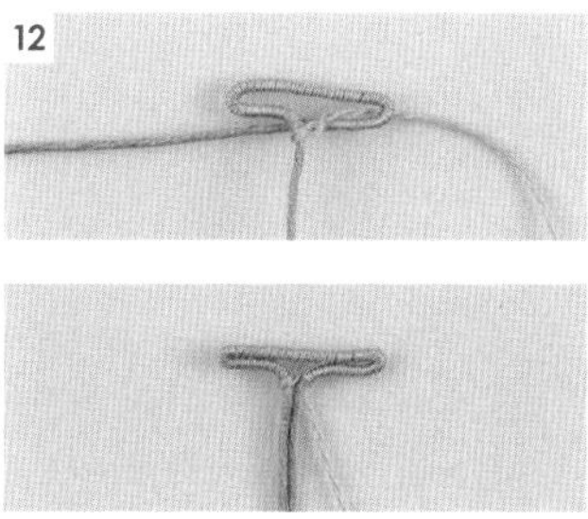

ワイヤーを片方ずつ直角に曲げ、ワイヤー2本をそろえる

13
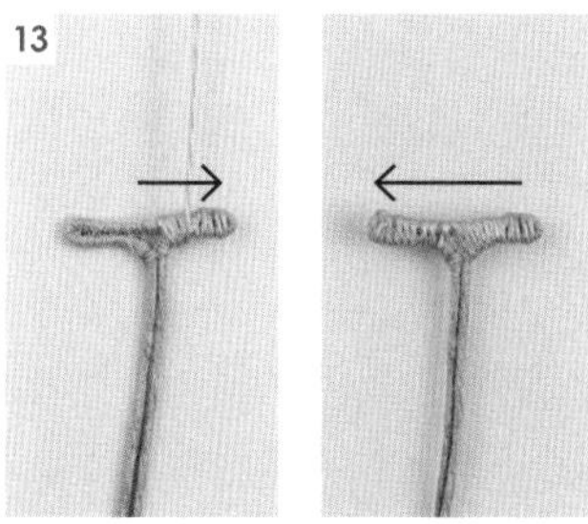

ボンドを薄く塗りながら残しておいた糸で矢印方向に巻く。余分な糸ははさみで切る

14
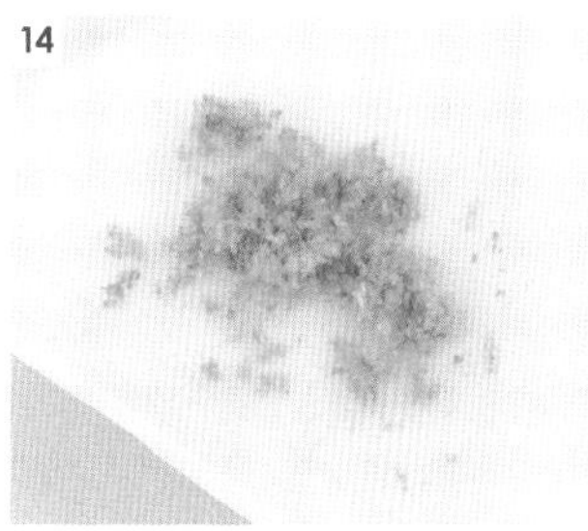

糸［黄土⑥］を細かく切る

15
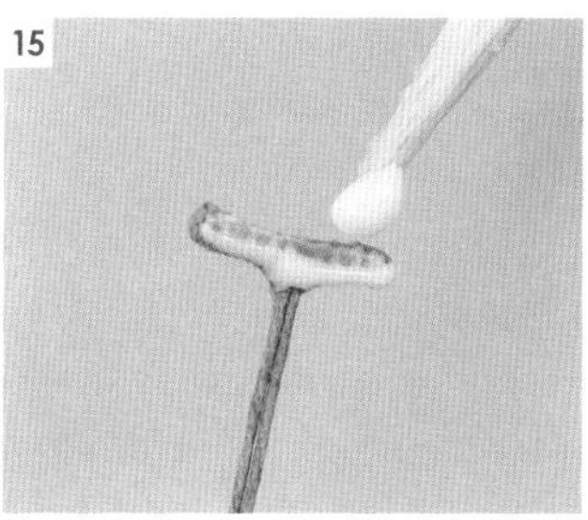

全体にボンドを塗る

16
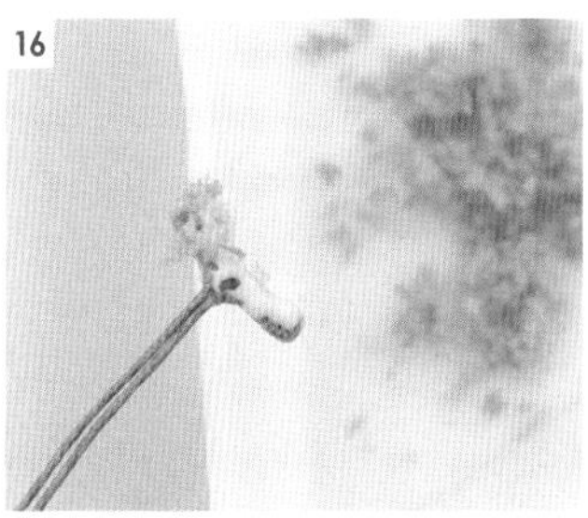

細かく切った糸を全体に貼る

17
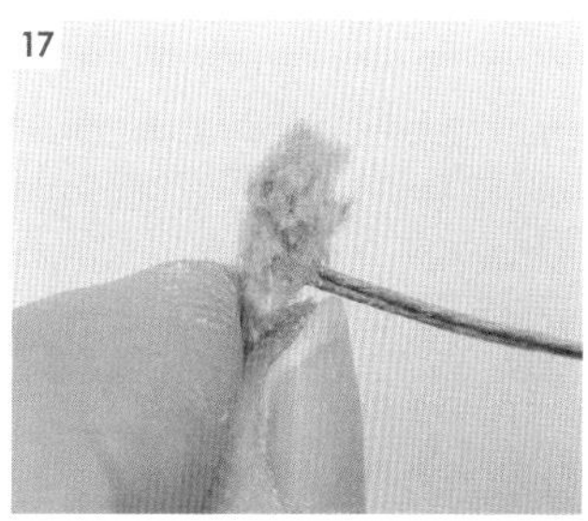

指先で全体にしっかり貼り、なじませる

18

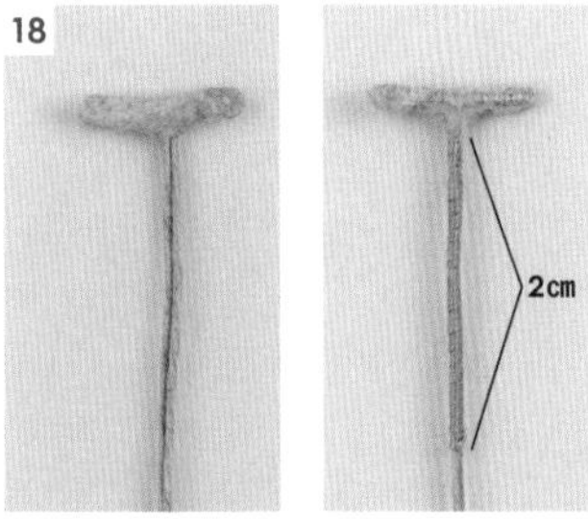

細かく切った糸を充分に貼りつけたら、ワイヤーにボンドを薄く塗りながら糸［オリーブ①］を約2cm巻く。5本作る

19

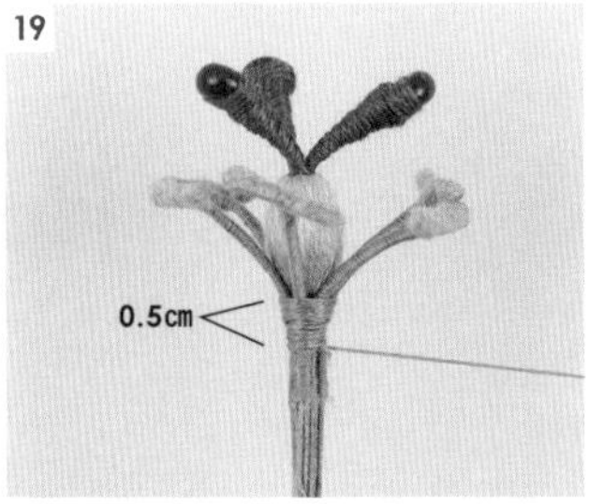

めしべの周囲に5本を均等に添える。ワイヤーにボンドを薄く塗りながら糸［オリーブ①］を約0.5cm巻く。糸は残しておく

20

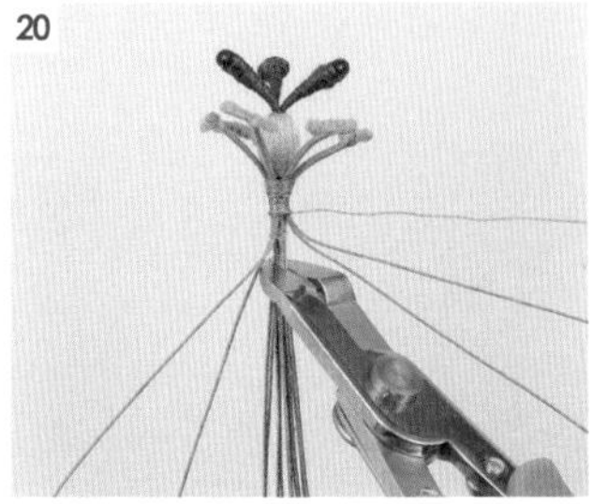

束ねたワイヤー4本を残して、内側のワイヤーをニッパーで切り落とす

＊余分な糸ははさみで切る

21

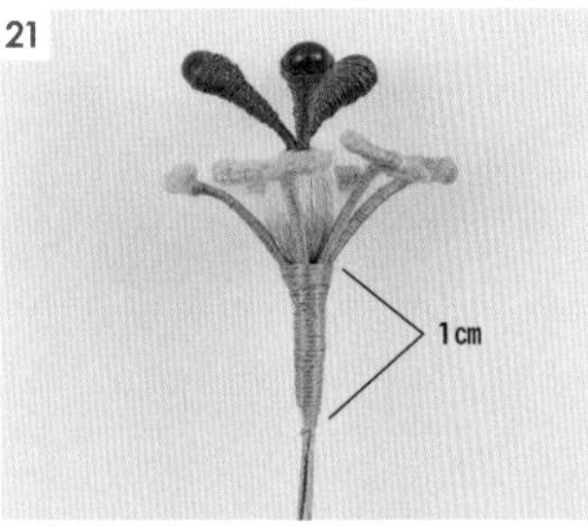

ワイヤーにボンドを薄く塗りながら残しておいた糸で約1cm巻く

22

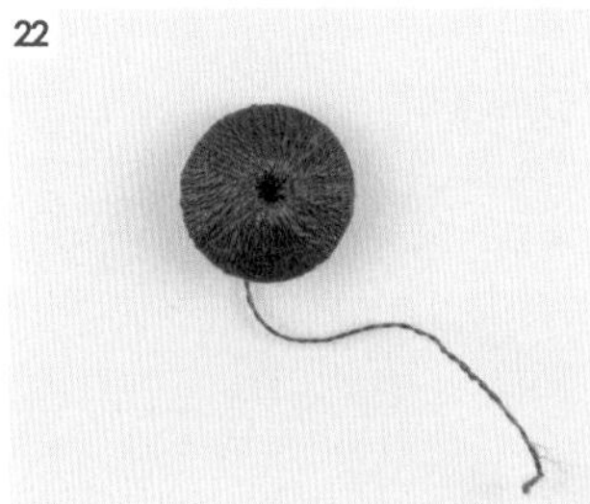

ウッドビーズ（ソロバン）にボンドを塗って糸［濃紫①］を巻く（→**P.62の5、6**）

23

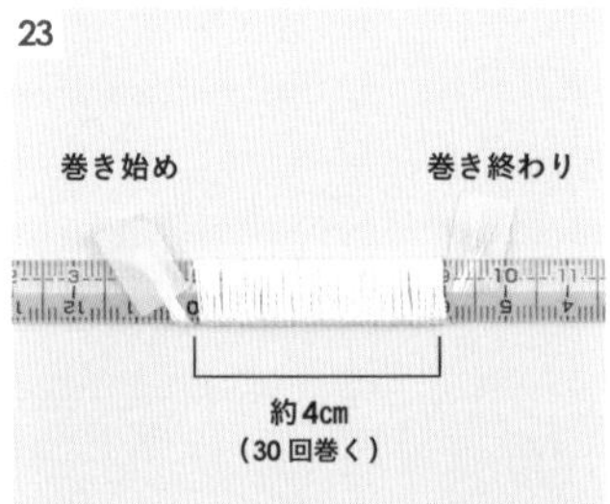

幅1cmのミニものさしに巻き始めの糸［薄クリーム⑥］をマスキングテープで固定する。約4cmになるようにすき間があかないように30回巻く

24

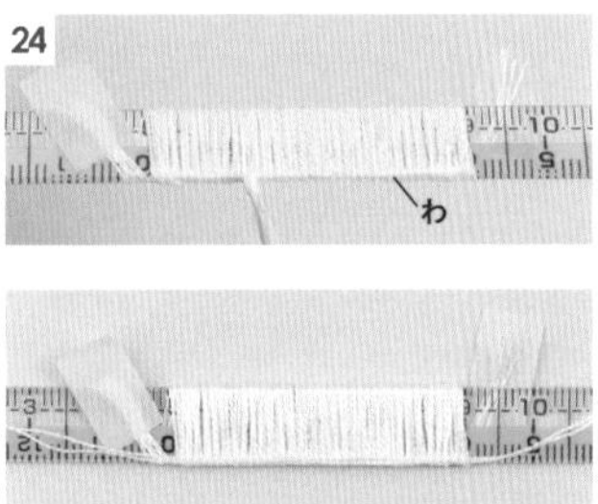

巻き終わりの糸端は裏側でマスキングテープで固定する。巻き始め側のわにボンドをすり込むように塗る。長さ10cmの糸［薄クリーム②］を貼る

25

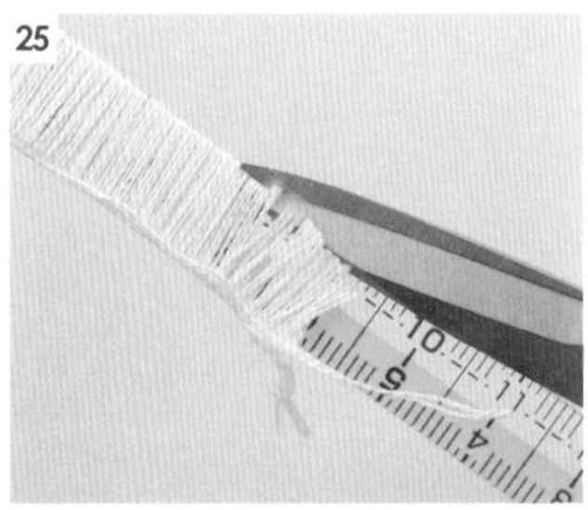

糸を貼っていない側のわをはさみで切る

26

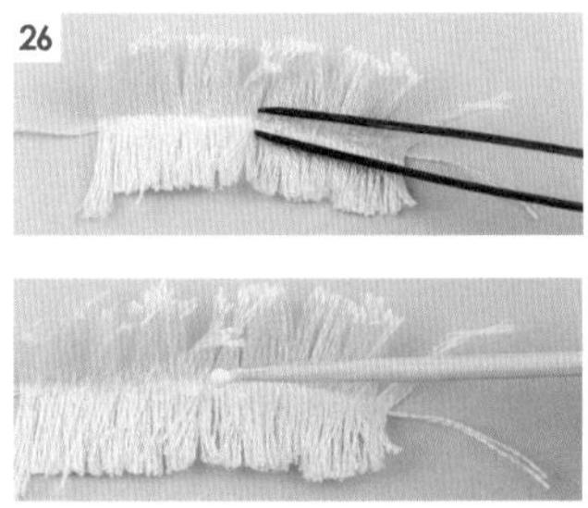

ピンセットを使って広げ、谷にボンドを塗る

27

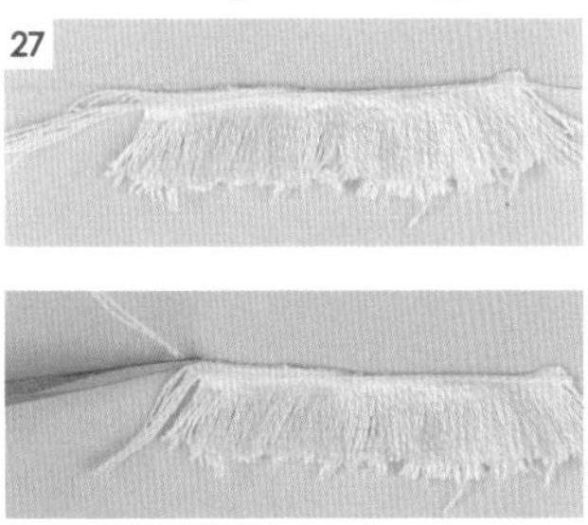

再び折りたたむ。貼った糸の余分ははさみで切る

28

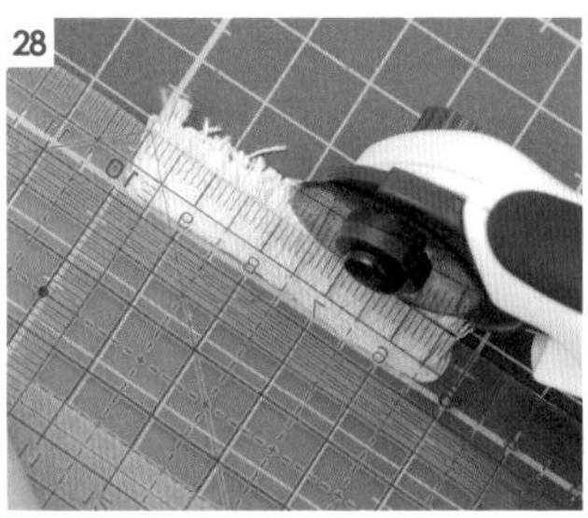

毛先の長さが約0.7cmになるようにロータリーカッターで切りそろえる

29

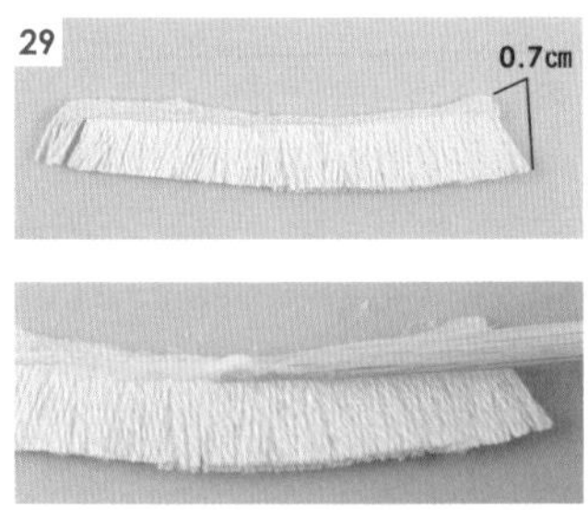

切りそろえたら、糸を貼った側にボンドを塗る

30

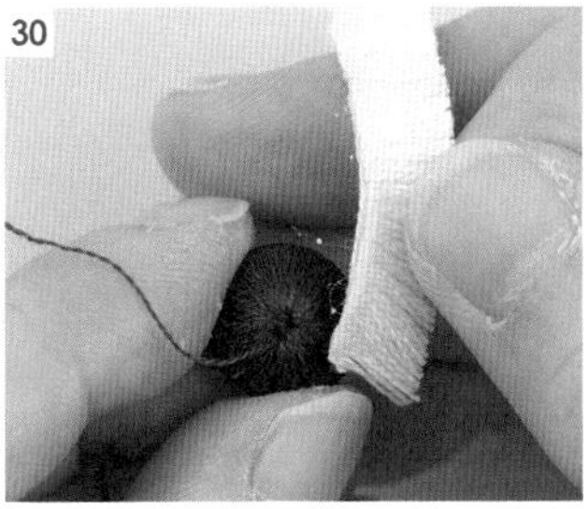

22のウッドビーズの残している糸側に貼る

31

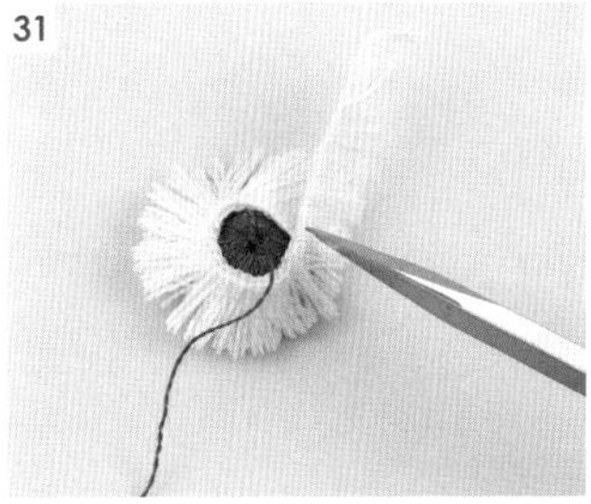

余分なフリンジははさみで切る

32

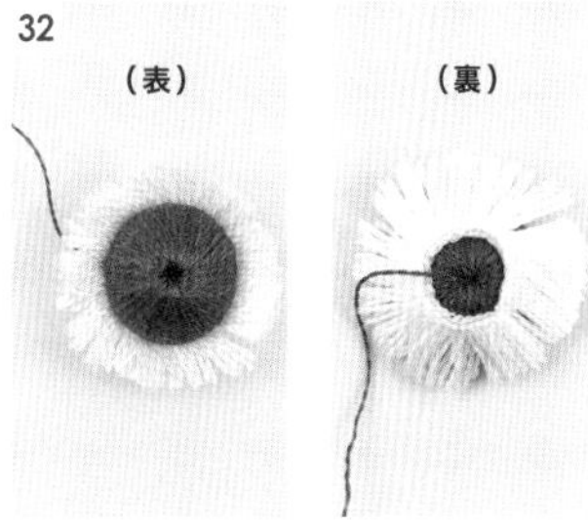

貼り合わせたところ

33

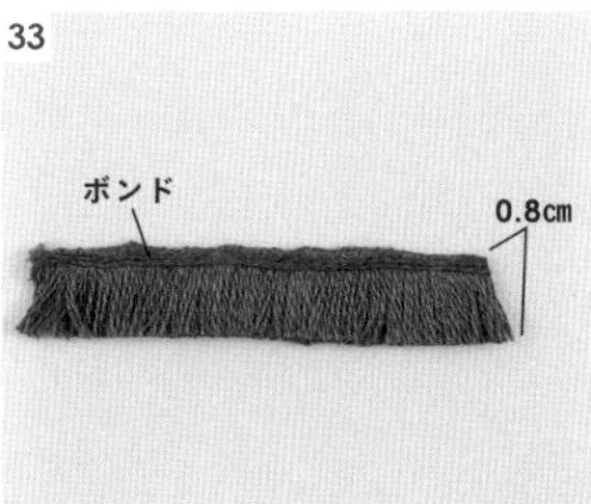

ミニものさしに糸［濃紫⑥］を長さ4cmになるように30回巻く。毛先を約0.8cmになるように切りそろえて端にボンドを塗る（→P.68の23〜29）

34

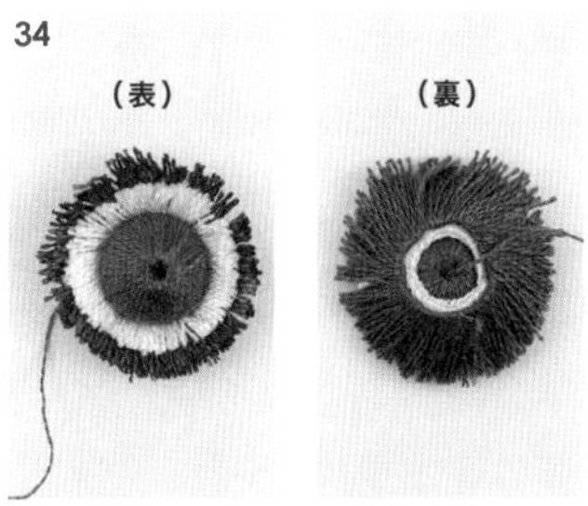

先に巻いた薄クリームのフリンジの上に重ねて貼る。余分なフリンジと糸ははさみで切る

35

めしべとおしべのワイヤーにウッドビーズ（ソロバン）を通す。21で巻いた糸の巻き終わりにボンドを塗る

36

しっかり貼る

副花冠のパーツを作る

37

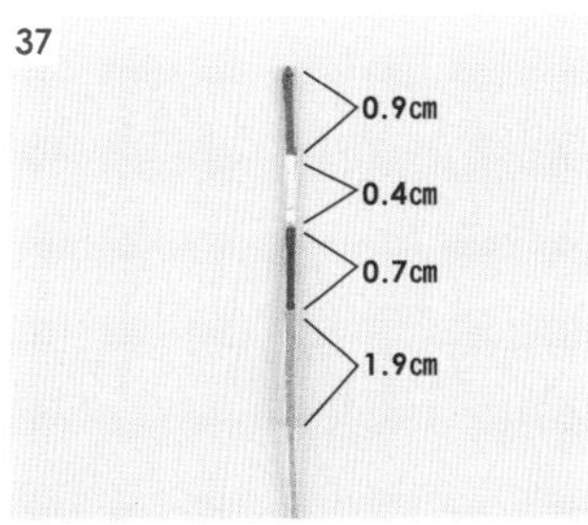

長さ36cmのワイヤー #28の先端に指定の糸［青→薄クリーム→濃紫→オリーブ（全て①）］で、指定の長さに巻く。40本作る

花芯パーツを作る

38

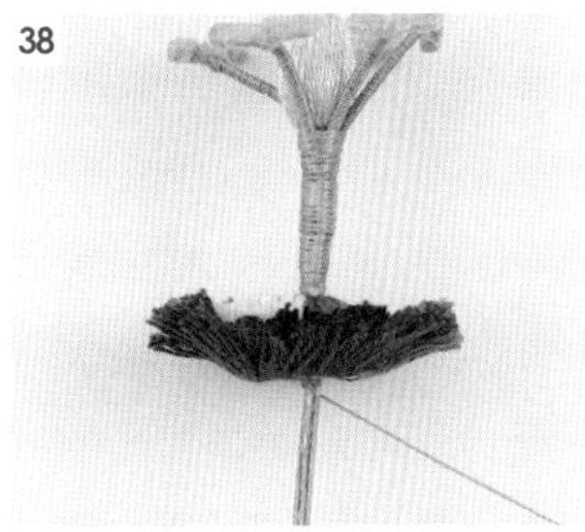

ワイヤーにボンドを薄く塗って、糸端［オリーブ①］を貼り、2、3回糸を巻く

39

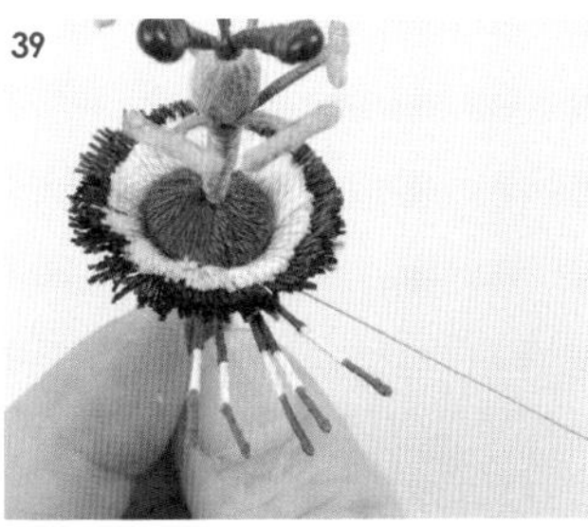

一度に4、5本の副花冠のパーツを添えることを繰り返しながら糸を巻く

40

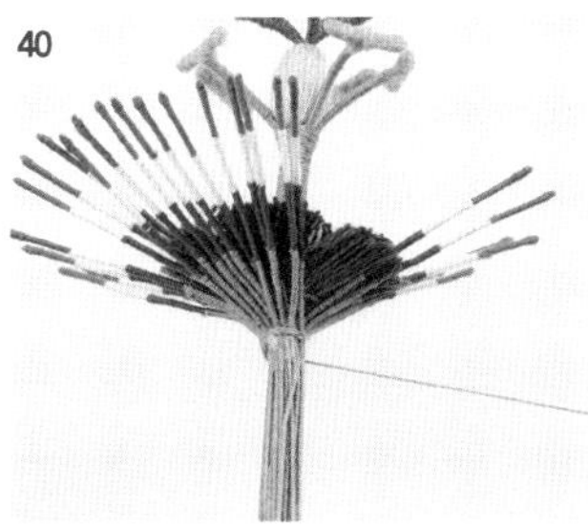

ワイヤーにボンドを薄く塗りながら副花冠のパーツをバランスよく添えて糸を巻く

41

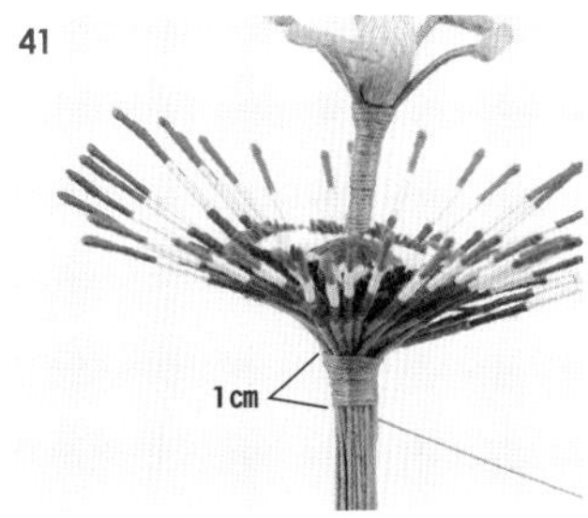

40本を束ねたら、続けてワイヤーにボンドを薄く塗って糸を約1cm巻く

ウッドビーズでワイヤー付きの蕾大のパーツを作る

42

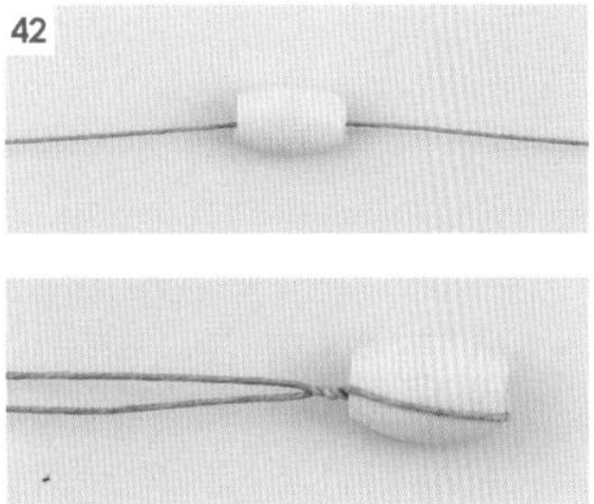

長さ36cmのワイヤー #24の中央にウッドビーズ（タル大）を通し、ワイヤーの根元を2、3回ねじる

43

蕾大の刺繍パーツの中心に裏から細目打ちで穴をあける

44

ワイヤーを通す

45

5枚の花びらの1枚にボンドを塗る

46

指先でしっかり押さえてウッドビーズに貼る

47

隣の花びらにボンドを塗って、先の花びらを覆うようにしながらウッドビーズに貼ることを繰り返す

48

5枚の花びらを貼ったところ

49

蕾大のガクの刺繍パーツの中心に裏から細目打ちで穴をあけ、ワイヤーに通して1枚ずつボンドを塗って蕾大に貼る

ツルのパーツを作る

50

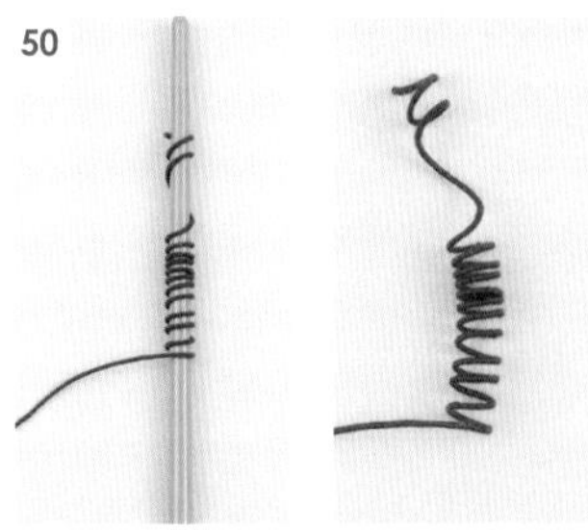

長さ36cmのワイヤー #26に糸［濃緑①］を指定の長さに巻く（→**P.57の1〜2**）。筆や目打ちに巻いて表情を作る。5本作る

トケイソウに仕立てる

51

全てを束ねたら、副花冠のパーツが上下交互になるように調節する

長さ70cmのワイヤーを作る

1

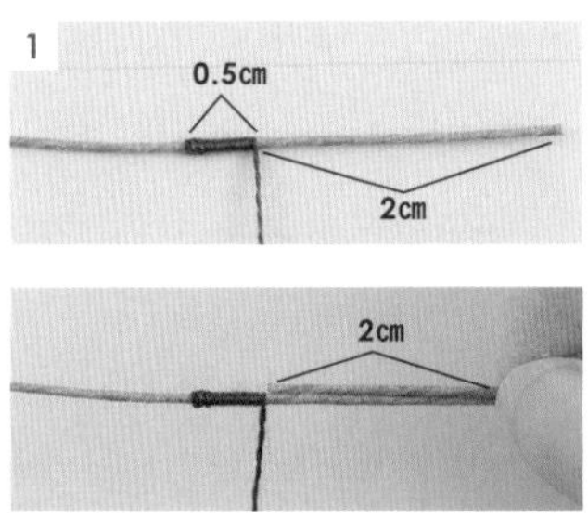

長さ36cmのワイヤー #24を2本用意。1本の先端から2cmのところにボンドを塗って指定の糸［①］を0.5cm巻く。2本めを2cm分重ねる

2

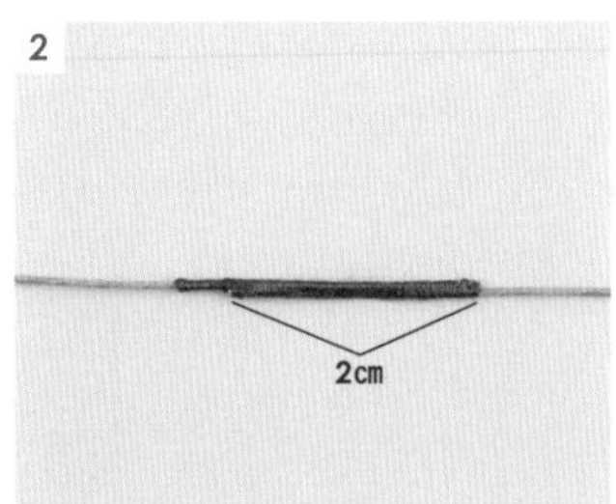

ワイヤーにボンドを薄く塗って2本めのワイヤーの先端から2cmのところまで巻く

ナノハナ　P.6

材料

刺繍糸
- 黄（17）
- 黄緑（166）
- 淡緑（581）
- 緑（469）
- 濃緑（936）

フェルト
- 黄（304）
- 緑（442）

ワイヤー
- #26（18㎝）
  - 19本…花芯
  - 5本…実
- #26（36㎝）
  - 2本…葉大
  - 3本…葉小

ペップ
- 素玉極小　57本…花芯
- 素玉大　21本…蕾小
- 素玉特大　10本…蕾大

コピック
- 黄（Y21）…花芯、蕾大
- 緑（YG63）…蕾小、蕾大のガク

How to make

1　花弁の刺繍パーツを作る（→P.41）

2　ワイヤー付きの葉（小・大）の刺繍パーツを作る（→P.45）

3　花芯のパーツを作る（→P.57）

4　蕾小と蕾大のパーツを作ってまとめる（→P.57）

5　実のパーツを作る（→P.58）

6　花芯のパーツと花弁の刺繍パーツをまとめる

花弁の中心に表から細目打ちで穴をあける（→P.47の68）。花芯のワイヤーを通し、花芯の根元にボンドを塗って花弁に貼る。19本作る

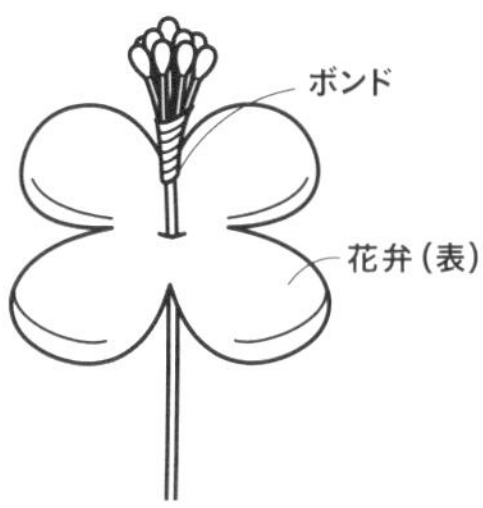

7　茎を作る

花と葉小、葉大のワイヤーにボンドを薄く塗りながら糸［淡緑①］を指定の長さに巻いて茎を作る（→P.46）。葉小と葉大には表情をつける

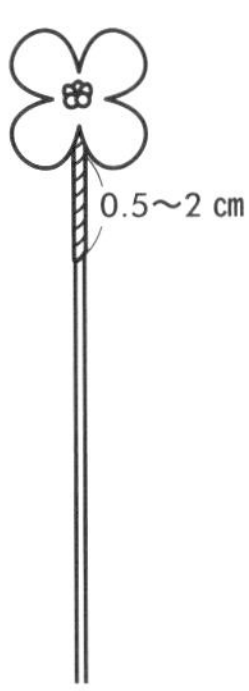

花×19本

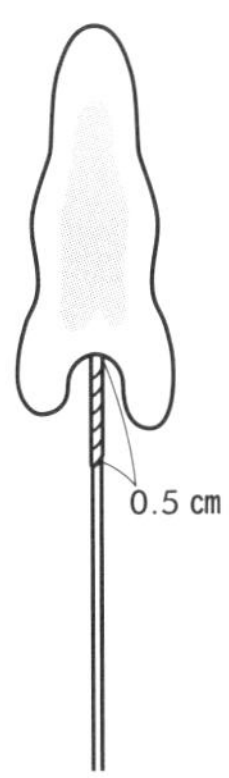

ワイヤー付きの葉小×3本

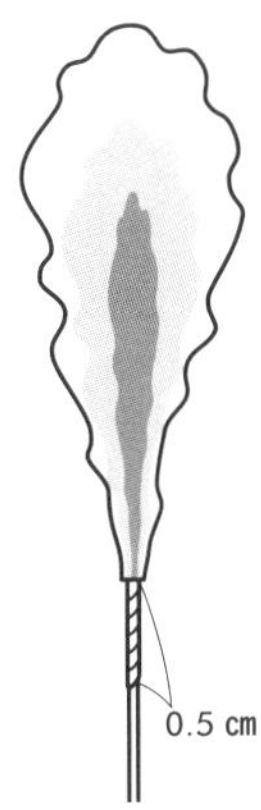

ワイヤー付きの葉大×2本

8　ナノハナに仕立てる

蕾の軸に指定の本数の花をバランスよく添えて束 a 〜 c を作る。ワイヤーにボンドを薄く塗りながら糸［淡緑①］を指定の長さに巻く

a（花3本＋蕾1本）

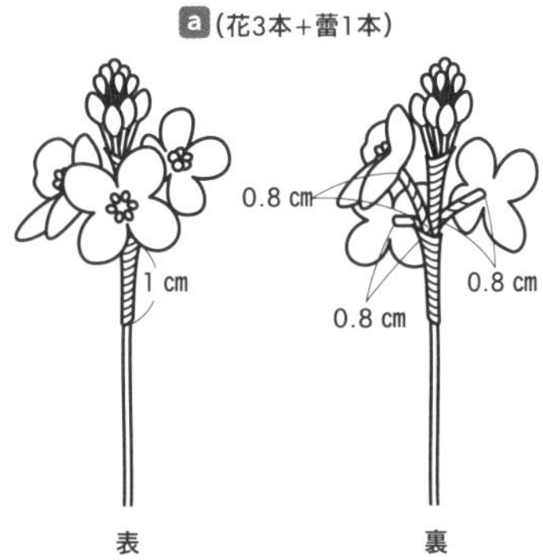

b（花2本＋蕾1本）

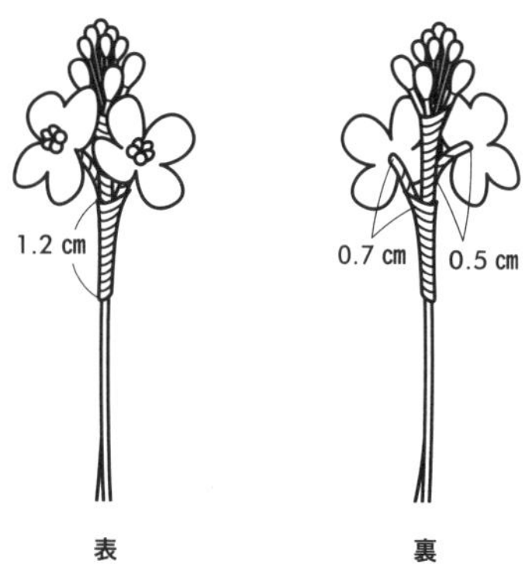

c（花14本＋蕾1本）

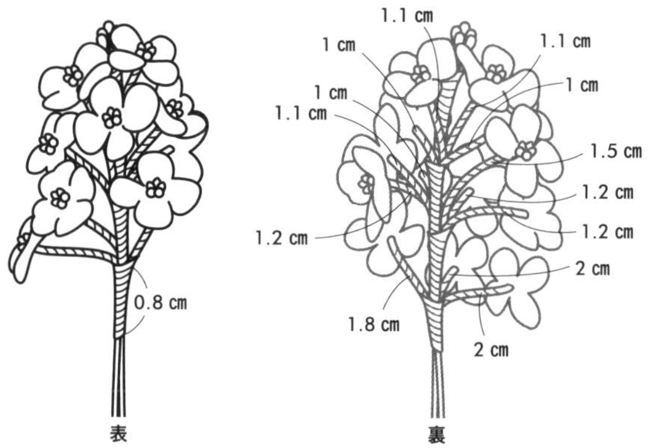

束 a と b の茎に葉小の根元をしっかり添わせて束ねる。束 c には実と葉小を束ねる。ワイヤーにボンドを薄く塗りながら糸［淡緑①］を指定の長さに巻く。束 a ～ c を束ね、ワイヤーにボンドを薄く塗りながら糸［淡緑①］を指定の長さに巻く。葉大2本を添えて束ね、ワイヤーにボンドを薄く塗りながら糸［淡緑①］を巻き、指定の長さになるように茎の端の処理をする（→P.50）

a

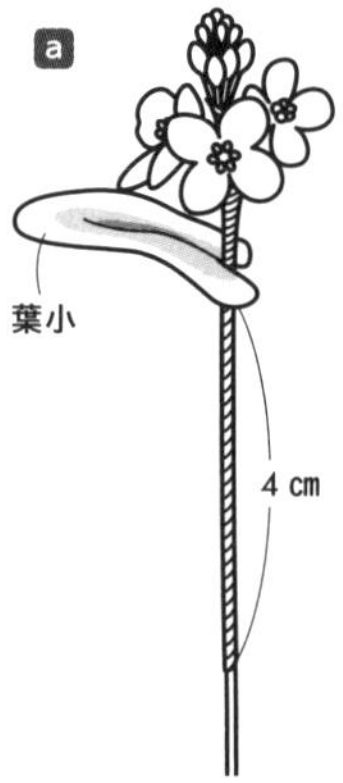

b

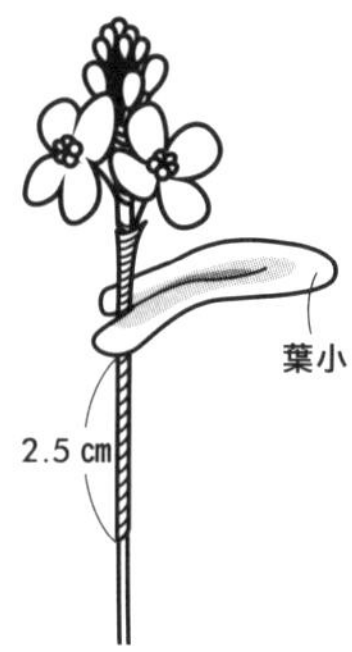

c

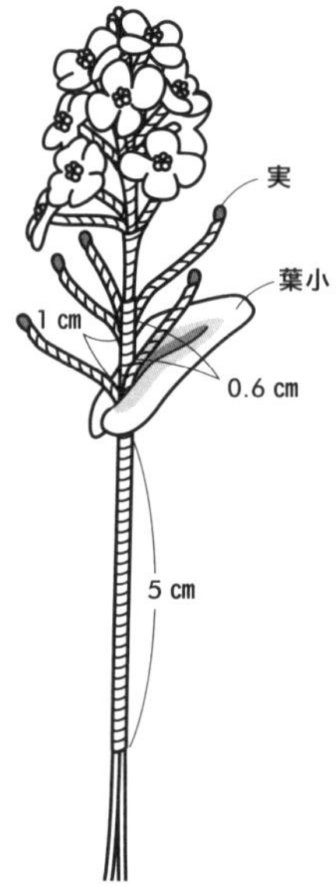

a＋b＋c

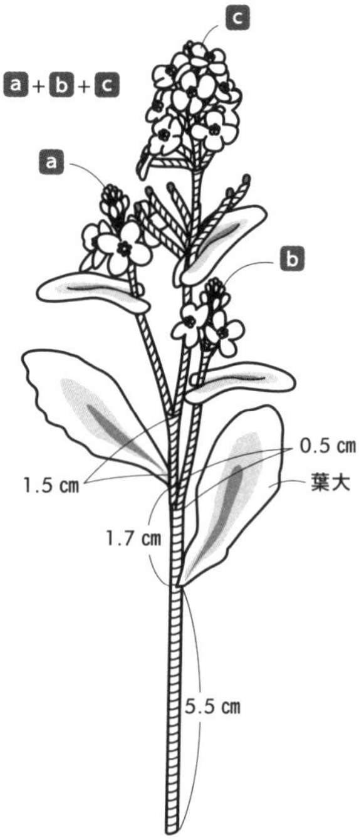

実物大型紙

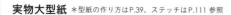

＊型紙の作り方はP.39、ステッチはP.111 参照

花弁

フェルト：黄：19枚

❶黄　ブランケットst②

❷黄　サテンst①

・目打ちで穴をあける

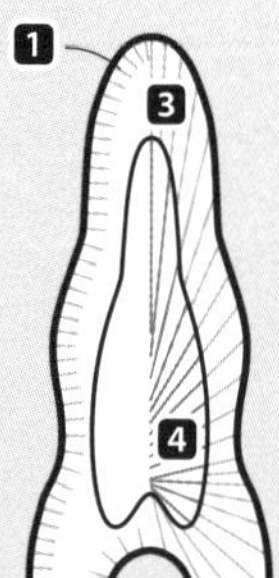

ワイヤー付きの葉小

フェルト：緑：3枚

❶淡緑　ブランケットst②

❷ワイヤー #26　淡緑①

❸淡緑　サテンst②

❹緑　サテンst②

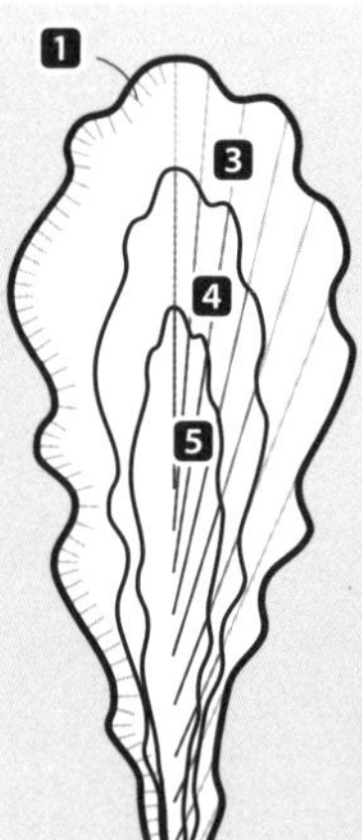

ワイヤー付きの葉大

フェルト：緑：2枚

❶淡緑　ブランケットst②

❷ワイヤー #26　淡緑①

❸淡緑　サテンst③

❹緑　サテンst②

❺濃緑　サテンst②

スイートピー P.12

材料

刺繍糸
淡杏（758）
杏（3778）
濃杏（356）
肌色（3856）
淡緑（469）
緑（936）
濃緑（935）

フェルト
杏（302）
桃（105）
肌色（336）
緑（444）

ワイヤー
#26（36cm）
各3本…花弁大、蕾大
6本…花弁中
#28（36cm）
3本…花弁小
#26（18cm）
2本…豆
#30（36cm）
各4本…葉小、葉中、葉大
#30（18cm）
10本…ツル

ビーズ
ウッドビーズ（丸小）　キジ（R4-6）
6個…サヤの豆

How to make

1 **ワイヤー付きの花弁（小・中・大）、蕾大、葉（小・中・大）の刺繍パーツを作る**（→P.45）
2 **蕾小とサヤ、花と蕾とサヤのガクの刺繍パーツを作る**（→P.41）
3 **豆のパーツを作る**（→P.58）
4 **ツルのパーツを作る**（→P.60）
5 **花弁と花のガクの刺繍パーツをまとめる**（→P.60）
花弁の刺繍パーツをまとめる。花のガクのパーツを作る。ガクの中心に裏から細目打ちで穴をあけて花弁のワイヤーに通す。ガク全体にボンドを塗って花弁に貼る。3本作る

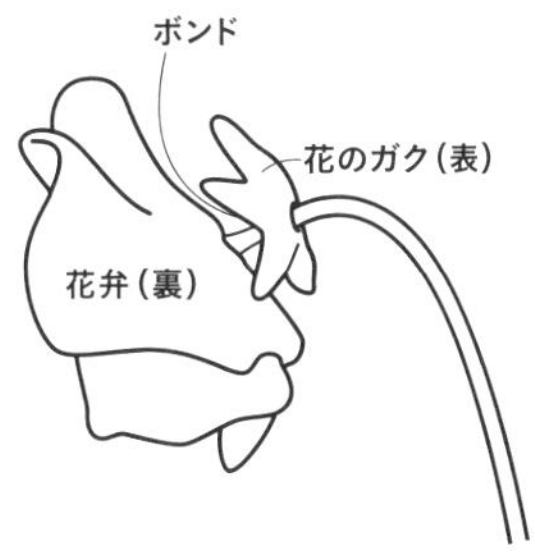

6 **蕾小と蕾大、蕾のガクの刺繍パーツをまとめる**
蕾小を外表に半分に折り、玉結びをした糸［肌色①］を針に通し、根元から★までを巻きかがりで縫いとめる（→P.60 の 18～20）。サテン stをしていない部分にボンドを塗る

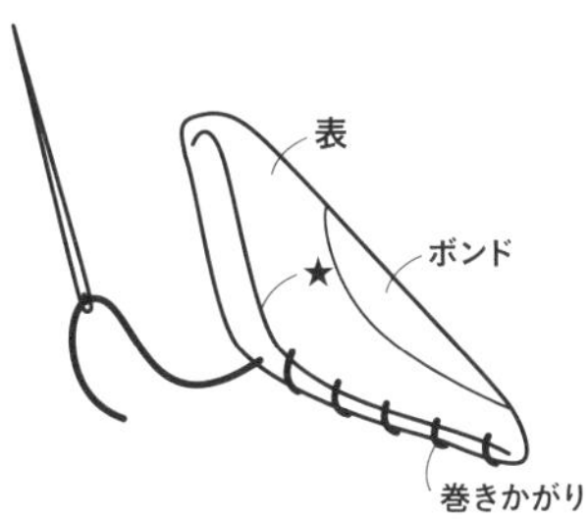

ワイヤー付きの蕾大パーツを半分に折り、蕾小を内側に貼る。玉結びをした糸［淡杏①］を針に通して根元を約0.5cm巻きかがりで縫いとめる（→P.60の18～20）

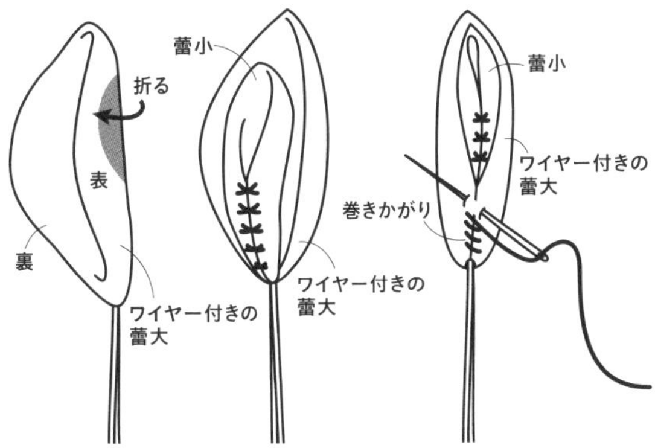

蕾のガクを花のガクと同様にして5枚のうち、真ん中の3枚（裏）にボンドを塗り、半分に折って貼る（→P.60 の 23～ 25）。ガク全体にボンドを塗って蕾大の外側に貼る。5枚の中央と蕾大の折り山を合わせて貼る。３本作る

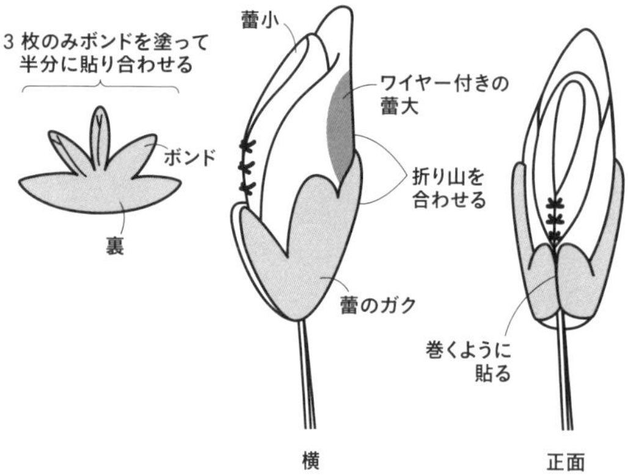

7 茎を作る

各パーツのワイヤーにボンドを薄く塗りながら糸［淡緑①］を指定の長さに巻く（→P.46）。

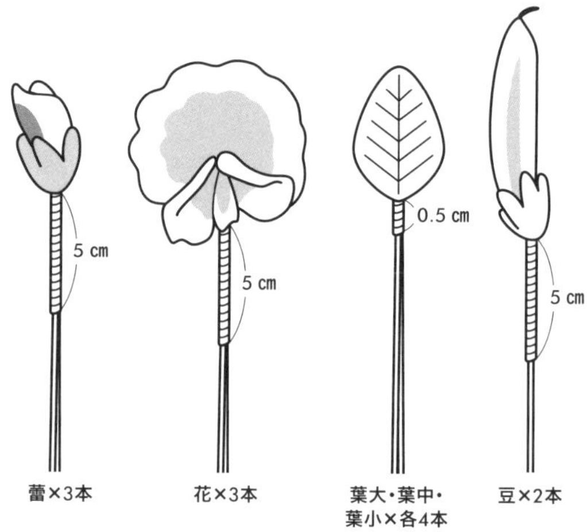

8 スイートピーに仕立てる

ツル 5 本を順に束ねてワイヤーにボンドを薄く塗りながら糸［淡緑①］を指定の長さに巻く。葉小、葉中、葉大各 2 枚を順にツルの左右に添えてワイヤーにボンドを薄く塗りながら糸［淡緑①］を指定の長さに巻く。2束作る

豆 2 本の束と蕾と花各 3 本を束ねた束を作る。ワイヤーにボンドを薄く塗りながら糸［淡緑①］を指定の長さに巻く

a の 1 束と b の束を束ねてワイヤーにボンドを薄く塗りながら糸［淡緑①］を指定の長さに巻く。残りの a の束と c の束を手前に添えてワイヤーにボンドを薄く塗りながら糸［淡緑①］を巻き、指定の長さになるように茎の端の処理をする（→P.50）

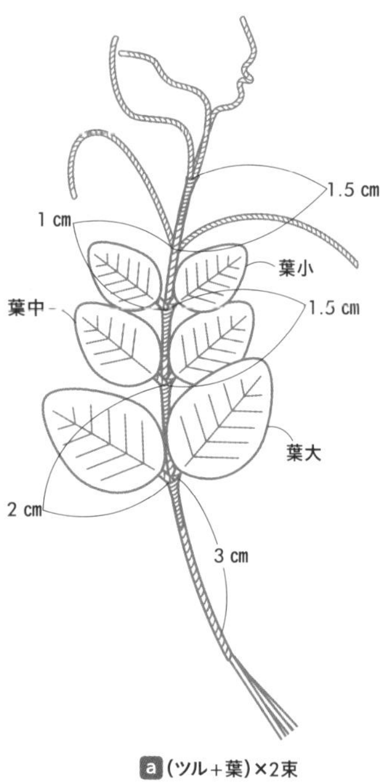

a（ツル＋葉）×2束

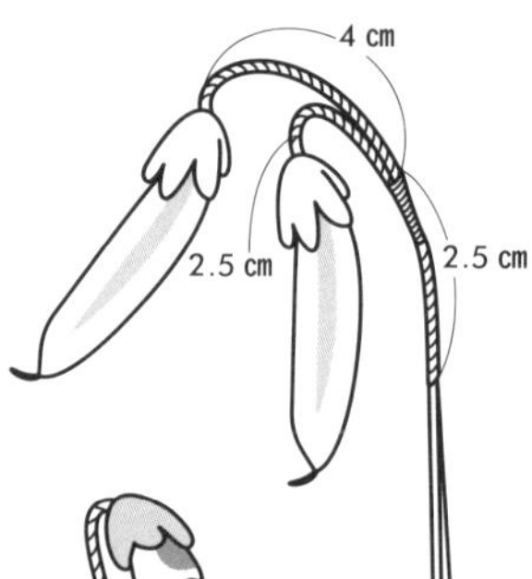

c（豆）

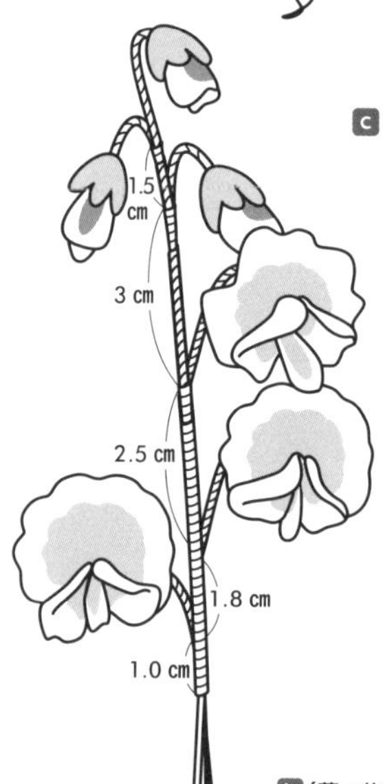

b（蕾＋花）

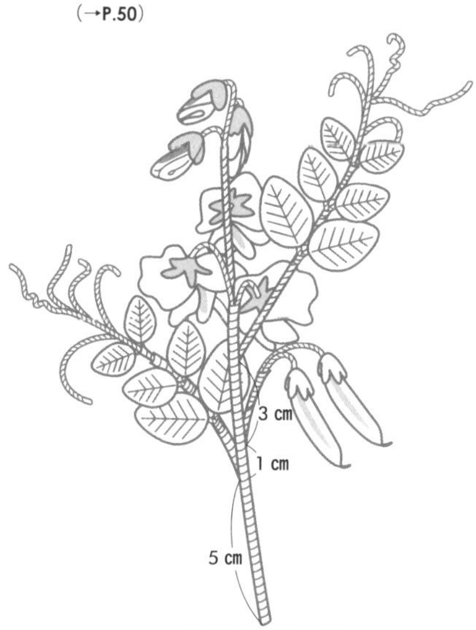

［裏から見たところ］

実物大型紙 ＊型紙の作り方はP.39、ステッチはP.111 参照

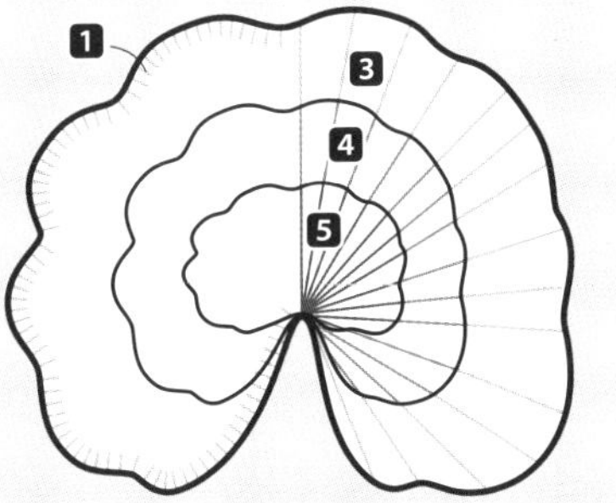

ワイヤー付きの花弁大
フェルト：杏：3枚
❶淡杏 ブランケットst ②
❷ワイヤー #26 淡杏 ①
❸淡杏 サテンst ③
❹杏 サテンst ②
❺濃杏 サテンst ②

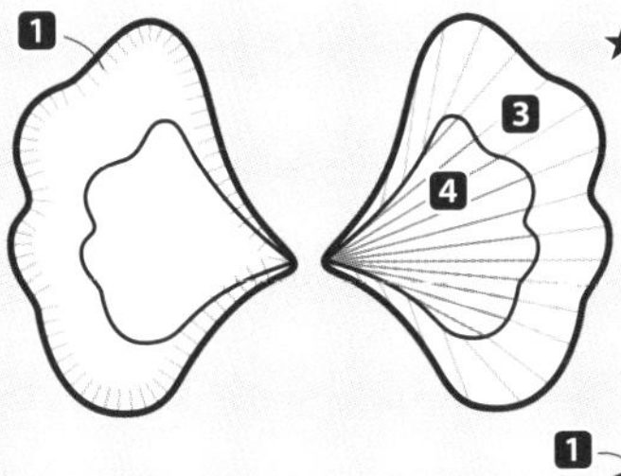

ワイヤー付きの花弁中
フェルト：桃：左右各3枚
❶杏 ブランケットst ②
❷ワイヤー #26 杏 ①
❸杏 サテンst ②
❹濃杏 サテンst ②

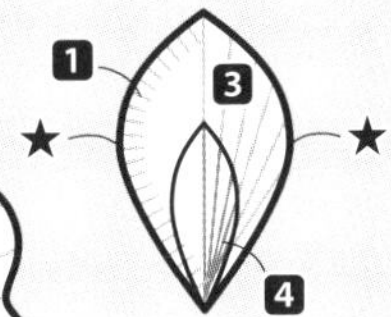

ワイヤー付きの花弁小
フェルト：肌色：3枚
❶肌色 ブランケットst ②
❷ワイヤー #28 肌色 ①
❸肌色 サテンst ②
❹淡杏 サテンst ②
★巻きかがり縫いどめ位置

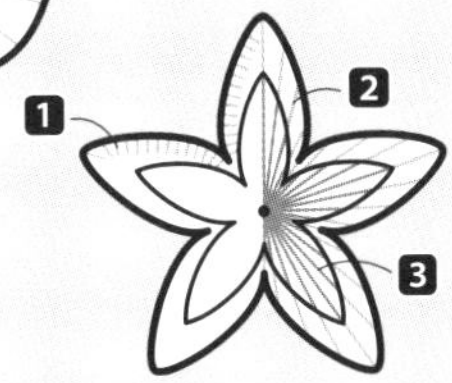

花のガク
フェルト：緑：3枚
❶緑 ブランケットst ②
❷緑 サテンst ②
❸濃緑 サテンst ②
• 目打ちで穴をあける

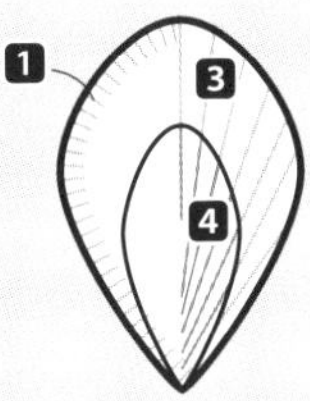

ワイヤー付きの蕾大
フェルト：杏：3枚
❶淡杏 ブランケットst ②
❷ワイヤー #26 淡杏 ①
❸淡杏 サテンst ②
❹杏 サテンst ②

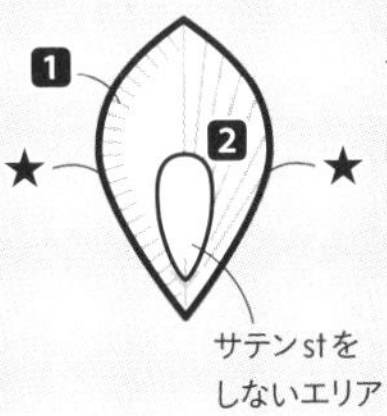

蕾小
フェルト：肌色：3枚
❶肌色 ブランケットst ②
❷肌色 サテンst ②
★巻きかがり縫いどめ位置

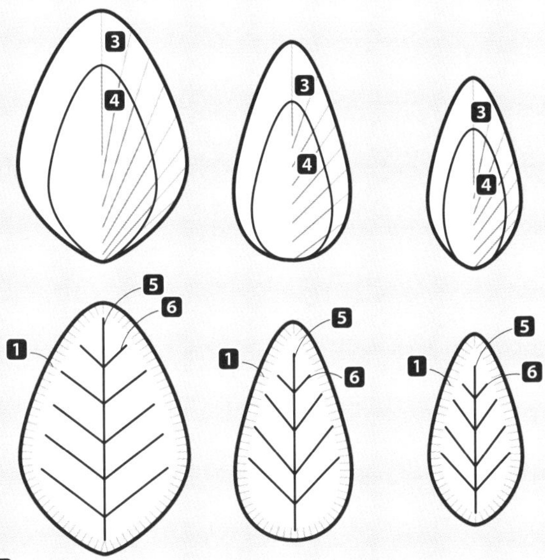

ワイヤー付きの葉大・葉中・葉小
フェルト：緑：各4枚
❶緑 ブランケットst ②
❷ワイヤー #30 緑 ①
❸緑 サテンst ③
❹濃緑 サテンst ②
❺淡緑 ストレートst ①
❻淡緑 フライst ①

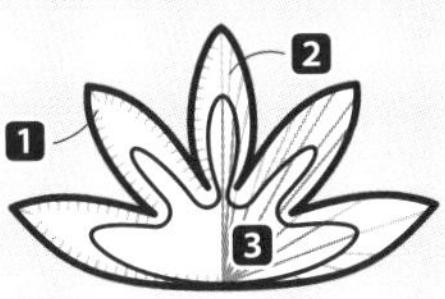

蕾のガク
フェルト：緑：3枚
❶緑 ブランケットst ②
❷緑 サテンst ②
❸濃緑 サテンst ②

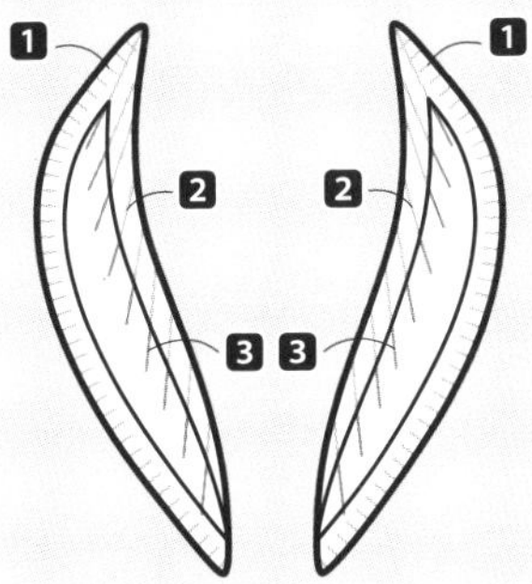

サヤ
フェルト：緑：左右各2枚
❶淡緑 ブランケットst ②
❷淡緑 サテンst ②
❸緑 サテンst ②

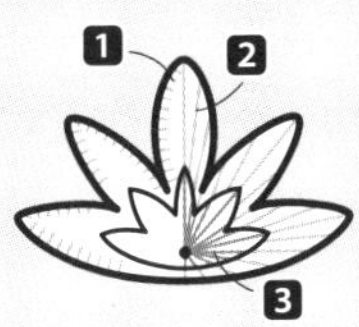

サヤのガク
フェルト：緑：2枚
❶緑 ブランケットst ②
❷緑 サテンst ②
❸濃緑 サテンst ①
• 目打ちで穴をあける

スミレ　P.20

材料

刺繍糸
薄淡青（3747）
淡青紫（3807）
青紫（792）
濃青紫（791）
緑（3051）
濃緑（934）
茶（611）
濃茶（610）

フェルト
紫（662）
緑（444）

ワイヤー
#30（18㎝）　15本…花弁
#26（18㎝）　2本…蕾
#26（36㎝）　各5本…葉小、葉大
#30（12㎝）　55本…根

ペップ
バラ　3本…花芯

コピック
黄（YR24）…花芯

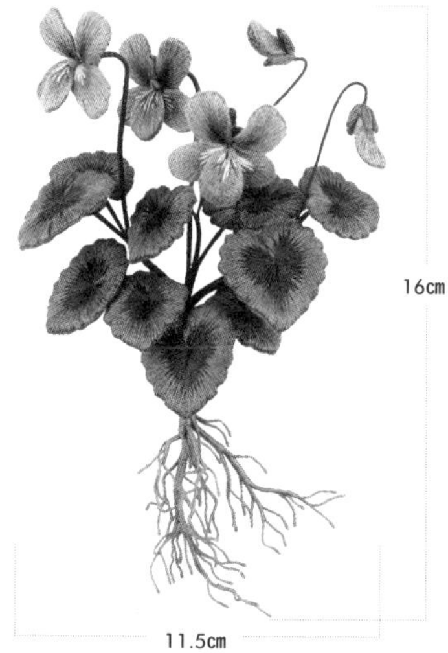

How to make

1 **ワイヤー付きの花弁（上・横・下）と蕾の刺繍パーツを作る**（→P.45、61の1）
2 **ワイヤー付きの葉（小・大）の刺繍パーツを作る**（→P.45）
3 **花と蕾のガクの刺繍パーツを作る**（→P.41）
裏側にボンドを塗り、半分に折って貼る（→P.60 の 23～25）
4 **根のパーツを作る**（→P.61）

[根の束ね方 例]

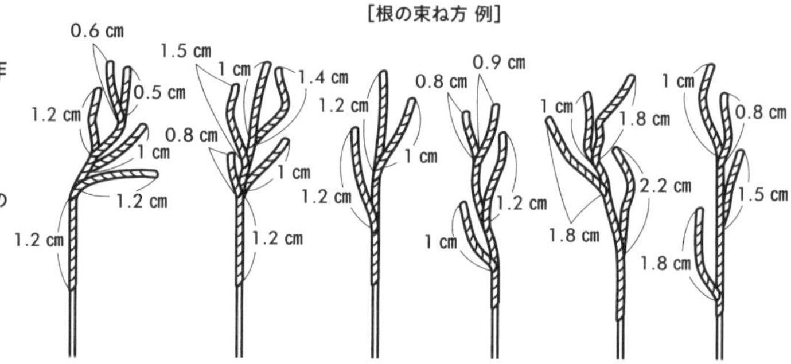

5 **花芯を作って、ワイヤー付きの花弁と花のガクの刺繍パーツをまとめる**
バラペップの先をコピック（黄）で着色して半分に切る（→P.57 の 3、4）。花弁下と花芯（ペップ）を束ねて、ワイヤーにボンドを薄く塗りながら糸［濃青紫①］を約 0.1 ㎝巻く。花弁横の左右を束ねてワイヤーにボンドを薄く塗りながら糸［濃青紫①］を約0.1㎝巻く

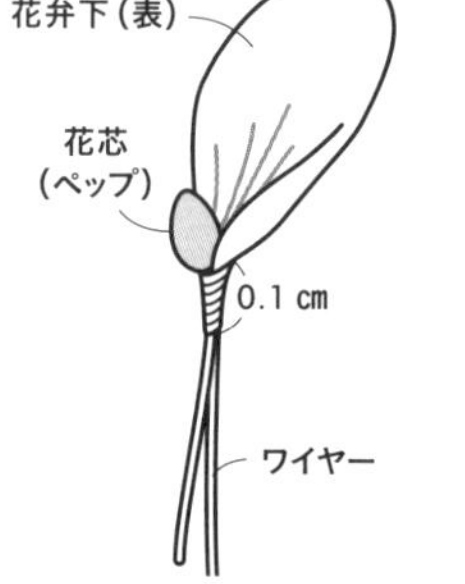

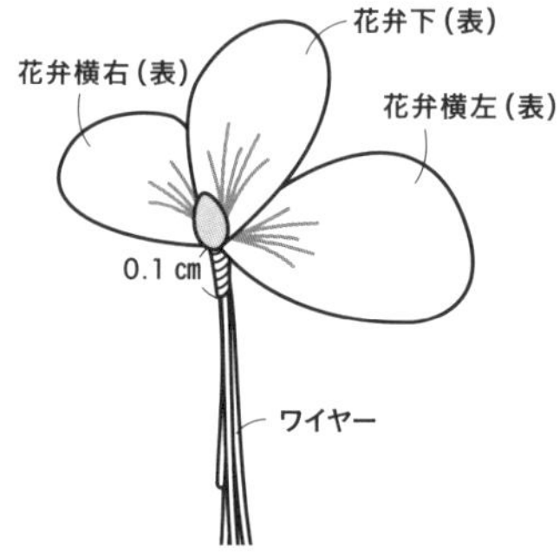

花弁上の左右を束ねてワイヤーにボンドを薄く塗りながら糸［濃青紫①］を約 0.5 ㎝巻く。花芯（ペップ）の余分な軸は、巻いた糸の根元でニッパーで切り落とす

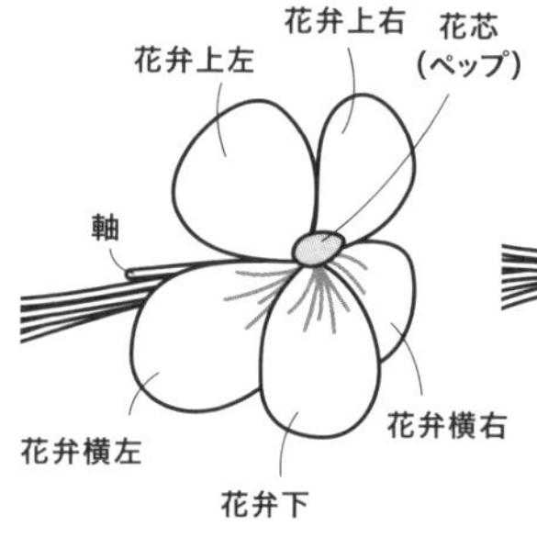

［表から見たところ］

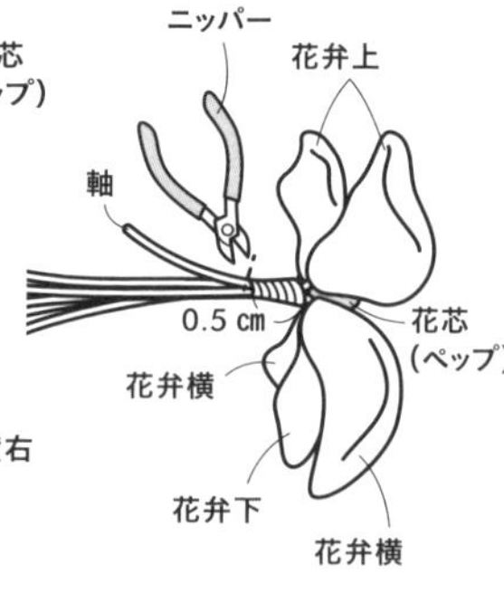

［横から見たところ］

ガクの指定の位置に裏から細目打ちで穴をあけ、花弁のワイヤーに通す（→P.47 の 68、70）。ガクの裏全体にボンドを塗って花弁の裏に貼る。3本作る

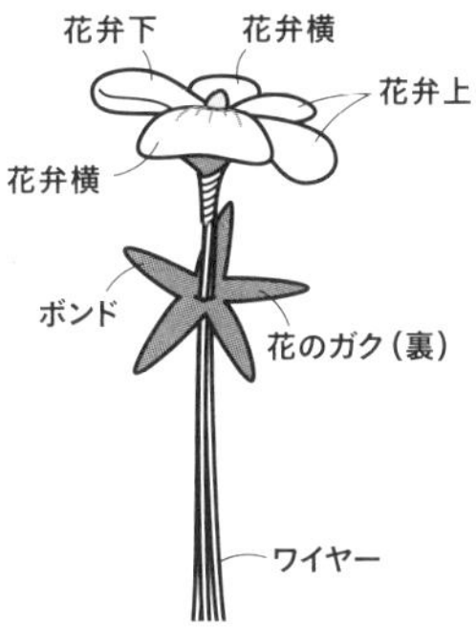

×3本

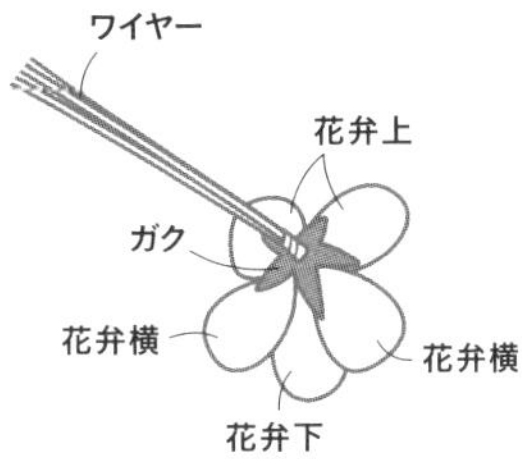

［裏から見たところ］

6 蕾と蕾のガクの刺繍パーツをまとめる

蕾を外表に半分に折る。玉結びをした糸［淡青紫①］を針に通し、蕾の根元から約0.5 cm巻きかがりで縫いとめ、玉どめをして余分な糸を切る（→P.60 の 18〜20）。ガクの指定の位置に裏から細目打ちで穴をあけ、蕾のワイヤーに通す（→P.47 の 68、70）

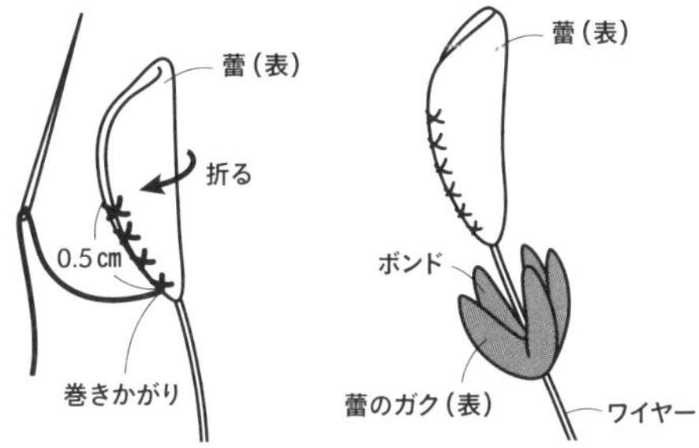

ガクにボンドを塗って蕾の折り山に合わせて貼る

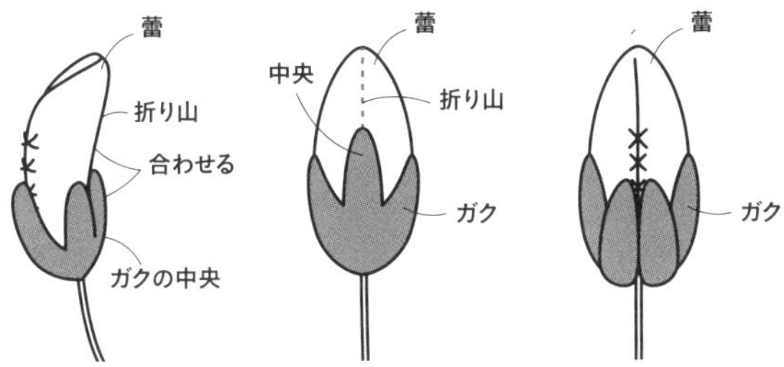

［横から見たところ］　［真正面から見たところ］　［真裏から見たところ］

7 茎を作る

各パーツのワイヤーにボンドを薄く塗りながら糸［濃緑①］を指定の長さに巻く（→P.46）

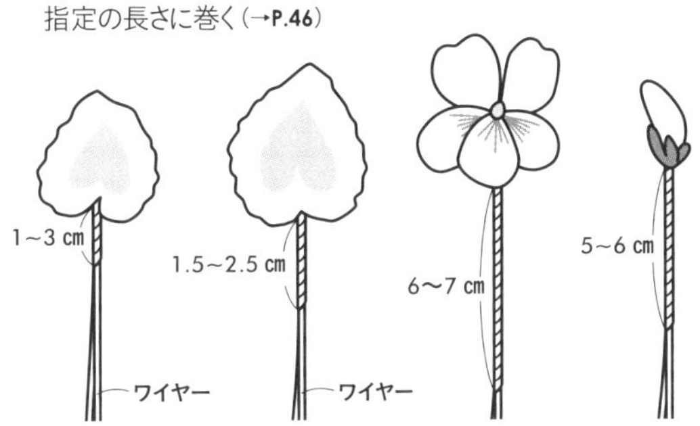

葉小×5本　葉大×5本　花×3本　蕾×2本

8 スミレに仕立てる

指定のパーツをそれぞれ束ねて束 a 〜 c を作る。ワイヤーにボンドを薄く塗りながら糸［濃緑①］を指定の長さに巻く。

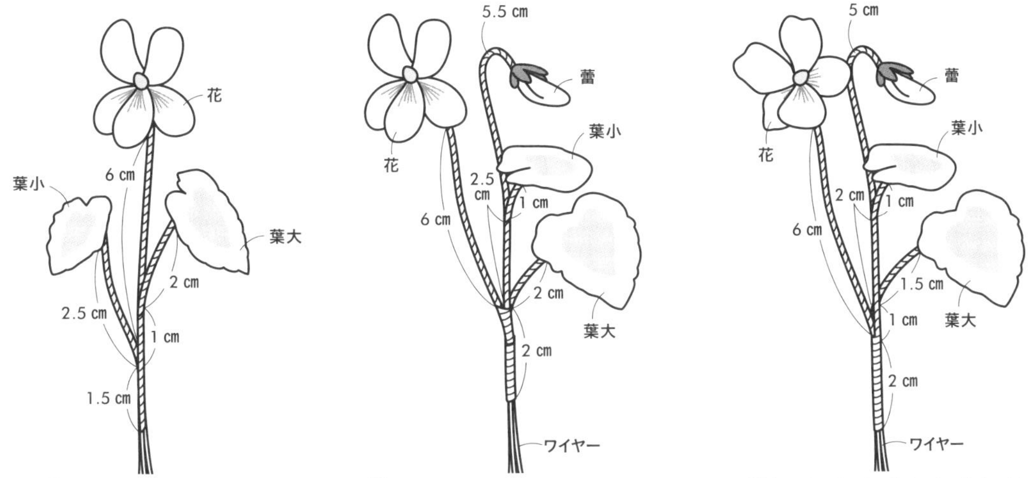

a（花1本＋葉小1本＋葉大1本）　b（花1本＋蕾1本＋葉小1本＋葉大1本）　c（花1本＋蕾1本＋葉小1本＋葉大1本）

束 a ～ c と残りの葉大と葉小各２本を束ねてワイヤーにボンドを薄く塗りながら糸［濃緑①］を約1cm巻く。根のパーツと合わせてワイヤーに糸［濃茶①］を巻く（→P.61）

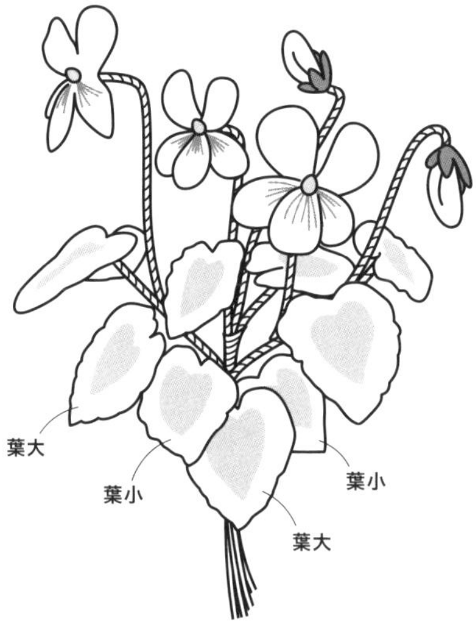

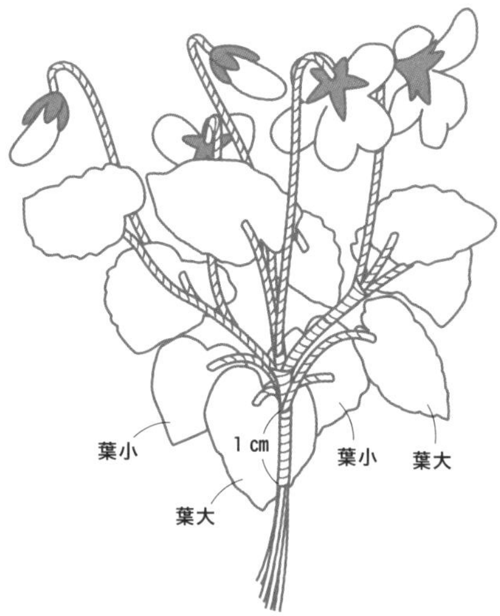

［裏から見たところ］

実物大型紙 ＊型紙の作り方はP.39、ステッチはP.111 参照

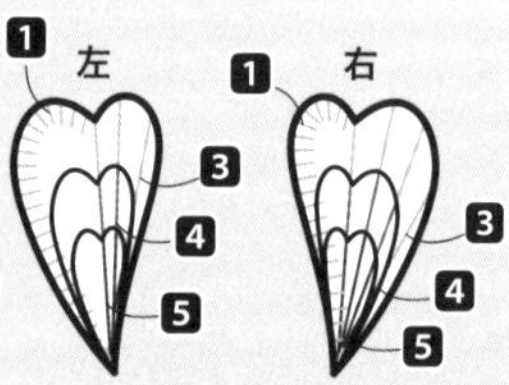

ワイヤー付きの花弁上

フェルト：紫：左右各3枚
1 淡青紫　ブランケットst②
2 ワイヤー #30　淡青紫①
3 淡青紫　サテンst②
4 青紫　サテンst①
5 濃青紫　サテンst①

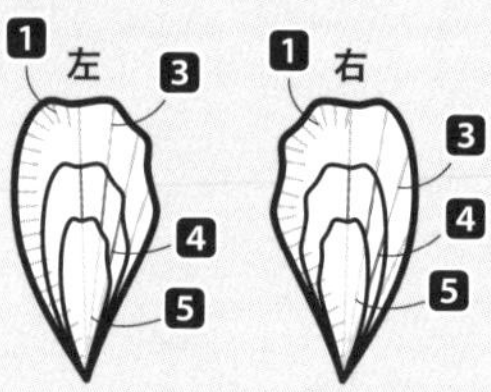

ワイヤー付きの花弁横

フェルト：紫：左右各3枚
1 淡青紫　ブランケットst②
2 ワイヤー #30　淡青紫①
3 淡青紫　サテンst②
4 青紫　サテンst①
5 薄淡青　サテンst①

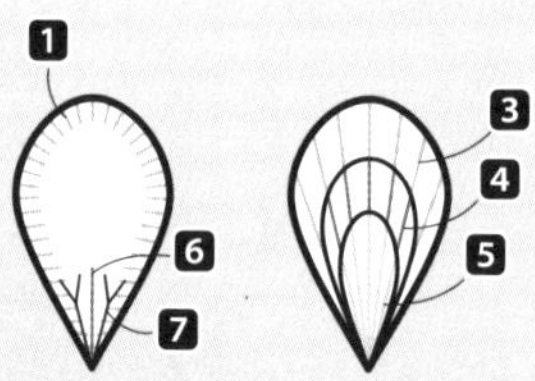

ワイヤー付きの花弁下

フェルト：紫：3枚
1 淡青紫　ブランケットst②
2 ワイヤー #30　淡青紫①
3 淡青紫　サテンst②
4 青紫　サテンst①
5 薄淡青　サテンst①
6 濃青紫　ストレートst①
7 濃青紫　フライst①

花と蕾のガク

フェルト：緑：花3枚、蕾2枚
1 緑　ブランケットst②
2 緑　サテンst①
3 緑　サテンst①
・目打ちで穴をあける

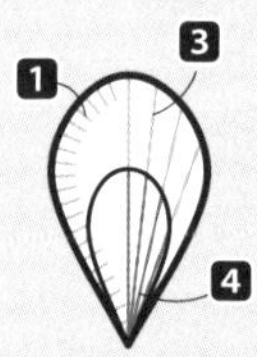

ワイヤー付きの蕾

フェルト：紫：2枚
1 淡青紫　ブランケットst②
2 ワイヤー #26　淡青紫①
3 淡青紫　サテンst②
4 青紫　サテンst①

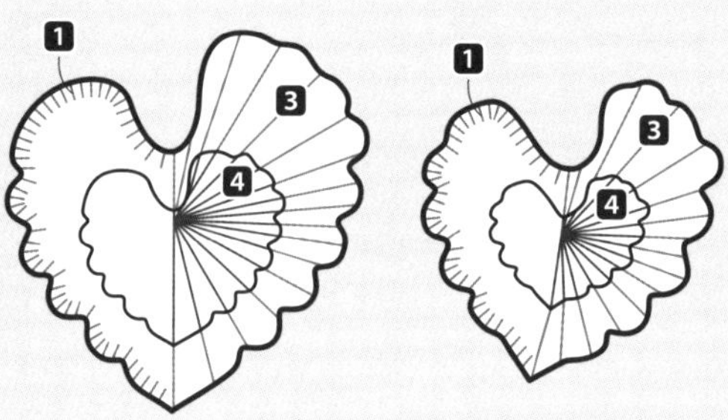

ワイヤー付きの葉大・葉小

フェルト：緑：大5枚、小5枚
1 緑　ブランケットst②
2 ワイヤー #26　緑①
3 緑　サテンst③
4 濃緑　サテンst②

アツミゲシ　P.25

材料

刺繍糸
- 薄桃（153）
- 淡紫（554）
- 紫（553）
- 濃紫（154）
- 緑（3363）
- 濃緑（3362）
- 黄（3046）

フェルト
- 薄桃（623）
- 紫（661）
- 緑（442）

ワイヤー
- #26（36㎝）2本…花弁
  - 3本…蕾小
  - 11本…葉小、葉中、葉大
- #21（36㎝）1本…軸
- #28（36㎝）1本…おしべ
- #30（36㎝）24本…ケシ坊主頭部
- #21（18㎝）3本…ケシ坊主茎
  - 1本…蕾大

ペップ
- 糸バラ
  - 40本…おしべ

コピック
- 緑（YG93）…花芯頭
- 紫（V15）…花芯軸

ビーズ
- 特小ビーズ（423F）　茶
  - 1個…めしべ
- ウッドビーズ（丸中）　キジ（R6-6）
  - 1個…めしべ
- ウッドビーズ（ソロバン）　キジ（FS6-6）
  - 1個…めしべ
  - 3個…ケシ坊主
- ウッドビーズ（タル小）　キジ（N10-6）
  - 3個…蕾小
- ウッドビーズ（タル大）　キジ（N21-6）
  - 3個…ケシ坊主

How to make

1. **ワイヤー入りの花弁の刺繍パーツを作る**（→P.44）
2. **ワイヤー付きの葉（小・中・大）の刺繍パーツを作る**（→P.45）
3. **蕾小と蕾大、蕾大のガクの刺繍パーツを作る**（→P.41）
4. **おしべとめしべのパーツを作る**（→P.62）
5. **おしべとめしべのパーツとワイヤー入りの花弁の刺繍パーツをまとめる**（→P.63）
6. **ワイヤー付きの蕾大のパーツを作る**（→P.64）
7. **ケシ坊主のパーツを作る**（→P.65）
8. **ウッドビーズでワイヤー付きの蕾小のパーツを作る**

長さ36 ㎝のワイヤー #26の中央にウッドビーズ（タル小）を通し、ワイヤーの根元を2、3回ねじる。蕾小の刺繍パーツの指定の位置の裏から細目打ちで穴をあけ、ワイヤーに通す。蕾小の小さい側全体にボンドを塗ってウッドビーズに貼る。大きい側全体にもボンドを塗ってウッドビーズに貼る（→P.47の68〜76）。3本作る

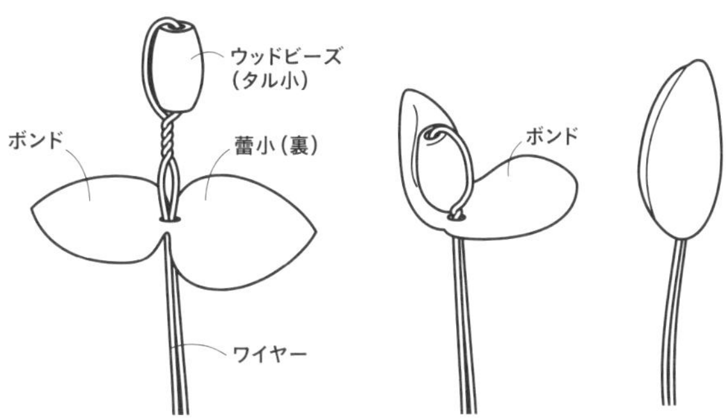

9 茎を作る

各パーツのワイヤーにボンドを薄く塗りながら糸［濃緑①］を指定の長さ巻く
（→P.46）

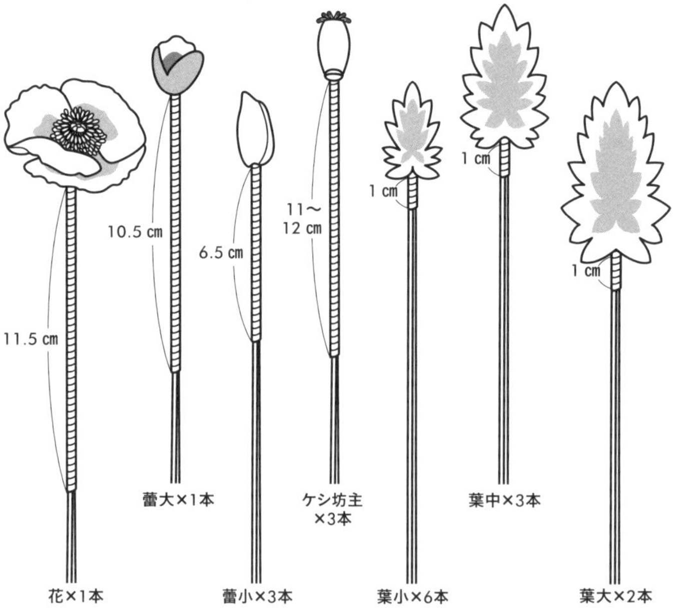

10 アツミゲシに仕立てる

指定のパーツを束ねて、束 a を3本作る。ワイヤーにボンドを薄く塗りながら糸［濃緑①］を指定の長さに巻く

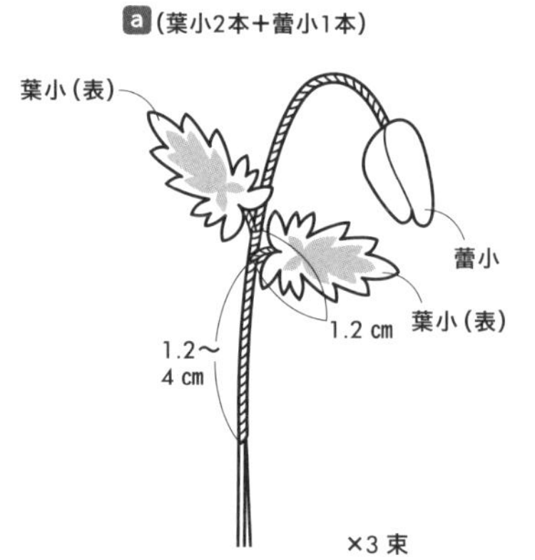

指定のパーツを束ねて束 b ～ d を作る。ワイヤーにボンドを薄く塗りながら糸［濃緑①］を指定の長さに巻く

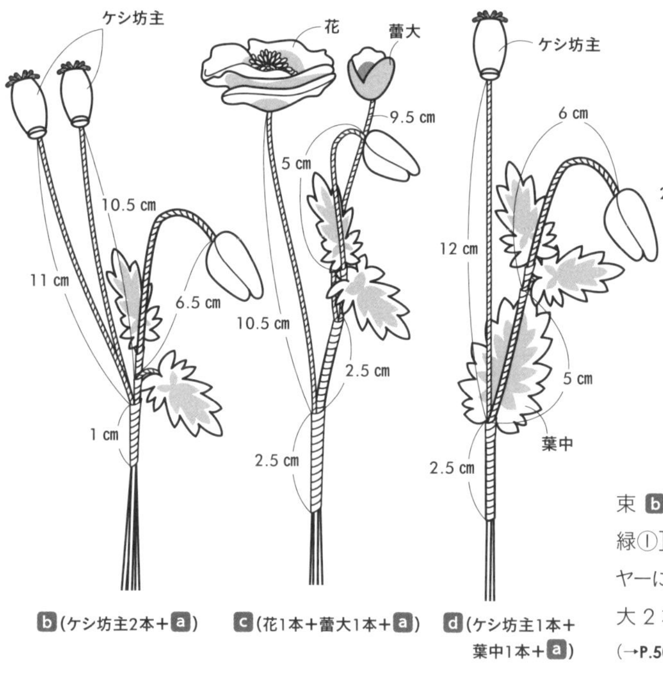

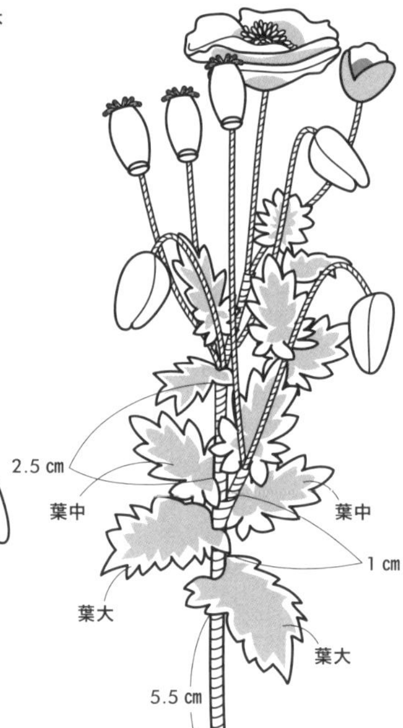

束 b と c を束ねてワイヤーにボンドを薄く塗りながら糸［濃緑①］を約2.5cm巻く。束 d と葉中2本を添えて束ねてワイヤーにボンドを薄く塗りながら糸［濃緑①］を約 1 cm巻く。葉大 2 本を添えて指定の長さになるように茎の端の処理をする
（→P.50）

実物大型紙 ＊型紙の作り方はP.39参照、ステッチはP.111参照

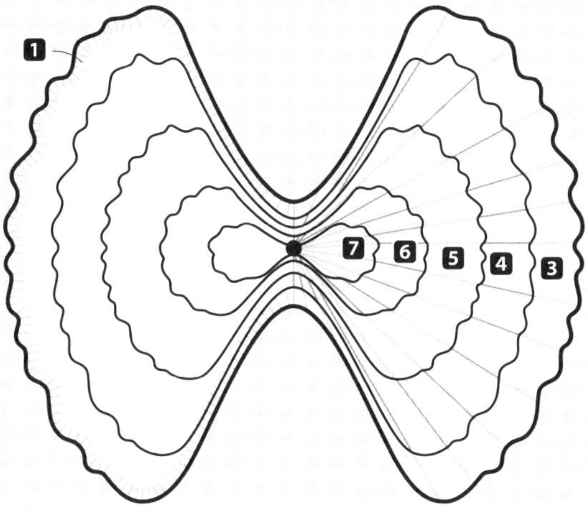

ワイヤー入りの花弁

フェルト：薄桃：2枚

❶薄桃 ブランケットst ②
❷ワイヤー #26 薄桃 ①
❸薄桃 サテンst ③
❹淡紫 サテンst ②
❺紫 サテンst ②
❻濃紫 サテンst ②
❼濃紫 サテンst ②
・目打ちで穴をあける

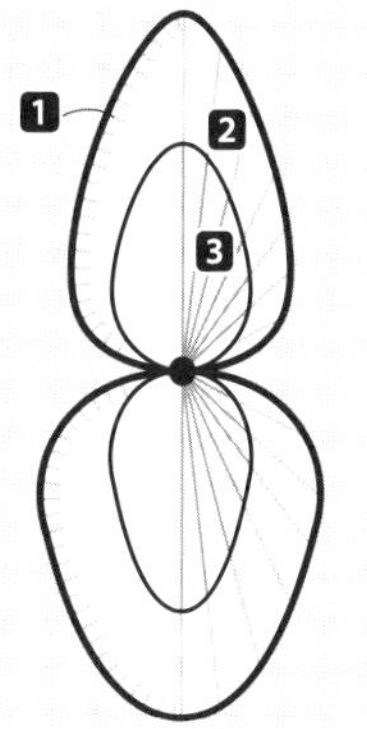

蕾小

フェルト：緑：3枚

❶緑 ブランケットst ②
❷緑 サテンst ③
❸濃緑 サテンst ②
・目打ちで穴をあける

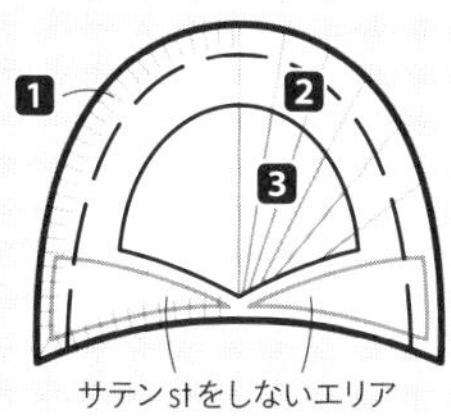

蕾大

フェルト：紫：2枚

❶紫 ブランケットst ②
❷紫 サテンst ②
❸濃紫 サテンst ②
ーーーぐし縫い

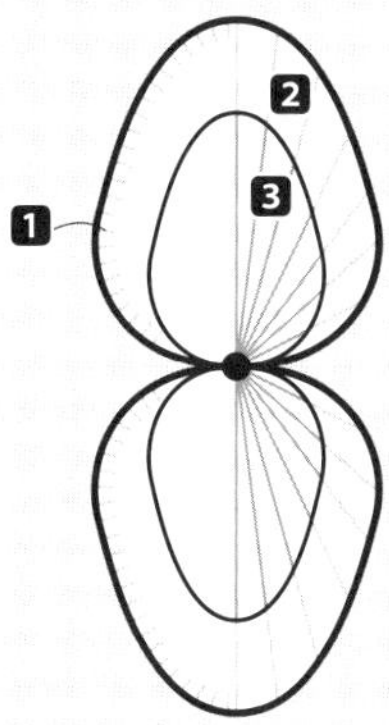

蕾大のガク

フェルト：緑：1枚

❶緑 ブランケットst ②
❷緑 サテンst ③
❸濃緑 サテンst ②
・目打ちで穴をあける

ワイヤー付きの葉小

フェルト：緑：6枚

❶緑 ブランケットst ②
❷ワイヤー#26 緑 ①
❸緑 サテンst ③
❹濃緑 サテンst ②

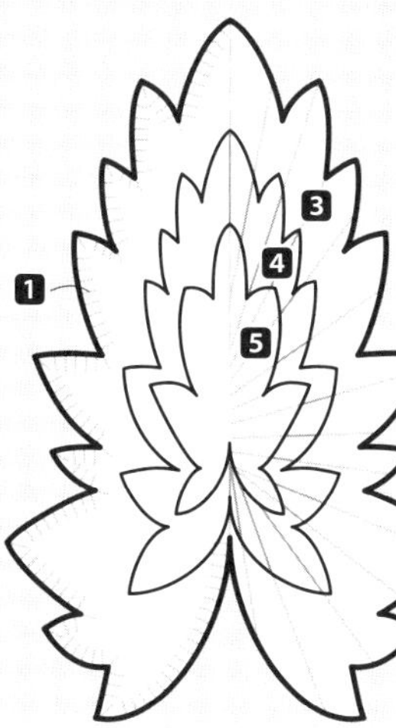

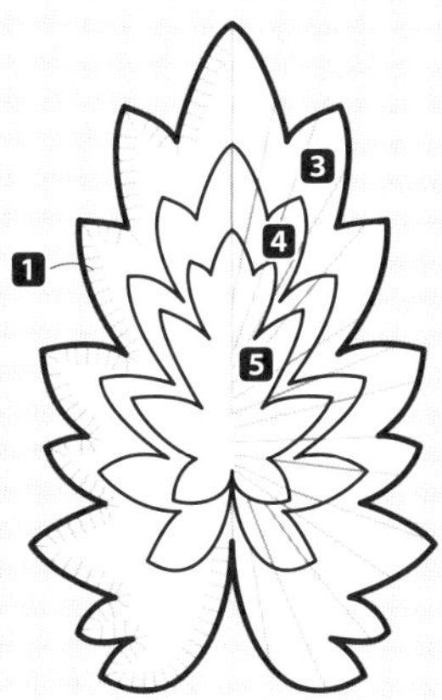

ワイヤー付きの葉大・葉中

フェルト：緑：大2枚、中3枚

❶緑 ブランケットst ②
❷ワイヤー#26 緑 ①
❸緑 サテンst ③
❹濃緑 サテンst ②
❺濃緑 サテンst ②

トケイソウ P.30

材料

刺繍糸
赤紫(315)
淡オリーブ(3013)
オリーブ(3012)
濃オリーブ(3011)
黄土(729)
濃紫(29)
薄クリーム(746)
青(158)
薄淡黄緑(10)
淡緑(936)
緑(935)
濃緑(934)

フェルト
白(701)
緑(448)
オリーブ(273)
抹茶(444)

ワイヤー
#28(36㎝) 3本…めしべ
5本…おしべ
40本…副花冠
2本…葉小
#24(36㎝) 各4本…花弁、葉中
各2本…葉大、蕾大
各1本…花弁・蕾大のガク、
蕾小・蕾大(ウッドビーズ用)
#26(36㎝) 5本…ツル

ビーズ
マガ玉ビーズ(4㎜) 茶(No.M46)
3個…めしべ
ウッドビーズ(タル小) キジ(N6-6)
1個…めしべ
ウッドビーズ(タル中) キジ(N10-6)
1個…蕾小
ウッドビーズ(タル大) キジ(N17-6)
1個…蕾大
ウッドビーズ(ソロバン) キジ(FS12-6)
1個…おしべ

How to make

1 蕾小の刺繍パーツを作る (→P.41)

2 ワイヤー入りの花弁と蕾大、ワイヤー入りの花弁と蕾大のガクの刺繍パーツを作る (→P.44)

花弁と蕾大は長さ36㎝のワイヤー#24を2本用意。長さ70㎝のワイヤーを作って(→P.70)縫いとめる

3 ワイヤー付きの葉(小・中・大)の刺繍パーツを作る (→P.45)

葉中と葉大は、長さ36㎝のワイヤー#24を各2本用意。長さ70㎝のワイヤーを作って(→P.70)縫いとめる

4 めしべとおしべ、副花冠のパーツを作る (→P.66)

5 花芯のパーツを作る (→P.69)

6 ウッドビーズでワイヤー付きの蕾大のパーツを作る (→P.70)

7 花芯パーツとワイヤー入りの花弁、ワイヤー入りの花弁のガクの刺繍パーツをまとめる

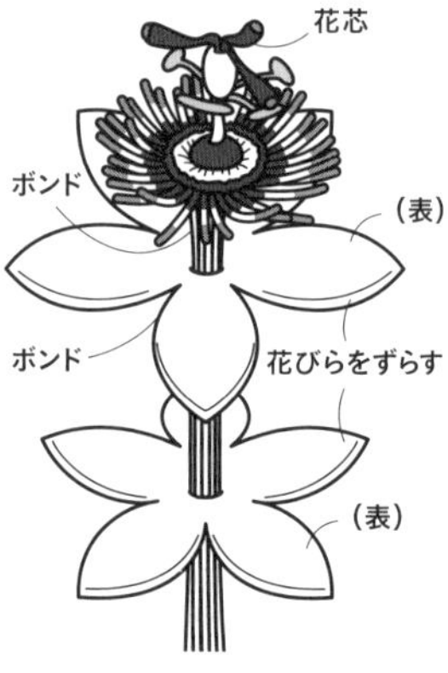

花弁の刺繍パーツの中央に表から太目打ちで穴をあける(→P.47の68、70)。花芯のワイヤーに1枚めの花弁を通し、花芯の根元にボンドをたっぷり塗って花弁を貼る。2枚めの花弁を通し、1枚めの花弁の裏にボンドを塗って花びらをずらして2枚めを貼る

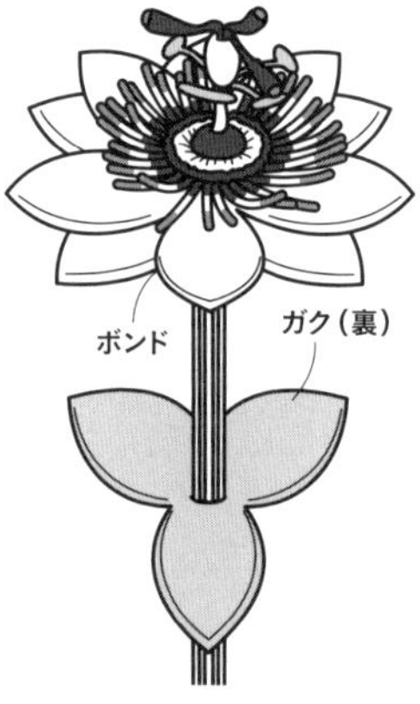

花弁のガクの刺繍パーツの中央に裏から太目打ちで穴をあけ(→P.47の68、70)、ワイヤーに通す。2枚めの花弁の裏のワイヤー周辺にボンドを塗ってガクを貼る

8 ツルのパーツを作る

長さ 36 cmのワイヤー #26 にボンドを薄く塗りながら糸［濃緑①］を指定の長さに各 1 本巻く。筆や目打ちに巻いて表情を作る（→P.70）

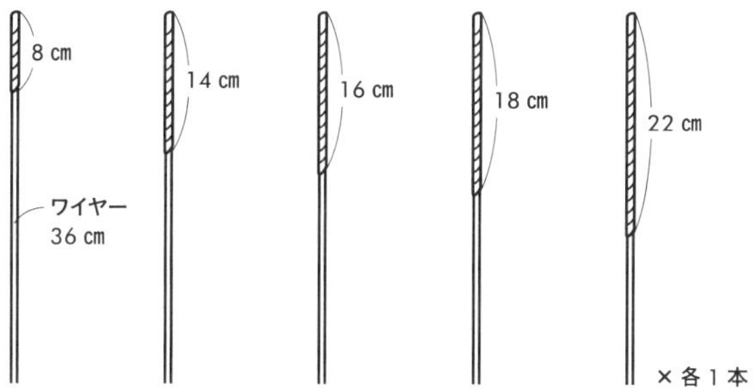

9 ウッドビーズでワイヤー付きの蕾小のパーツを作る

長さ 36 cmのワイヤー #24 の中央にウッドビーズ（タル中）を通し、ワイヤーの根元を 2、3 回ねじる。蕾小の刺繍パーツの中心に裏から細目打ちで穴をあけ、ワイヤーに通す。蕾小全体にボンドを塗ってウッドビーズに貼る（→P.47 の 68～76）

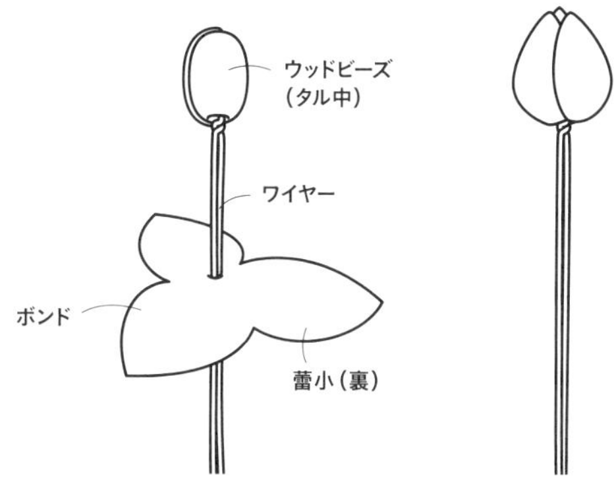

10 ツルを挟んだ葉小のパーツを作る

2 本の葉小の内 1 本の葉小の裏に、長さ 8 cm分の糸を巻いたツルを置く。葉小のワイヤーと束ね、ワイヤーにボンドを薄く塗りながら糸［濃緑①］を約 0.5 cm巻く。葉小を外表に半分に折る。玉結びをした糸［緑①］を針に通して根元を約 0.5 cm巻きかがりで縫いとめる。玉どめをして余分な糸ははさみで切る（→P.60 の 18～20）。もう 1 本はツルを挟まずに、外表に半分に折って同様にして巻きかがる

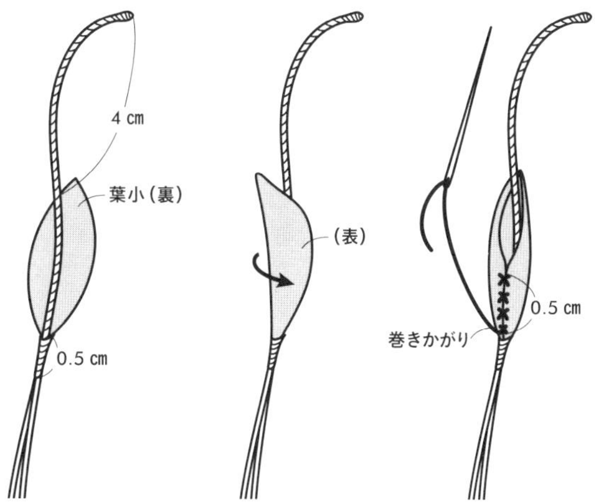

11 茎を作る

各パーツのワイヤーにボンドを薄く塗りながら糸［濃緑①］を指定の長さに巻く（→P.46）

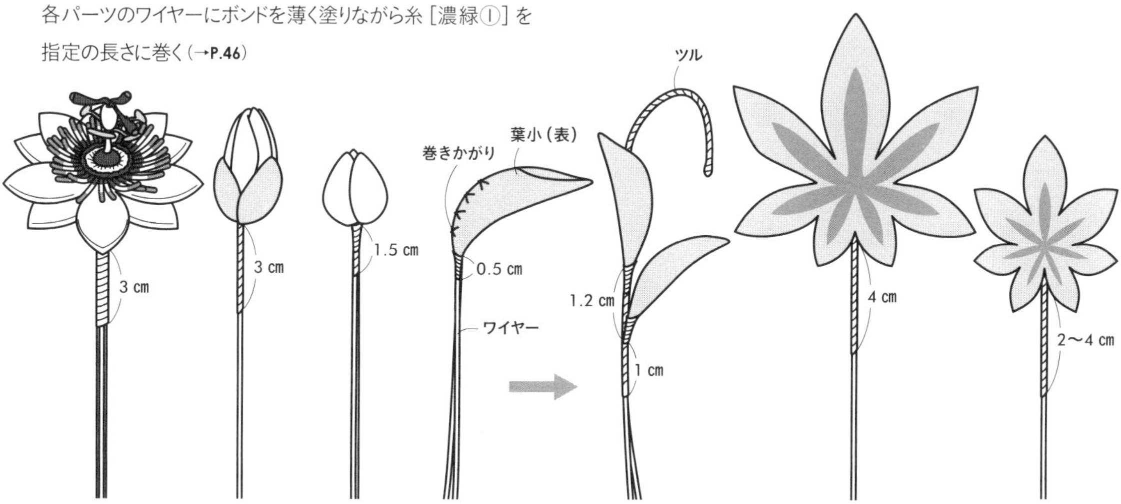

花×1本　蕾大×1本　蕾小×1本　葉小×1本　葉大×1本　葉中×2本

12 トケイソウに仕立てる

指定のパーツを束ねて束 a と束 b を作る。ワイヤーにボンドを薄く塗りながら糸［濃緑①］を指定の長さに巻く

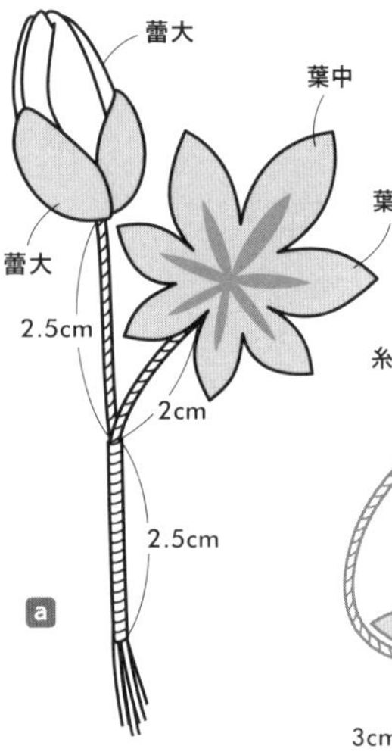

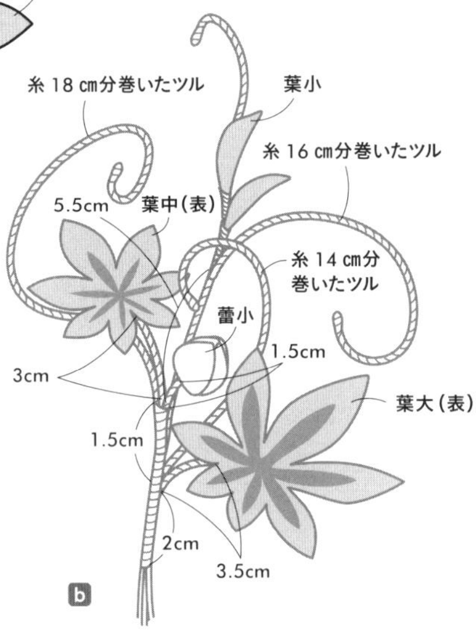

a の束に花と長さ 22cm 分の糸を巻いたツルを束ねてワイヤーにボンドを薄く塗りながら糸［濃緑①］を指定の長さに巻く。束 b を束ねて指定の長さになるように茎の端の処理をする（→P.50）

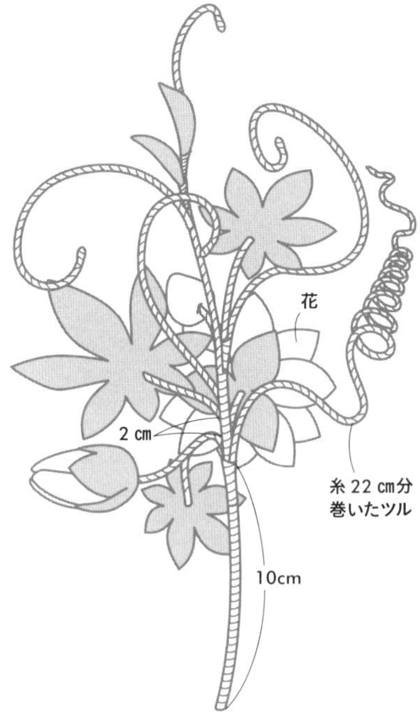

［裏から見たところ］

実物大型紙

＊型紙の作り方はP.39、ステッチはP.111 参照

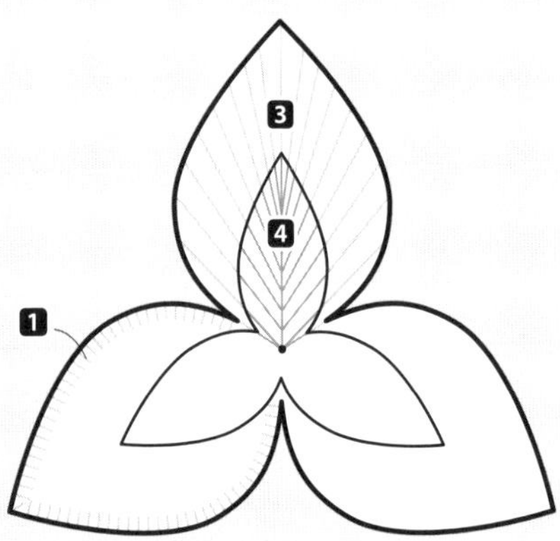

ワイヤー入りの花弁・蕾大のガク

フェルト：緑：各1枚
1 緑　ブランケットst ②
2 ワイヤー #24　緑 ①
3 緑　サテンst ③
4 濃緑　サテンst ②
• 目打ちで穴をあける

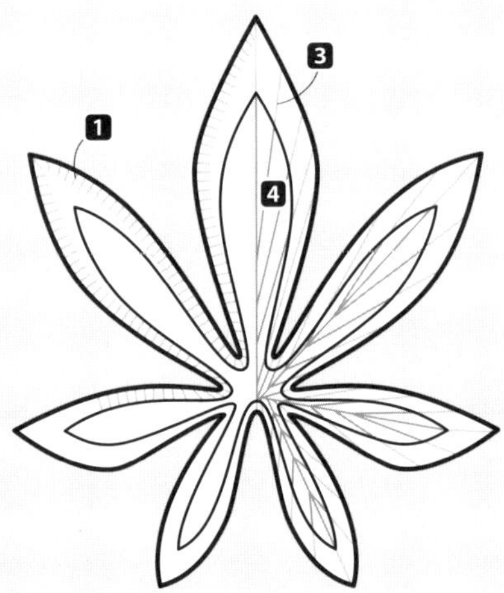

ワイヤー付きの葉中

フェルト：抹茶：2枚
1 淡緑　ブランケットst ②
2 ワイヤー #24　淡緑 ①
3 淡緑　サテンst ③
4 緑　サテンst ②

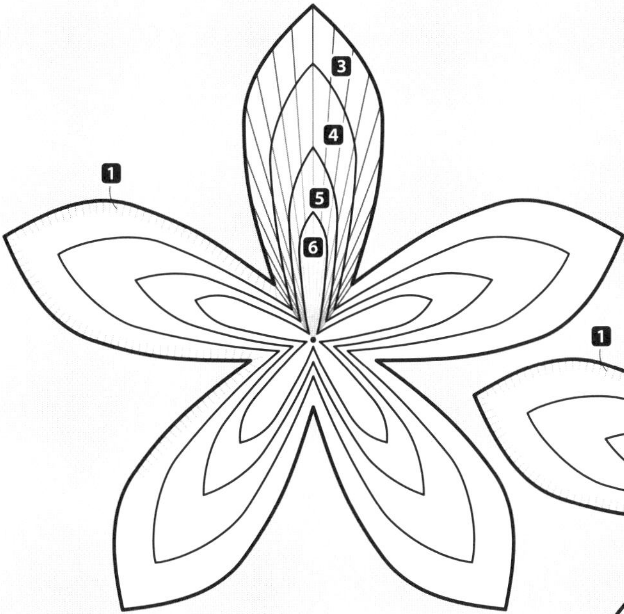

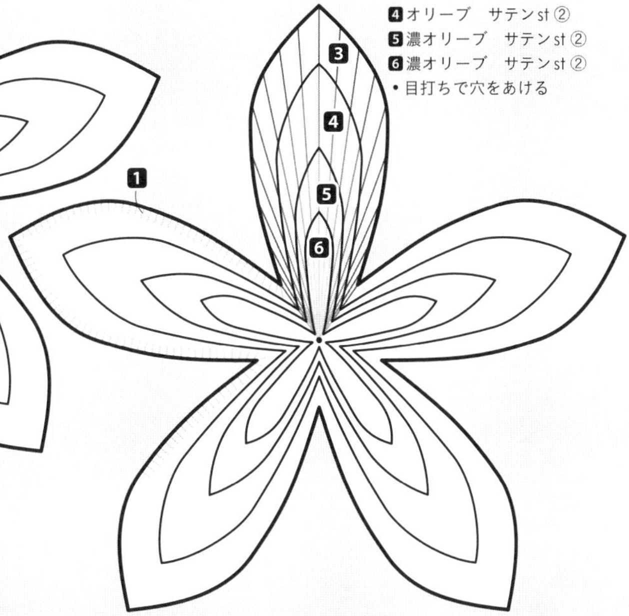

ワイヤー入りの蕾大

フェルト：オリーブ：1枚
❶淡オリーブ　ブランケットst ②
❷ワイヤー #24　淡オリーブ ①
❸淡オリーブ　サテンst ③
❹オリーブ　サテンst ②
❺濃オリーブ　サテンst ②
❻濃オリーブ　サテンst ②
・目打ちで穴をあける

ワイヤー入りの花弁

フェルト：白：2枚
❶薄淡黄緑　ブランケットst ②
❷ワイヤー #24　薄淡黄緑 ①
❸薄淡黄緑　サテンst ③
❹薄クリーム　サテンst ②
❺薄クリーム　サテンst ②
❻薄クリーム　サテンst ②
・目打ちで穴をあける

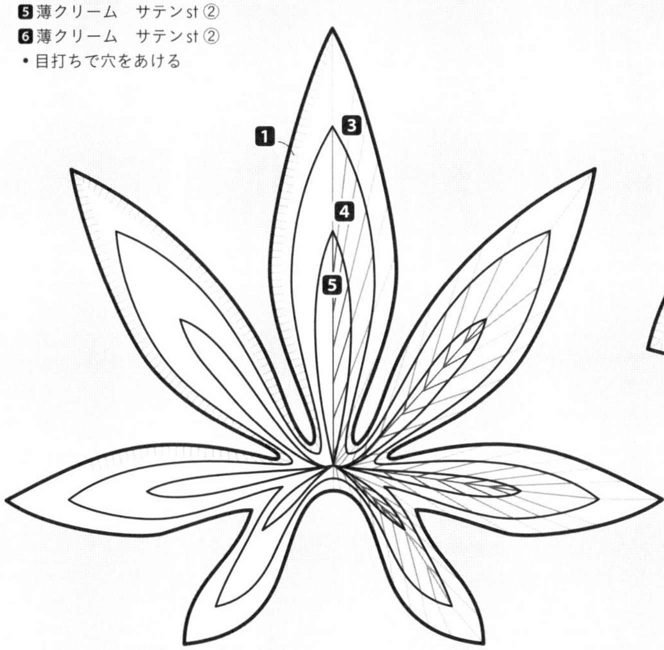

蕾小

フェルト：オリーブ：1枚
❶淡オリーブ　ブランケットst ②
❷淡オリーブ　サテンst ③
❸オリーブ　サテンst ①
・目打ちで穴をあける

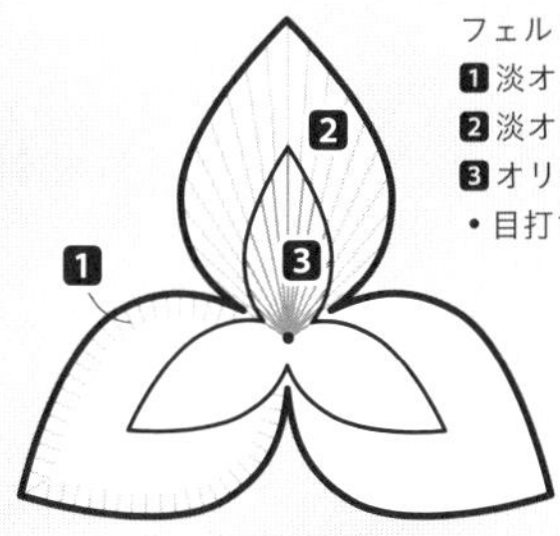

ワイヤー付きの葉小

フェルト：緑：2枚
❶緑　ブランケットst ②
❷ワイヤー #28　緑 ①
❸緑　サテンst ③
❹濃緑　サテンst ②

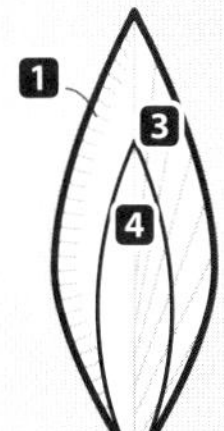

ワイヤー付きの葉大

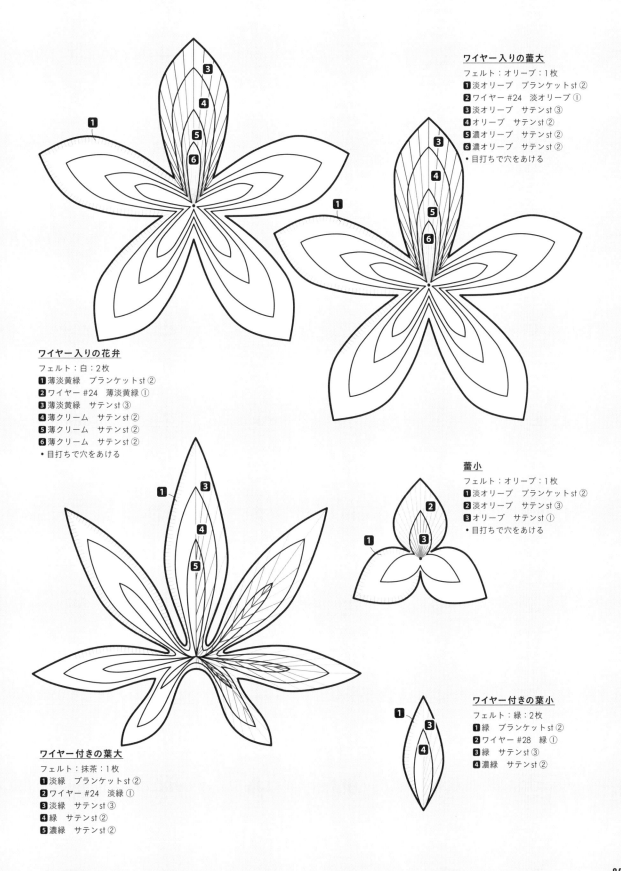

フェルト：抹茶：1枚
❶淡緑　ブランケットst ②
❷ワイヤー #24　淡緑 ①
❸淡緑　サテンst ③
❹緑　サテンst ②
❺濃緑　サテンst ②

ベニモンシロチョウ　P.10

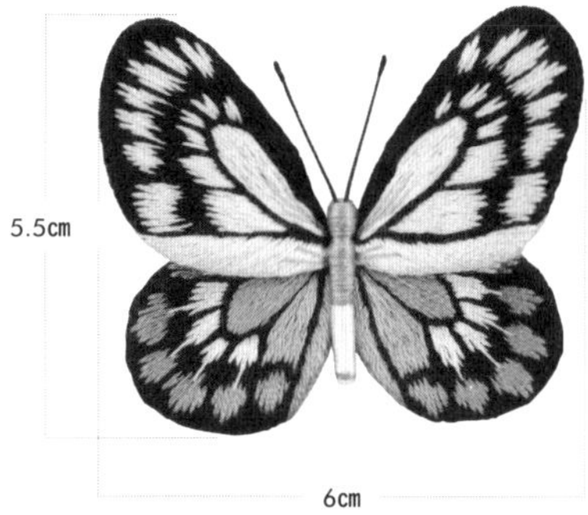

材　料

刺繍糸

- ベージュ（612）
- 白（746）
- 黄土（3820）
- 濃茶（3371）
- 橙（3853）

フェルト

- こげ茶（229）

ワイヤー

- #24（36㎝）　各1本…前翅・後翅・体
- #30（36㎝）　1本…触角

その他

- アクリル絵の具（黒）…ワイヤー

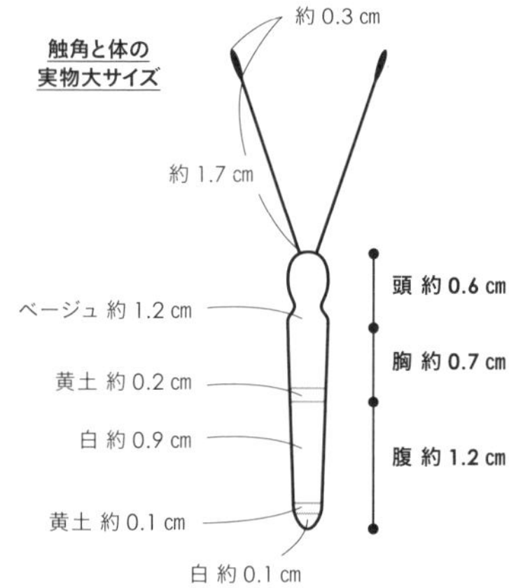

How to make

- P.52-56 の基本テクニックⅡを参照
- ワイヤーの着色はアクリル絵の具（黒）
- 翅にワイヤーを縫いとめる糸は［濃茶①］
- 触角に巻く糸は［濃茶①］
- 体に巻く糸は指定の糸①
- 裏打ち用フェルトはこげ茶

実物大型紙

＊型紙の作り方はP.39、ステッチはP.111 参照
＊左翅は右翅を反転コピーしてください
＊前翅Aはブランケットstの図、前翅Bは内側に刺すstの図を表しています
＊前翅Aを刺してから、前翅Bをフランス刺繍の要領で刺してください
＊後翅も前翅AとBと同様に、後翅A→後翅Bの順に刺します

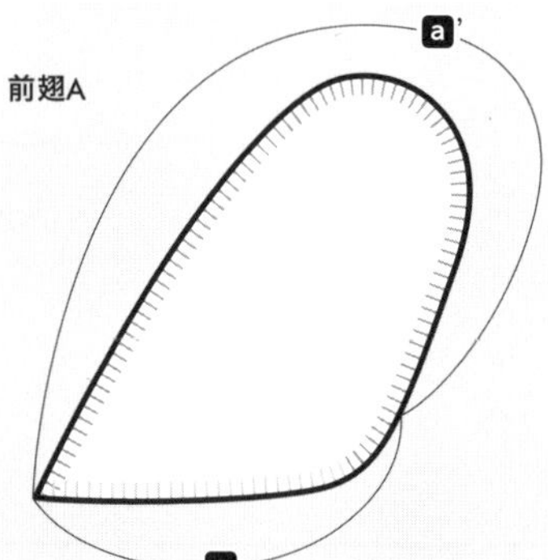

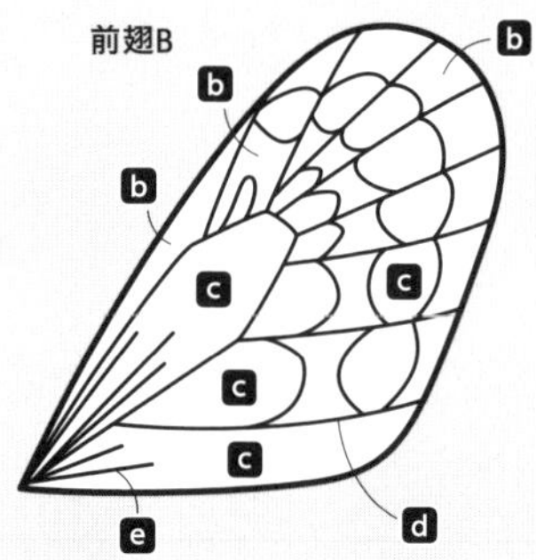

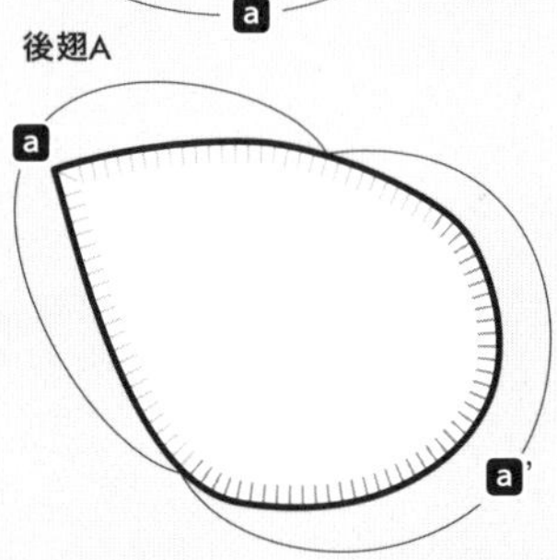

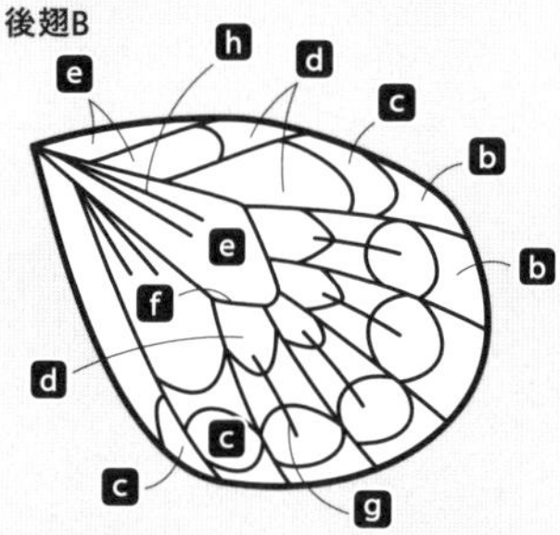

前翅A

フェルト：こげ茶：左右各1枚
a 白　ブランケットst②
a' 濃茶　ブランケットst②

前翅B

b 濃茶　サテンst②
c 白　サテンst②
d 濃茶　アウトラインst②
e ベージュ　ストレートst①

後翅A

フェルト：こげ茶：左右各1枚
a 黄土　ブランケットst②
a' 濃茶　ブランケットst②

後翅B

b 濃茶　サテンst②
c 橙　サテンst①
d 白　サテンst②
e 黄土　サテンst②
f 濃茶　アウトラインst②
g 白　ストレートst①
h ベージュ　ストレートst①

ベンゲットアゲハ　P.9

材　料

刺繍糸
- 黒（310）
- 薄黄（677）
- 灰（3799）
- 橙（921）

フェルト
- 黒（790）

ワイヤー
- #24（36㎝）　各１本…前翅・後翅・体
- #30（36㎝）　１本…触角

その他
- アクリル絵の具（黒）…ワイヤー

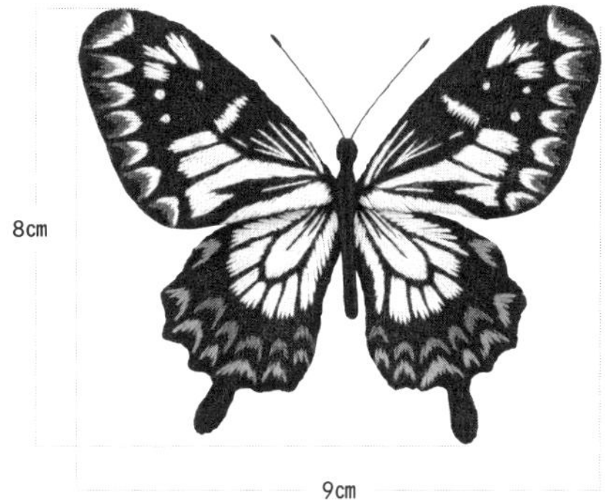

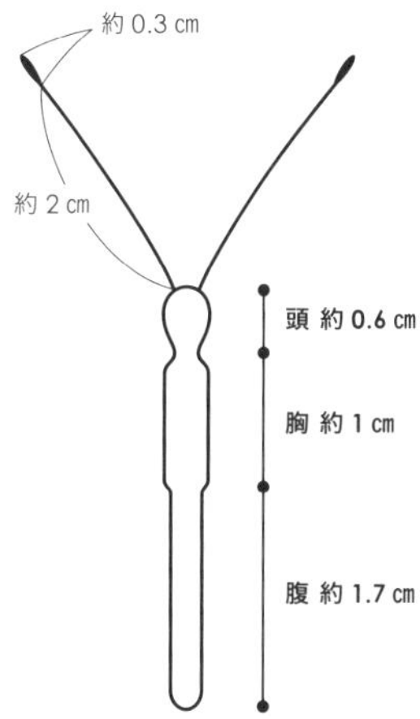

触角と体の実物大サイズ

How to make

- P.52-56 の基本テクニックⅡを参照
- ワイヤーの着色はアクリル絵の具（黒）
- 翅にワイヤーを縫いとめる糸は［黒①］
- 触角に巻く糸は［黒①］
- 体に巻く糸は［黒①］
- 裏打ち用フェルトは黒

実物大型紙

＊型紙の作り方はP.39、ステッチはP.111 参照
＊左翅は右翅を反転コピーしてください
＊前翅Ａはブランケットstの図、前翅Ｂは内側に刺すstの図を表しています
＊前翅Ａを刺してから、前翅Ｂをフランス刺繍の要領で刺してください
＊後翅も前翅ＡとＢと同様に、後翅Ａ→後翅Ｂの順に刺します

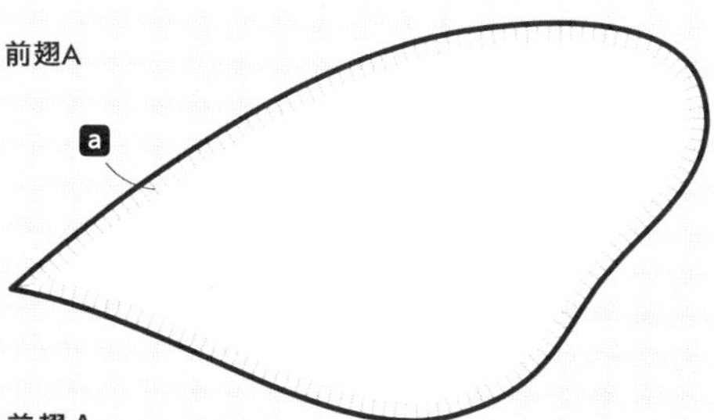

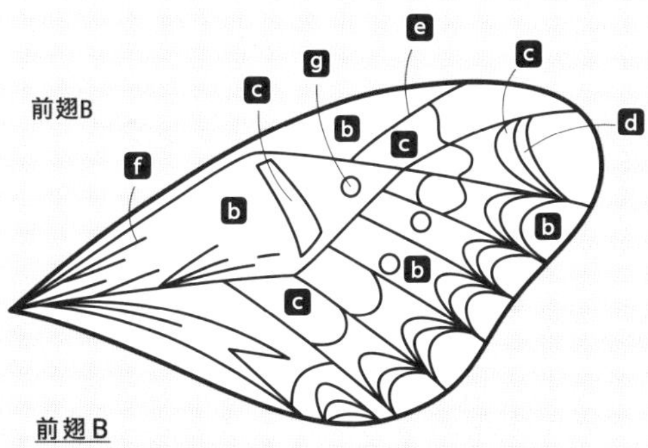

前翅Ａ

フェルト：黒：左右各１枚
a 黒　ブランケットst②

前翅Ｂ

b 黒　サテンst②
c 薄黄　サテンst②
d 灰　サテンst②
e 黒　アウトラインst②
f 薄黄　ストレートst①
g 薄黄　３回巻きのフレンチノットst①

後翅A

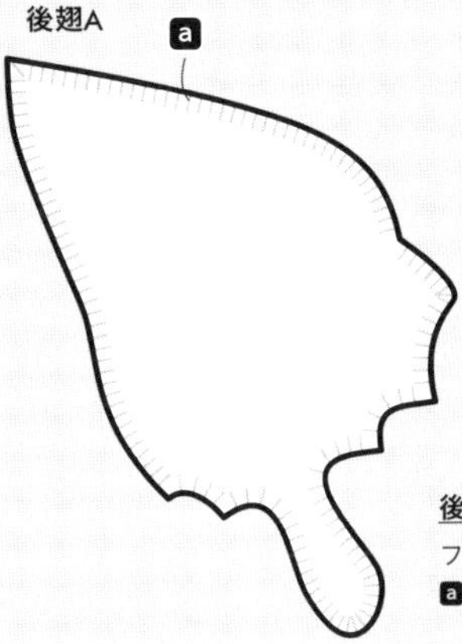

後翅B

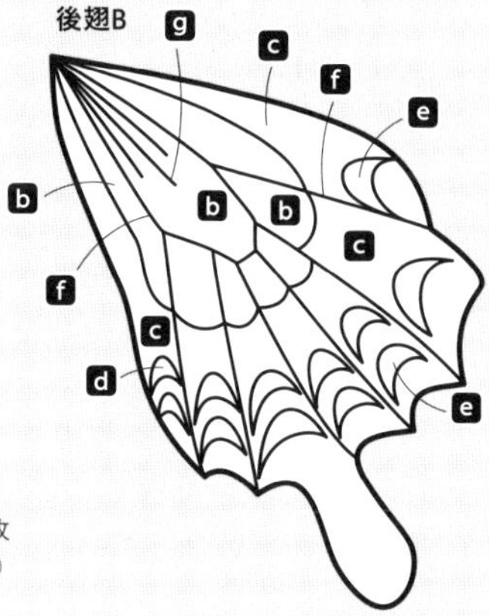

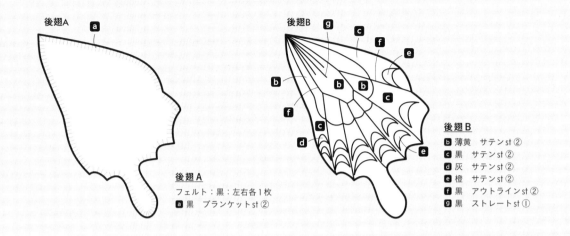

後翅A
フェルト：黒：左右各1枚
a 黒　ブランケットst②

後翅B
b 薄黄　サテンst②
c 黒　サテンst②
d 灰　サテンst②
e 橙　サテンst②
f 黒　アウトラインst②
g 黒　ストレートst①

サフォードクチョウ　P.11

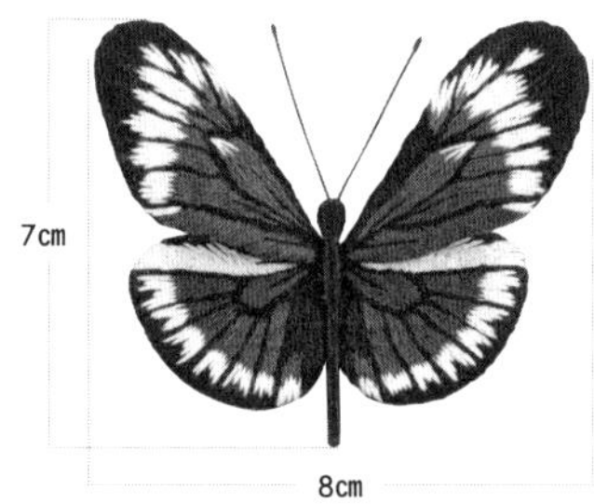

材料

刺繍糸
濃紺（939）
青（336）
薄黄（677）
白（746）
フェルト
紺（558）
ワイヤー
#24（36cm）　各1本…前翅・後翅・体
#30（36cm）　1本…触角
その他
アクリル絵の具（黒）…ワイヤー

How to make

- P.52-56の基本テクニックⅡを参照
- ワイヤーの着色はアクリル絵の具（黒）
- 翅にワイヤーを縫いとめる糸は［濃紺①］
- 触角に巻く糸は［濃紺①］
- 体に巻く糸は［濃紺①］
- 裏打ち用フェルトは紺

触角と体の実物大サイズ

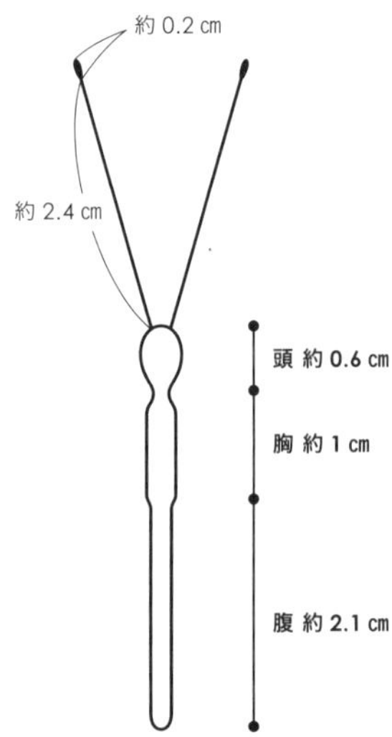

実物大型紙

＊型紙の作り方はP.39、ステッチはP.111 参照
＊左翅は右翅を反転コピーしてください
＊前翅Aはブランケットstの図、前翅Bは内側に刺すstの図を表しています
＊前翅Aを刺してから、前翅Bをフランス刺繍の要領で刺してください
＊後翅も前翅AとBと同様に、後翅A→後翅Bの順に刺します

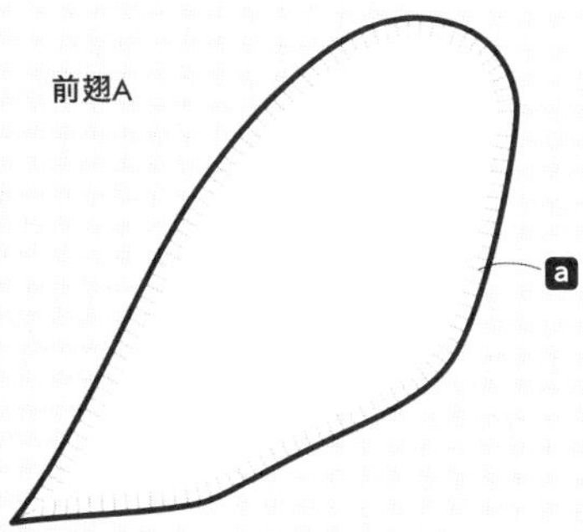

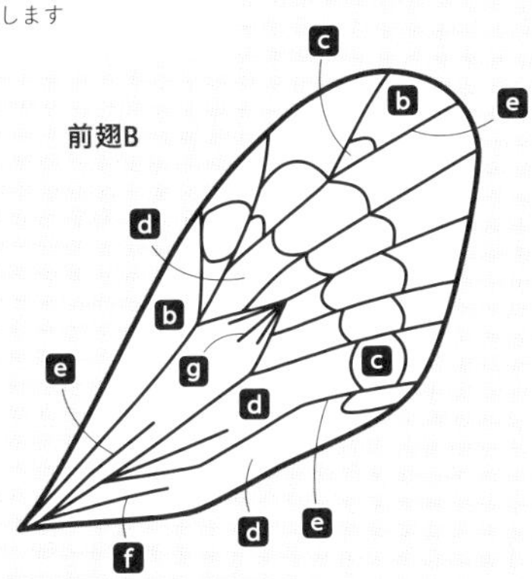

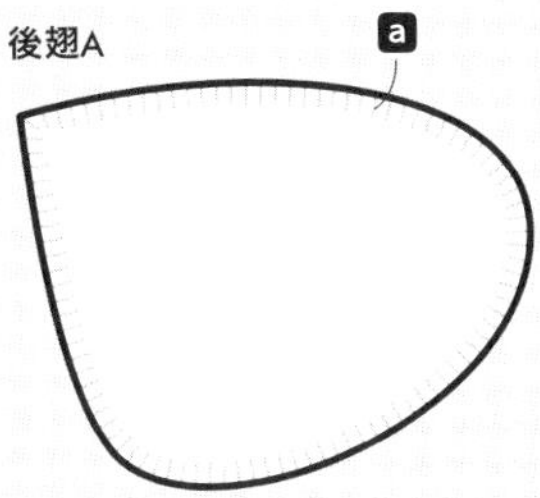

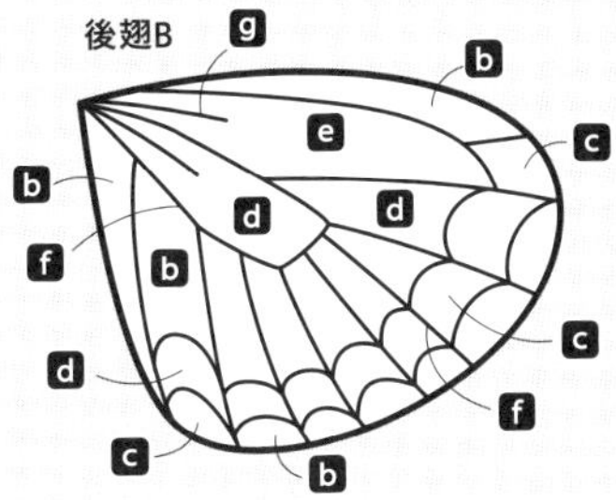

前翅A

フェルト：紺：左右各1枚
a 濃紺　ブランケットst②

前翅B

b 濃紺　サテンst②
c 白　サテンst②
d 青　サテンst②
e 濃紺　アウトラインst②
f 濃紺　ストレートst①
g 白　ストレートst①

後翅A

フェルト：紺：左右各1枚
a 濃紺　ブランケットst②

後翅B

b 濃紺　サテンst②
c 白　サテンst②
d 青　サテンst②
e 薄黄　サテンst②
f 濃紺　アウトラインst②
g 濃紺　ストレートst①

オオカバマダラ　P.13

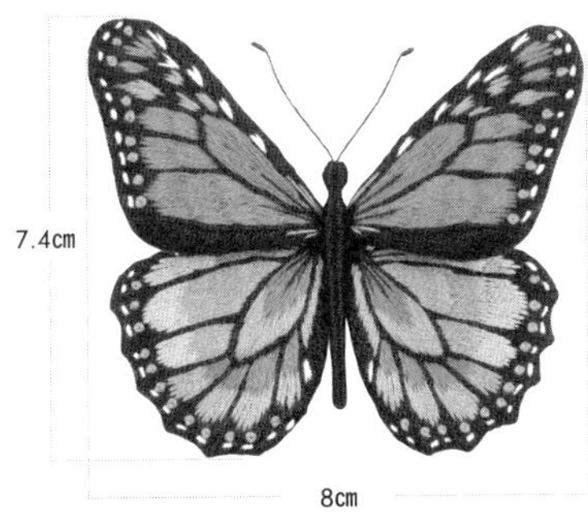

材　料

刺繍糸

濃茶（3371）
クリーム（3823）
淡橙（3854）
橙（3853）
濃橙（900）

フェルト

こげ茶（229）

ワイヤー

#24（36cm）　各1本…前翅・後翅・体
#30（36cm）　1本…触角

その他

アクリル絵の具（黒）…ワイヤー

How to make

- P.52-56の基本テクニックⅡを参照
- ワイヤーの着色はアクリル絵の具（黒）
- 翅にワイヤーを縫いとめる糸は［濃茶①］
- 触角に巻く糸は［濃茶①］
- 体に巻く糸は［濃茶①］
- 裏打ち用フェルトはこげ茶

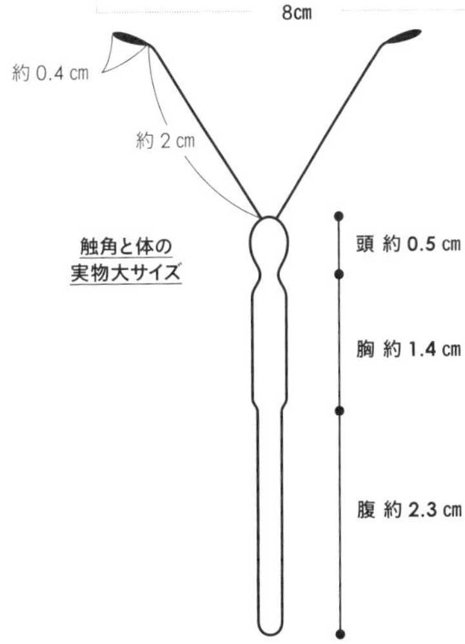

実物大型紙

＊型紙の作り方はP.39、ステッチはP.111 参照
＊左翅は右翅を反転コピーしてください
＊前翅Aはブランケットstの図、前翅Bは内側に刺すstの図を表しています
＊前翅Aを刺してから、前翅Bをフランス刺繍の要領で刺してください
＊後翅も前翅AとBと同様に、後翅A→後翅Bの順に刺します

前翅A

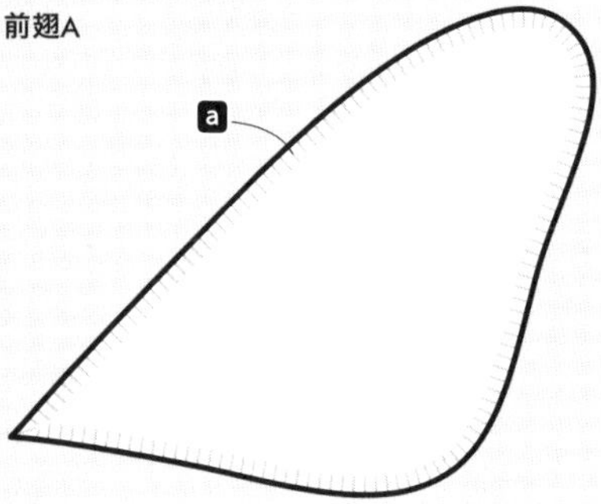

前翅B

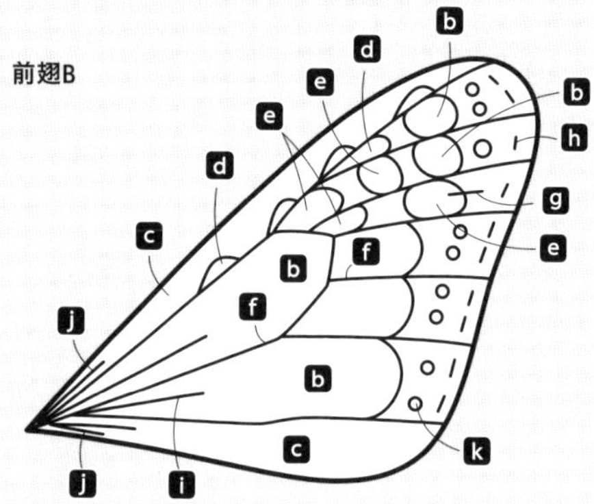

前翅A

フェルト：こげ茶：左右各1枚

a 濃茶　ブランケットst②

前翅B

b 濃橙　サテンst②

c 濃茶　サテンst②

d クリーム　サテンst②

e 橙　サテンst②

f 濃茶　アウトラインst②

g 濃橙　ストレートst②

h クリーム　ストレートst②

i 濃茶　ストレートst①

j 橙　ストレートst①

k 橙　2回巻きのフレンチノットst②

後翅A

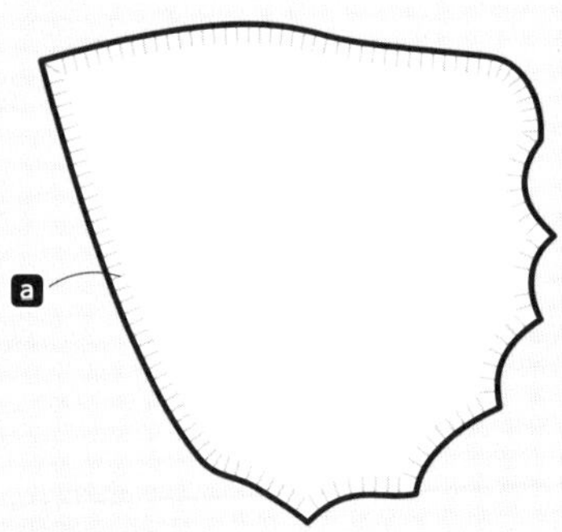

後翅B

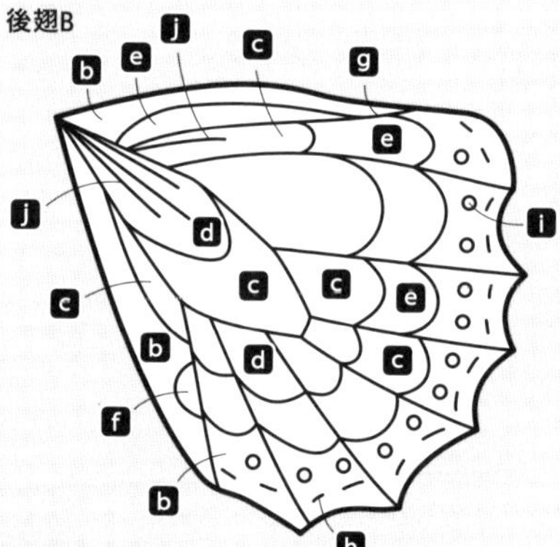

後翅A

フェルト：こげ茶：左右各1枚

a 濃茶　ブランケットst②

後翅B

b 濃茶　サテンst②

c 橙　サテンst②

d 濃橙　サテンst②

e 淡橙　サテンst②

f クリーム　サテンst②

g 濃茶　アウトラインst②

h クリーム　ストレートst②

i 橙　2回巻きのフレンチノットst②

j 濃茶　ストレートst①

ジョルダンアゲハ P.14

材　料

刺繍糸
濃茶（3371）
茶（839）
白（712）
生成り（739）
肌色（738）
ベージュ（842）

フェルト
こげ茶（229）

ワイヤー
#24（36㎝）　各1本…前翅・後翅・体
#30（36㎝）　1本…触角

その他
アクリル絵の具（黒）…ワイヤー

触角と体の実物大サイズ

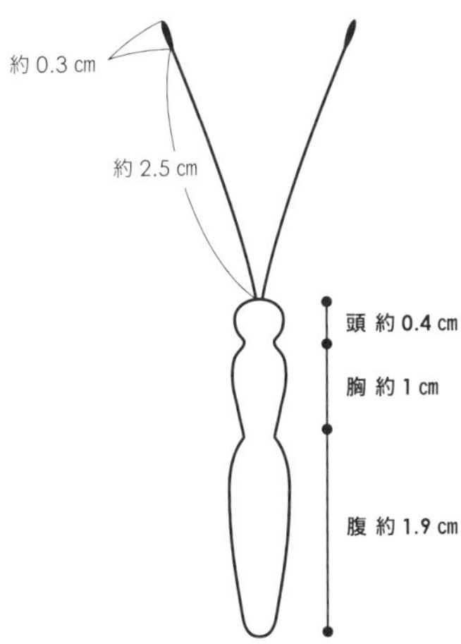

How to make

- P.52-56 の基本テクニックⅡを参照
- ワイヤーの着色はアクリル絵の具（黒）
- 翅にワイヤーを縫いとめる糸は［濃茶①］
- 触角に巻く糸は［濃茶①］
- 体に巻く糸は［濃茶①］
- 裏打ち用フェルトはこげ茶

実物大型紙

＊型紙の作り方はP.39、ステッチはP.111 参照
＊左翅は右翅を反転コピーしてください
＊前翅Aはブランケットstの図、前翅Bは内側に刺すstの図を表しています
＊前翅Aを刺してから、前翅Bをフランス刺繍の要領で刺してください
＊後翅も前翅AとBと同様に、後翅A→後翅Bの順に刺します

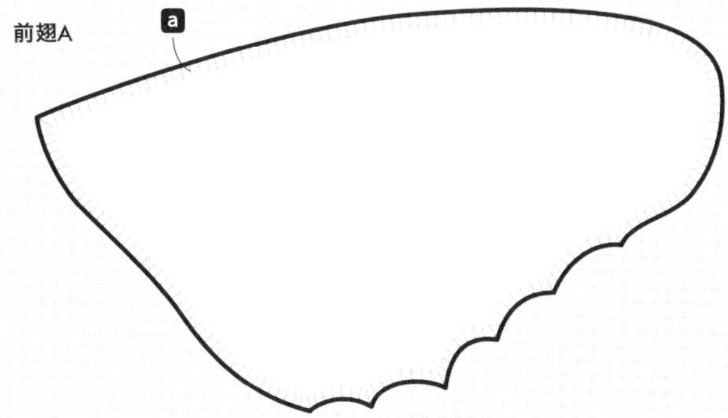

前翅A
フェルト：こげ茶：左右各1枚
a 濃茶　ブランケットst ②

前翅B

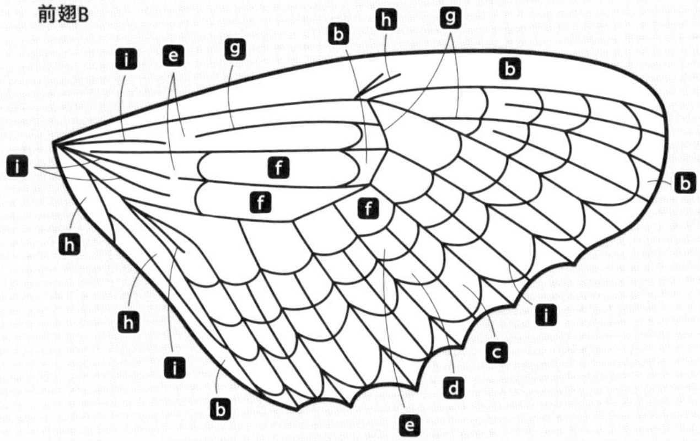

前翅B

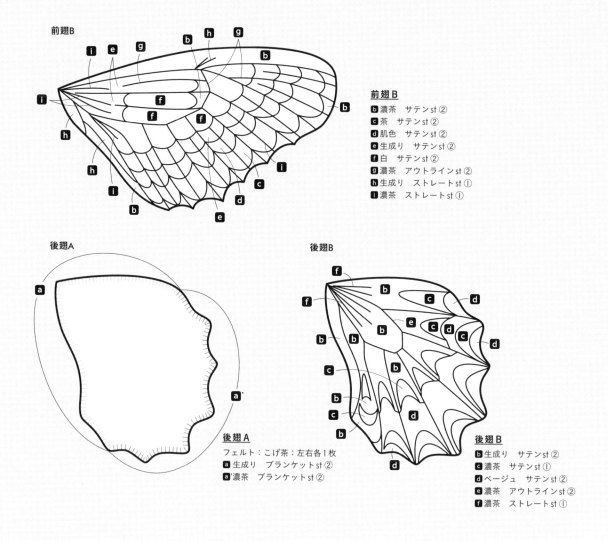

- b 濃茶　サテンst②
- c 茶　サテンst②
- d 肌色　サテンst②
- e 生成り　サテンst②
- f 白　サテンst②
- g 濃茶　アウトラインst②
- h 生成り　ストレートst①
- i 濃茶　ストレートst①

後翅A

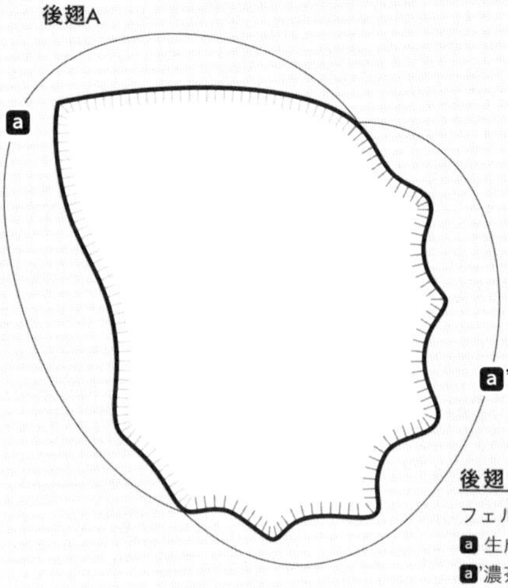

後翅A

フェルト：こげ茶：左右各1枚

- a 生成り　ブランケットst②
- a' 濃茶　ブランケットst②

後翅B

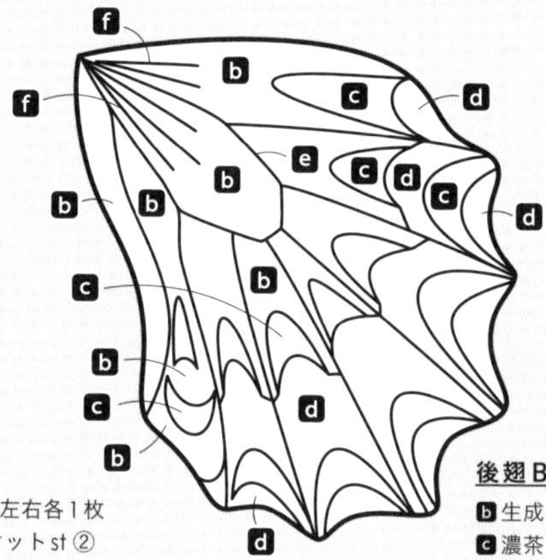

後翅B

- b 生成り　サテンst②
- c 濃茶　サテンst①
- d ベージュ　サテンst②
- e 濃茶　アウトラインst②
- f 濃茶　ストレートst①

クギヌキフタオ　P.15

材　料

刺繍糸

淡茶（839）
茶（838）
濃茶（3371）
薄赤茶（3778）
生成り（ECRU）
青（161）
水色（927）
クリーム（3047）
淡緑（522）

フェルト

こげ茶（229）

ワイヤー

#24（36cm）　各1本…前翅・後翅・体
#30（36cm）　1本…触角

その他

アクリル絵の具（黒）…ワイヤー

How to make

- P.52-56 の基本テクニックⅡを参照
- ワイヤーの着色はアクリル絵の具（黒）
- 翅にワイヤーを縫いとめる糸は［濃茶①］
- 触角に巻く糸は［濃茶①］
- 体に巻く糸は［濃茶①］
- 裏打ち用フェルトはこげ茶

触角と体の実物大サイズ

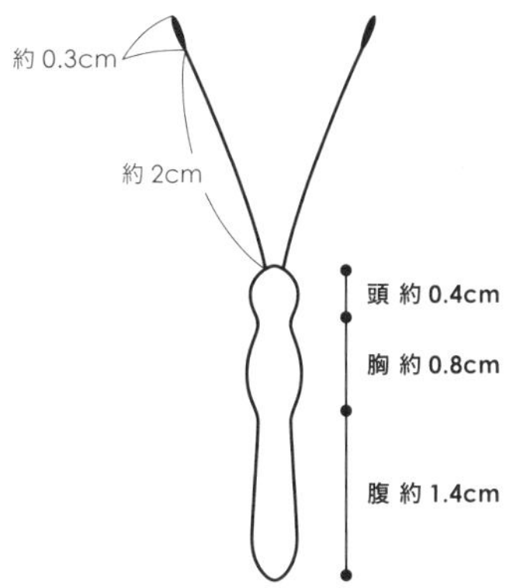

実物大型紙

＊型紙の作り方はP.39、ステッチはP.111 参照
＊左翅は右翅を反転コピーしてください
＊前翅Aはブランケットstの図、前翅Bは内側に刺すstの図を表しています
＊前翅Aを刺してから、前翅Bをフランス刺繍の要領で刺してください
＊後翅も前翅AとBと同様に、後翅A→後翅Bの順に刺します

前翅A

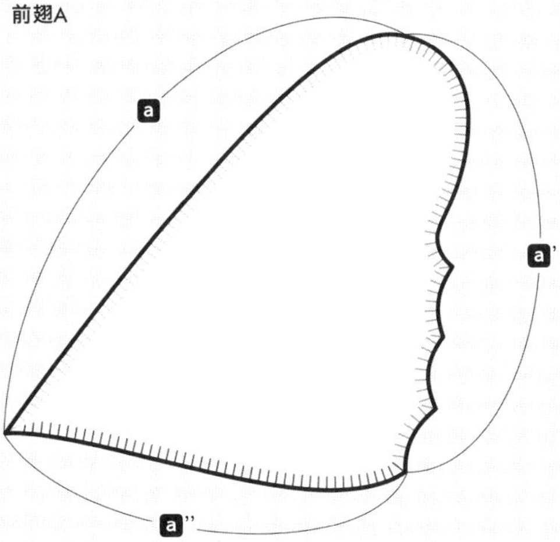

前翅B

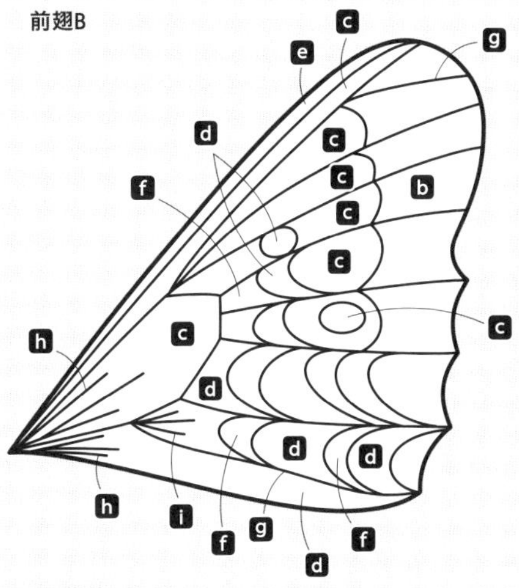

前翅A

フェルト：こげ茶：左右各1枚
a 濃茶　ブランケットst②
a'淡茶　ブランケットst②
a"クリーム　ブランケットst②

前翅B

b 淡茶　サテンst②
c 茶　サテンst②
d クリーム　サテンst②
e 濃茶　サテンst②
f 淡緑　サテンst②
g 濃茶　アウトラインst②
h 濃茶　ストレートst①
i 薄赤茶　ストレートst①

後翅A

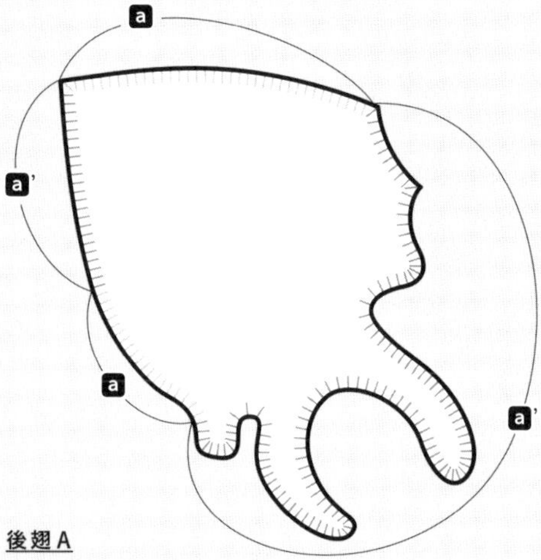

後翅B

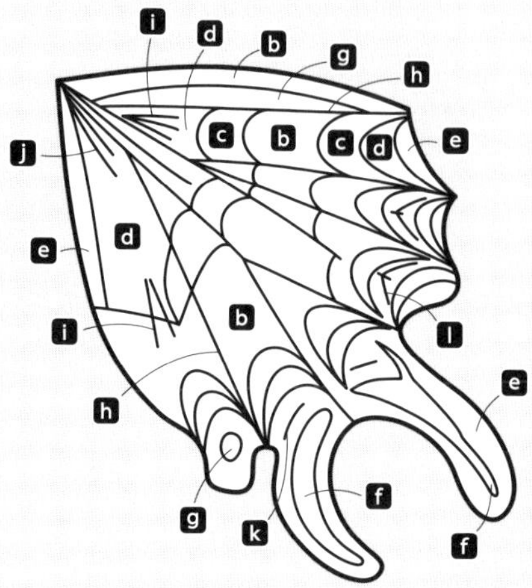

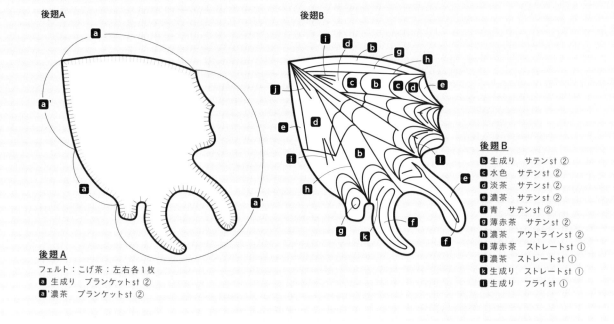

後翅A
フェルト：こげ茶：左右各1枚
a 生成り　ブランケットst ②
a'濃茶　ブランケットst ②

後翅B
b 生成り　サテンst ②
c 水色　サテンst ②
d 淡茶　サテンst ②
e 濃茶　サテンst ②
f 青　サテンst ②
g 薄赤茶　サテンst ②
h 濃茶　アウトラインst ②
i 薄赤茶　ストレートst ①
j 濃茶　ストレートst ①
k 生成り　ストレートst ①
l 生成り　フライst ①

オオゴマダラタイマイ　P.18

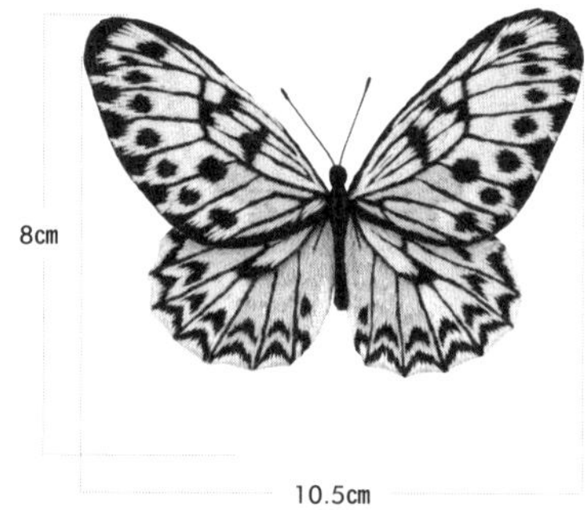

材　料

刺繍糸
薄クリーム（3047）
クリーム（3046）
ベージュ（676）
黒（310）

フェルト
黒（790）…前翅
白（701）…後翅

ワイヤー
#24（36㎝）　各1本…前翅・後翅・体
#30（36㎝）　1本…触角

その他
アクリル絵の具（黒）…ワイヤー

How to make

- P.52-56 の基本テクニックⅡを参照
- ワイヤーの着色はアクリル絵の具（黒）
- 翅にワイヤーを縫いとめる糸の前翅は［黒①］、後翅は［薄クリーム①］
- 触角に巻く糸は［黒①］
- 体に巻く糸は［黒①］
- 裏打ち用フェルトは、前翅は黒、後翅は白

触角と体の実物大サイズ

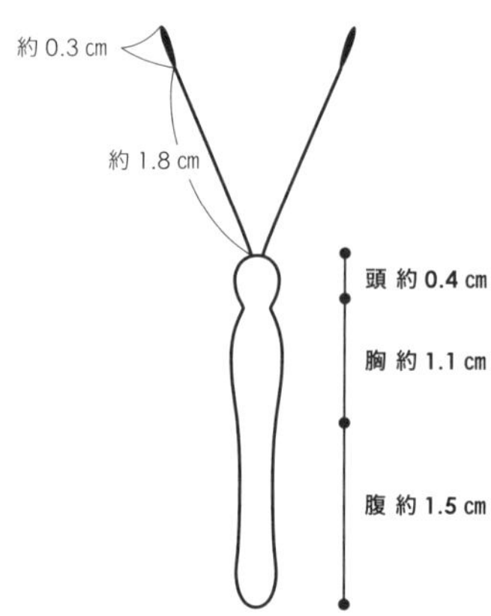

実物大型紙

＊型紙の作り方はP.39、ステッチはP.111 参照
＊左翅は右翅を反転コピーしてください
＊前翅Aはブランケットstの図、前翅Bは内側に刺すstの図を表しています
＊前翅Aを刺してから、前翅Bをフランス刺繍の要領で刺してください
＊後翅も前翅AとBと同様に、後翅A→後翅Bの順に刺します

前翅A

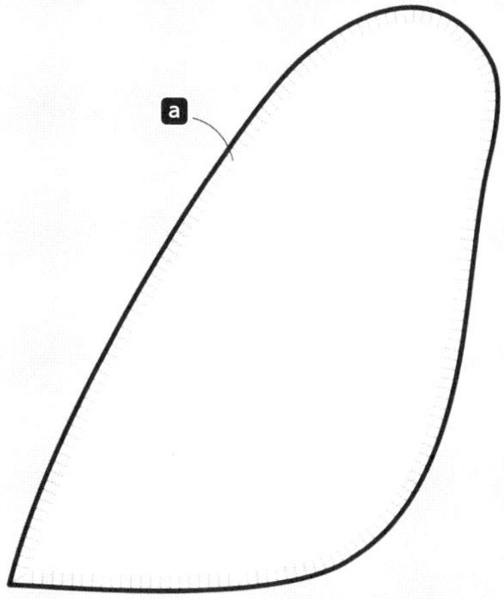

前翅A

フェルト：黒：左右各1枚
a 黒　ブランケットst②

前翅B

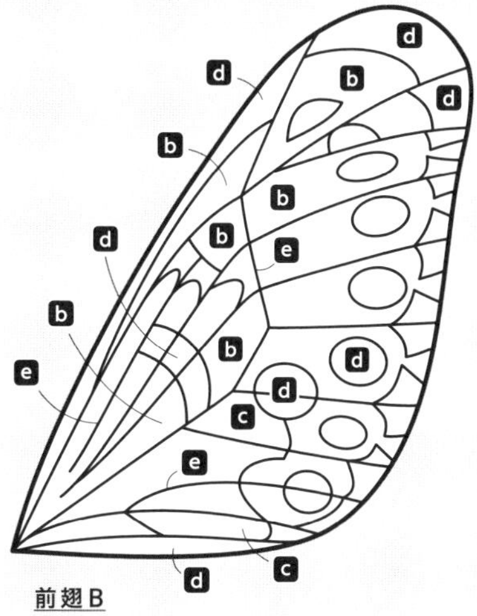

前翅B

b 薄クリーム　サテンst②
c クリーム　サテンst②
d 黒　サテンst②
e 黒　アウトラインst②

後翅A

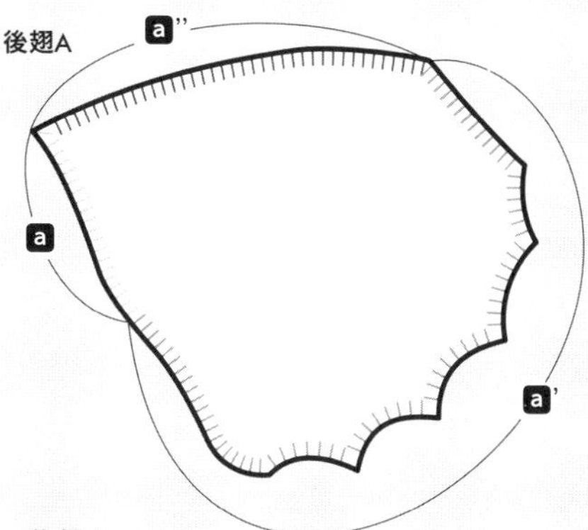

後翅A

フェルト：白：左右各1枚
a ベージュ　ブランケットst②
a' 薄クリーム　ブランケットst②
a" 黒　ブランケットst②

後翅B

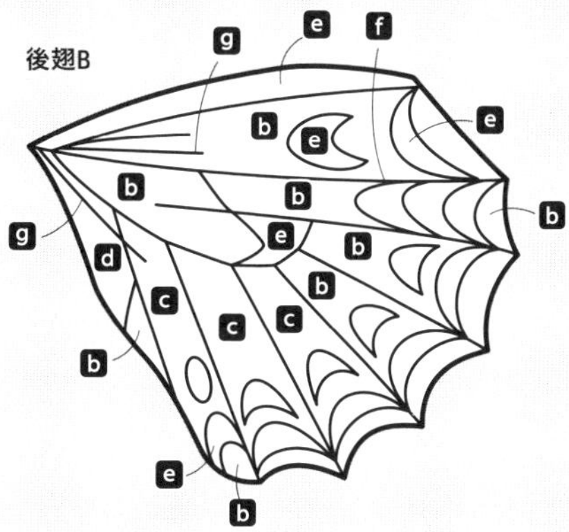

後翅B

b 薄クリーム　サテンst②
c クリーム　サテンst②
d ベージュ　サテンst②
e 黒　サテンst②
f 黒　アウトラインst②
g 黒　ストレートst①

ツマムラサキマダラ P.21

材　料

刺繍糸
- 濃紺(939)
- 紺(823)
- 青(796)
- 青白(3756)
- 濃茶(3371)
- こげ茶(938)
- 茶(801)
- 肌色(738)
- 濃ベージュ(3790)
- ベージュ(3033)

フェルト
- 紺(558)…前翅
- こげ茶(229)…後翅

ワイヤー
- #24(36cm)　各1本…前翅・後翅・体
- #30(36cm)　1本…触角

その他
- アクリル絵の具(黒)…ワイヤー

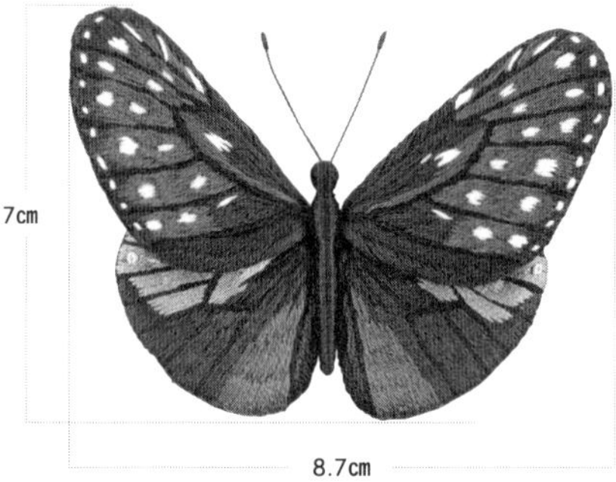

触角と体の実物大サイズ

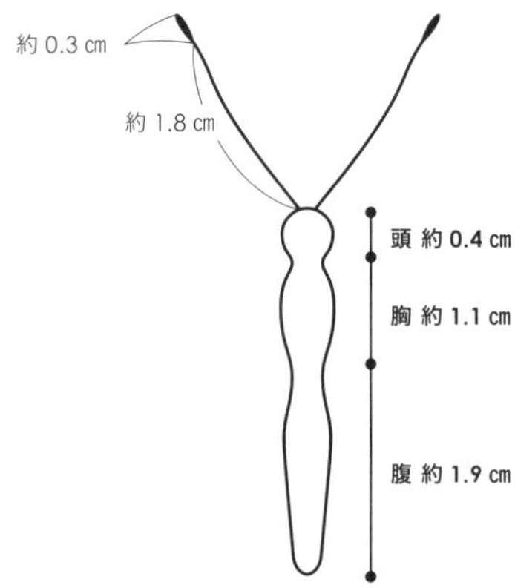

How to make

- P.52-56の基本テクニックⅡを参照
- ワイヤーの着色はアクリル絵の具(黒)
- ワイヤーを縫いとめる糸の前翅は[濃紺①]、後翅は[濃茶①]
- 触角に巻く糸は[濃茶①]
- 体に巻く糸は[濃茶①]
- 裏打ち用フェルトは、前翅は紺、後翅はこげ茶

実物大型紙

＊型紙の作り方はP.39、ステッチはP.111参照
＊左翅は右翅を反転コピーしてください
＊前翅Aはブランケットstの図、前翅Bは内側に刺すstの図を表しています
＊前翅Aを刺してから、前翅Bをフランス刺繍の要領で刺してください
＊後翅も前翅AとBと同様に、後翅A→後翅Bの順に刺します

前翅A

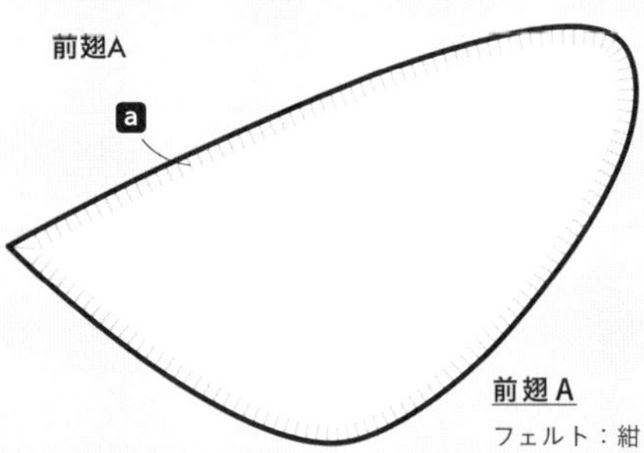

前翅A
フェルト：紺：左右各1枚
a 濃紺　ブランケットst②

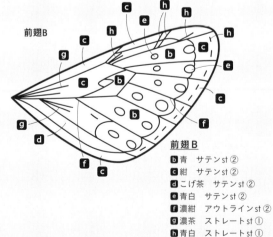

前翅B

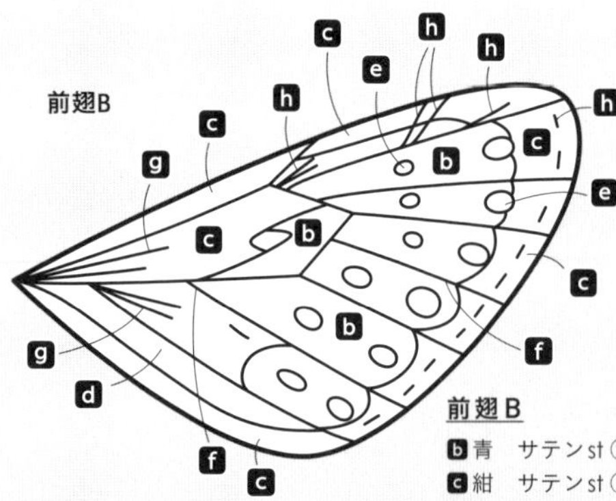

前翅B
b 青　サテンst②
c 紺　サテンst②
d こげ茶　サテンst②
e 青白　サテンst②
f 濃紺　アウトラインst②
g 濃茶　ストレートst①
h 青白　ストレートst①

後翅A

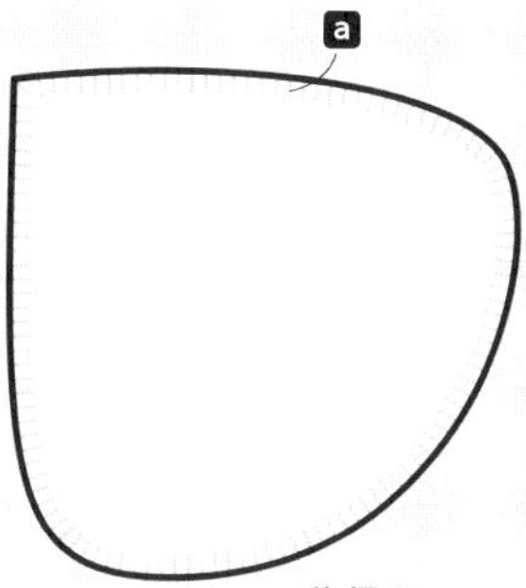

後翅A

フェルト：こげ茶：左右各1枚

a 濃茶　ブランケットst②

後翅B

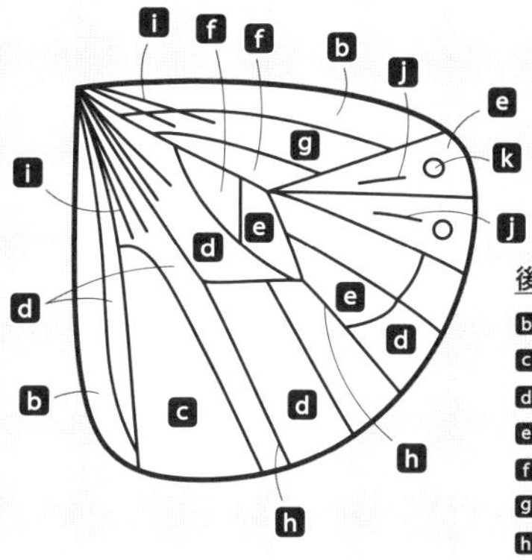

後翅B

b 濃茶　サテンst②

c 茶　サテンst②

d こげ茶　サテンst②

e 濃ベージュ　サテンst②

f 肌色　サテンst②

g ベージュ　サテンst②

h 濃茶　アウトラインst②

i 濃茶　ストレートst①

j 肌色　ストレートst①

k 肌色　2回巻きのフレンチノットst②

タカネクジャクアゲハ　P.22

材料

刺繍糸

濃紺（939）
紺（823）
青（336）
水色（322）
青紫（161）
紫（3834）
黄緑（472）
緑（471）

フェルト

紺（558）

ワイヤー

#24（36㎝）　各1本…前翅・後翅・体
#30（36㎝）　1本…触角

その他

アクリル絵の具（黒）…ワイヤー

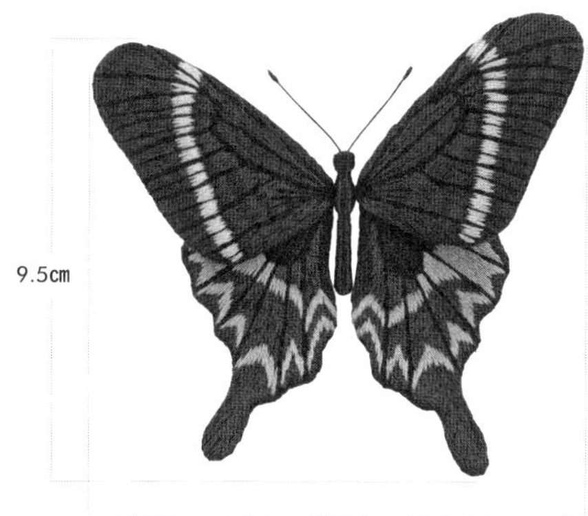

How to make

- P.52-56の基本テクニックⅡを参照
- ワイヤーの着色はアクリル絵の具（黒）
- 翅にワイヤーを縫いとめる糸は［濃紺①］
- 触角に巻く糸は［濃紺①］
- 体に巻く糸は［濃紺①］
- 裏打ち用フェルトは紺

触角と体の実物大サイズ

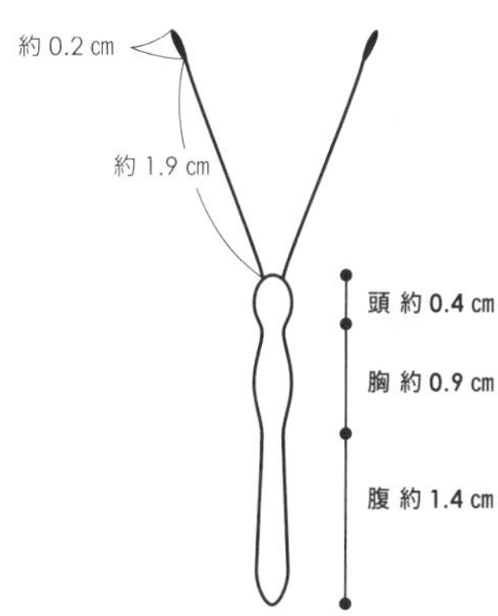

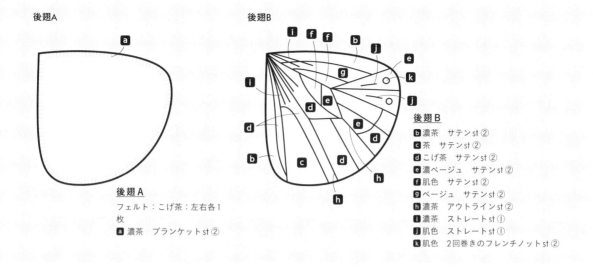

実物大型紙

＊型紙の作り方はP.39、ステッチはP.111 参照
＊左翅は右翅を反転コピーしてください
＊前翅Aはブランケットstの図、前翅Bは内側に刺すstの図を表しています
＊前翅Aを刺してから、前翅Bをフランス刺繍の要領で刺してください
＊後翅も前翅AとBと同様に、後翅A→後翅Bの順に刺します

前翅A

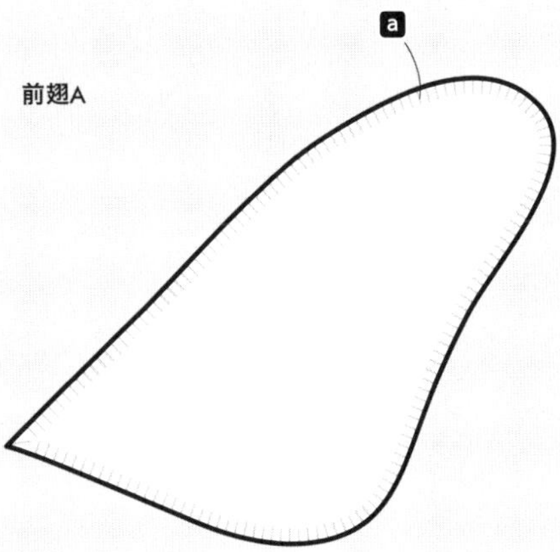

前翅B

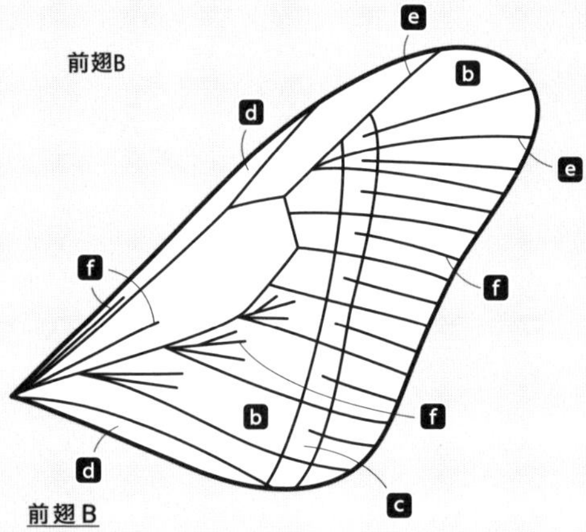

前翅A

フェルト：紺：左右各1枚
a 濃紺　ブランケットst②

前翅B

b 青　サテンst②
c 黄緑　サテンst②
d 紺　サテンst②
e 濃紺　アウトラインst②
f 濃紺　ストレートst①

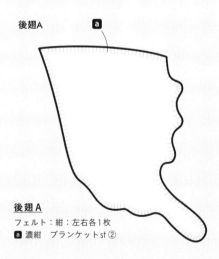

後翅A

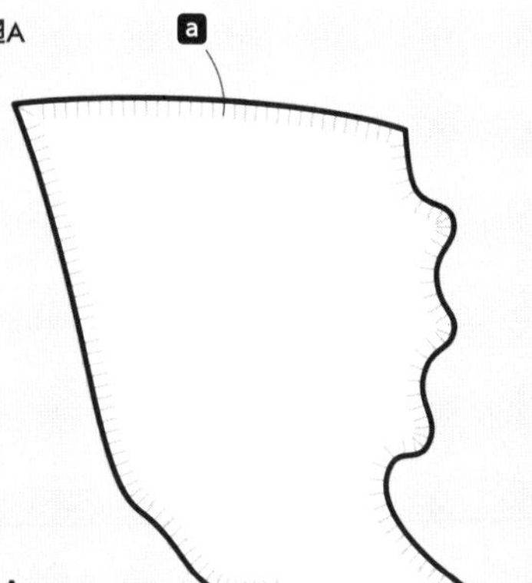

後翅B

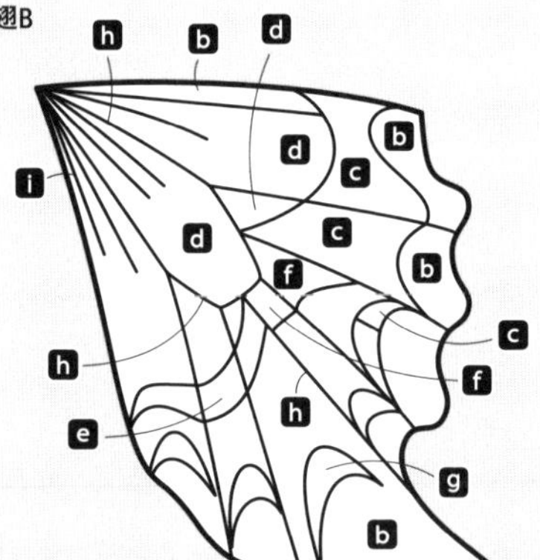

後翅A

フェルト：紺：左右各1枚
a 濃紺　ブランケットst②

後翅B

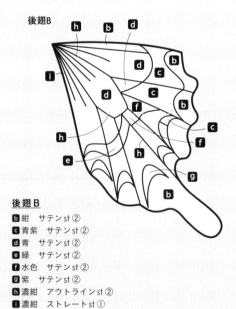

b 紺　サテンst②
c 青紫　サテンst②
d 青　サテンst②
e 緑　サテンst②
f 水色　サテンst②
g 紫　サテンst②
h 濃紺　アウトラインst②
i 濃紺　ストレートst①

ドルーリーオオアゲハ　P.23

材　料

刺繡糸
- 濃茶（3371）
- こげ茶（938）
- 茶（898）
- 濃橙（920）
- 橙（921）
- 濃黄（783）
- 黄（3822）

フェルト
- こげ茶（229）

ワイヤー
- #24（36cm）　各1本…後翅・体
- 　　　　　　　2本…前翅
- #30（36cm）　1本…触角

その他
- アクリル絵の具（黒）…ワイヤー

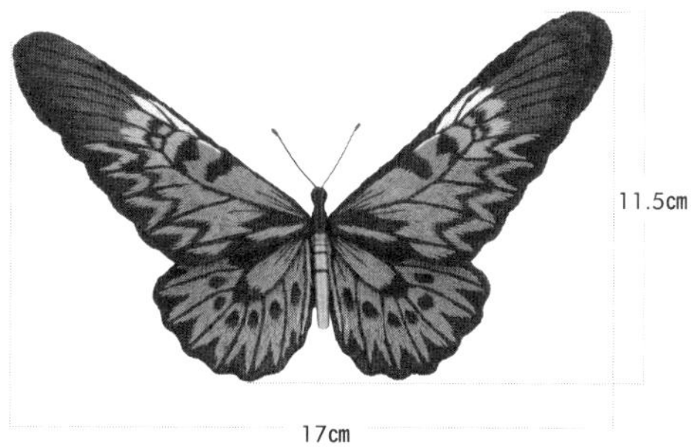

How to make

- P.52-56の基本テクニックⅡを参照
- 前翅に縫いとめるワイヤーは、長さ70cmのワイヤーを作ってから縫いとめる（→P.70）
- ワイヤーの着色はアクリル絵の具（黒）
- 翅にワイヤーを縫いとめる糸は［濃茶①］
- 触角に巻く糸は［濃茶①］
- 体に巻く糸は指定の糸①
- 裏打ち用フェルトはこげ茶

触角と体の実物大サイズ

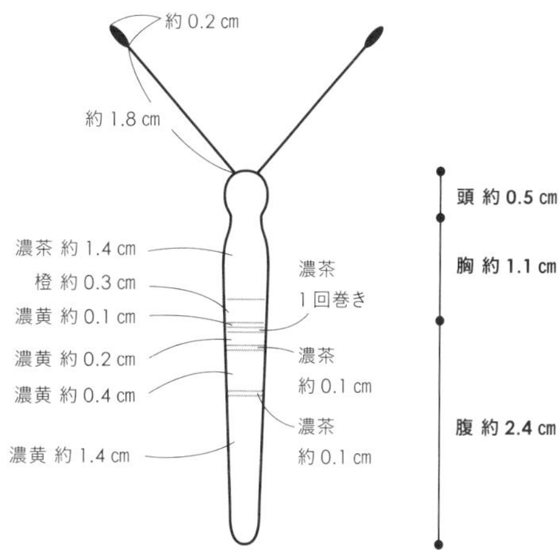

実物大型紙

＊型紙の作り方はP.39、ステッチはP.111参照
＊左翅は右翅を反転コピーしてください
＊前翅Aはブランケットstの図、前翅Bは内側に刺すstの図を表しています
＊前翅Aを刺してから、前翅Bをフランス刺繡の要領で刺してください
＊後翅も前翅AとBと同様に、後翅A→後翅Bの順に刺します

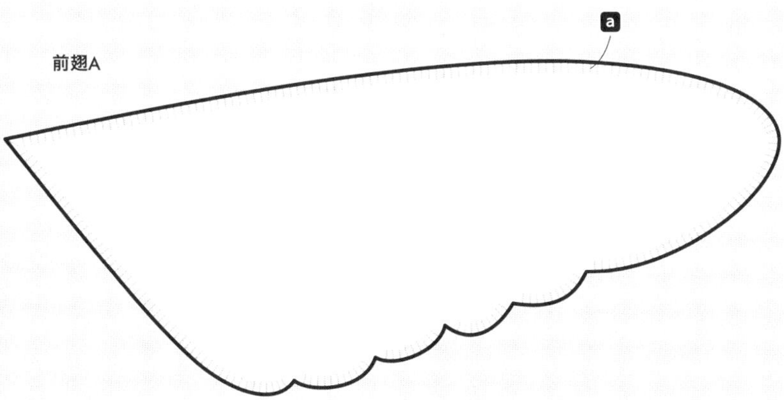

前翅A
フェルト：こげ茶：左右各1枚
a 濃茶　ブランケットst②

前翅B

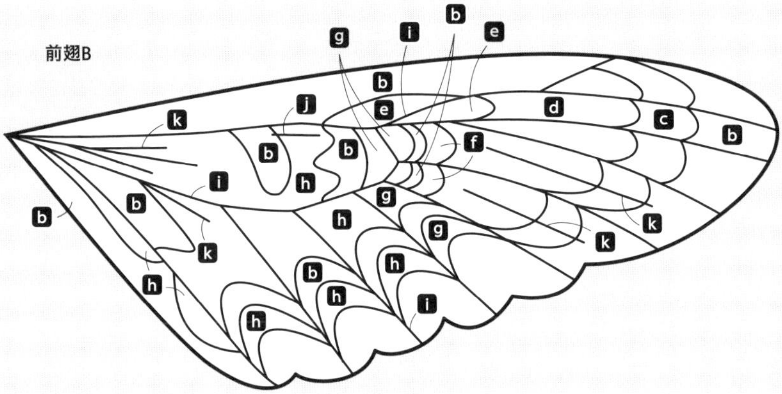

前翅B

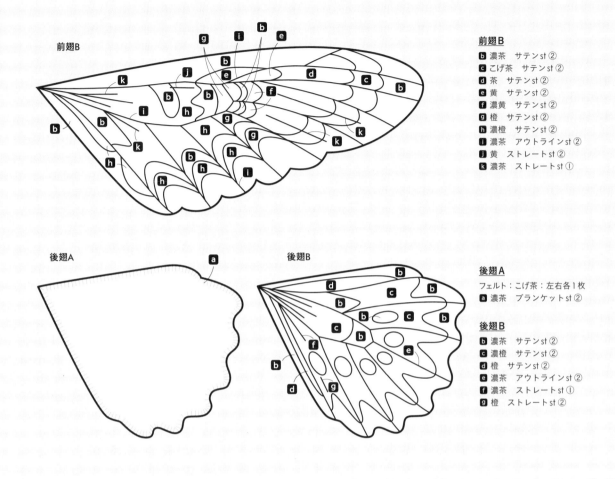

- b 濃茶　サテンst②
- c こげ茶　サテンst②
- d 茶　サテンst②
- e 黄　サテンst②
- f 濃黄　サテンst②
- g 橙　サテンst②
- h 濃橙　サテンst②
- i 濃茶　アウトラインst②
- j 黄　ストレートst②
- k 濃茶　ストレートst①

後翅A

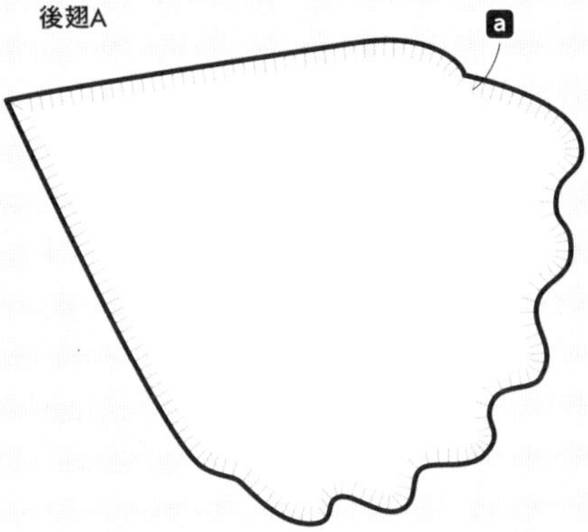

後翅B

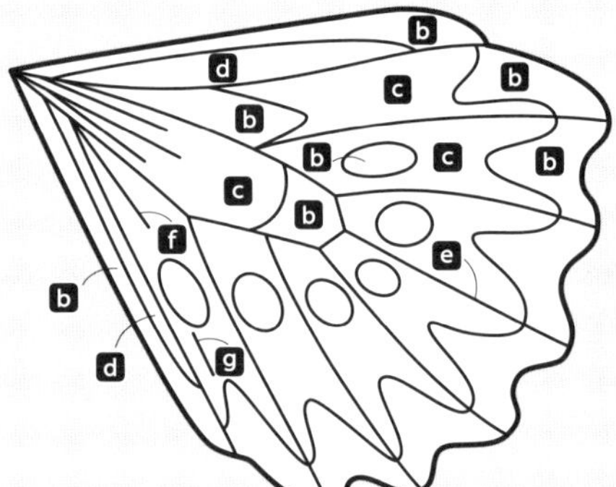

後翅A

フェルト：こげ茶：左右各1枚

- a 濃茶　ブランケットst②

後翅B

- b 濃茶　サテンst②
- c 濃橙　サテンst②
- d 橙　サテンst②
- e 濃茶　アウトラインst②
- f 濃茶　ストレートst①
- g 橙　ストレートst②

ホソバジャコウアゲハ　P.24

材　料

刺繍糸

生成り(ECRU)
黒(310)
黄土(729)
淡ベージュ(3033)
ベージュ(3782)

フェルト

黒(790)

ワイヤー

#24(36㎝)　各1本…前翅・後翅・体
#30(36㎝)　1本…触角

その他

アクリル絵の具(黒)…ワイヤー

7.5㎝

10.7㎝

How to make

- P.52-56 の基本テクニックⅡを参照
- ワイヤーの着色はアクリル絵の具（黒）
- 翅にワイヤーを縫いとめる糸は［黒①］
- 触角に巻く糸は［黒①］
- 体に巻く糸は指定の糸①
- 裏打ち用フェルトは黒

触角と体の実物大サイズ

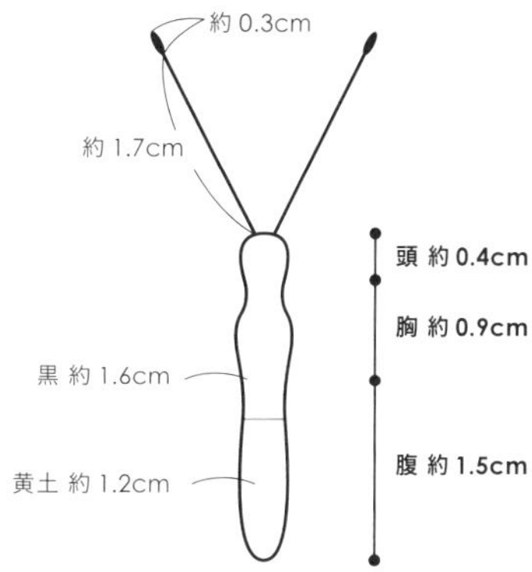

実物大型紙

＊型紙の作り方はP.39、ステッチはP.111 参照
＊左翅は右翅を反転コピーしてください
＊前翅Aはブランケットstの図、前翅Bは内側に刺すstの図を表しています
＊前翅Aを刺してから、前翅Bをフランス刺繍の要領で刺してください
＊後翅も前翅AとBと同様に、後翅A→後翅Bの順に刺します

前翅A

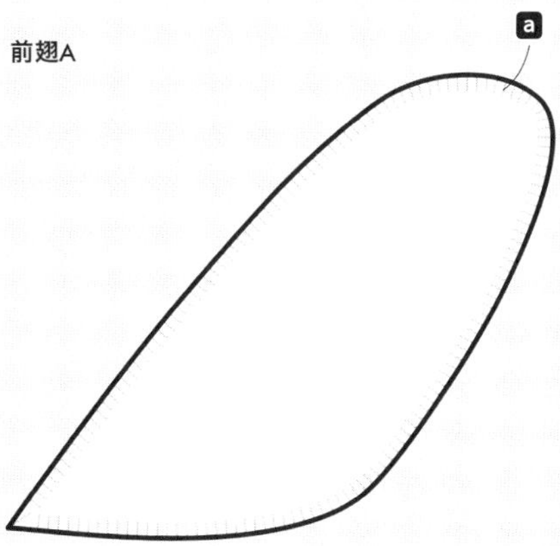

前翅B

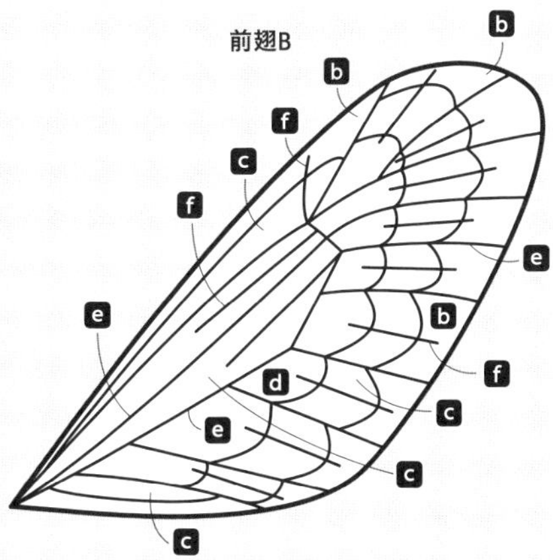

前翅A

フェルト：黒：左右各1枚

a 黒　ブランケットst ②

前翅B

b 黒　サテンst ②

c ベージュ　サテンst ②

d 淡ベージュ　サテンst ②

e 黒　アウトラインst ②

f 黒　ストレートst ①

後翅A

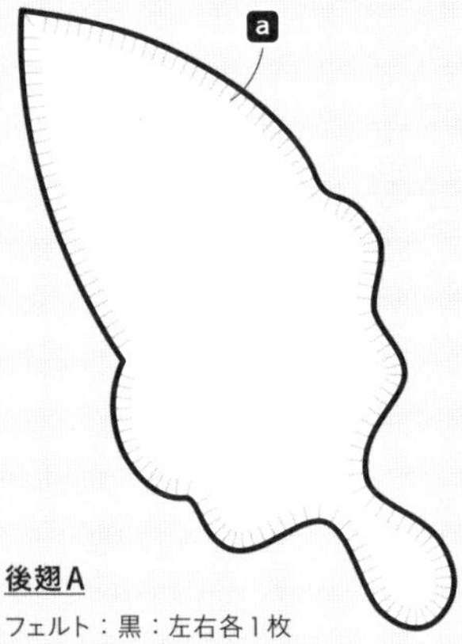

後翅B

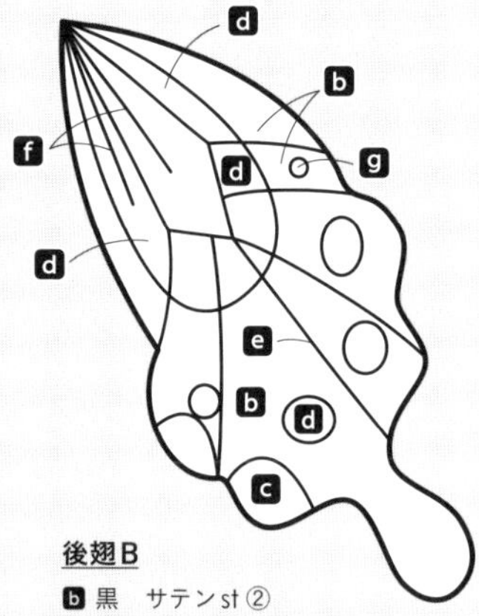

後翅A

フェルト：黒：左右各1枚

a 黒　ブランケットst②

後翅B

b 黒　サテンst②

c 黄土　サテンst②

d 生成り　サテンst②

e 黒　アウトラインst②

f 黒　ストレートst①

g 生成り　2回巻きのフレンチノットst②

テンジクアゲハ　P.26

材料

刺繍糸

黒（310）
濃紺（823）
青白（3756）
薄緑（928）
淡緑（927）

フェルト

紺（558）

ワイヤー

#24（36cm）　各1本
…前翅・後翅・体
#30（36cm）　1本…触角

その他

アクリル絵の具（黒）…ワイヤー

触角と体の実物大サイズ

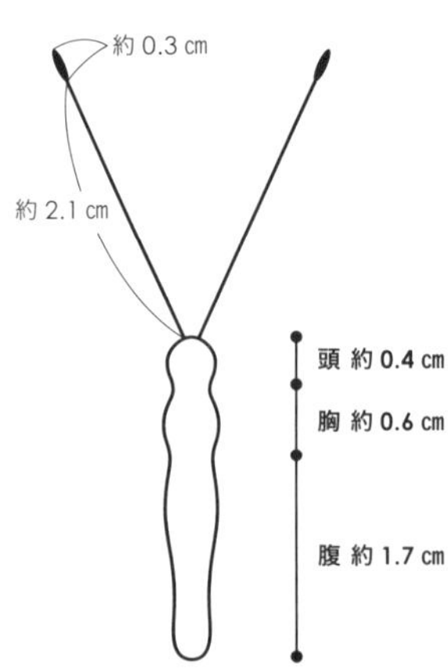

How to make

- P.52-56 の基本テクニックⅡを参照
- ワイヤーの着色はアクリル絵の具（黒）
- 翅にワイヤーを縫いとめる糸は［濃紺①］
- 触角に巻く糸は［濃紺①］
- 体に巻く糸は［濃紺①］
- 裏打ち用フェルトは紺

実物大型紙

＊型紙の作り方はP.39、ステッチはP.111 参照
＊左翅は右翅を反転コピーしてください
＊前翅Aはブランケットstの図、前翅Bは内側に刺すstの図を表しています
＊前翅Aを刺してから、前翅Bをフランス刺繍の要領で刺してください
＊後翅も前翅AとBと同様に、後翅A→後翅Bの順に刺します

前翅A

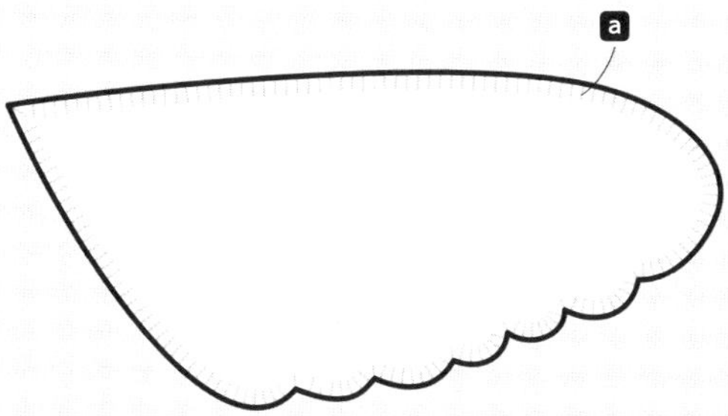

前翅A

フェルト：紺：左右各1枚

a 濃紺　ブランケットst②

前翅B

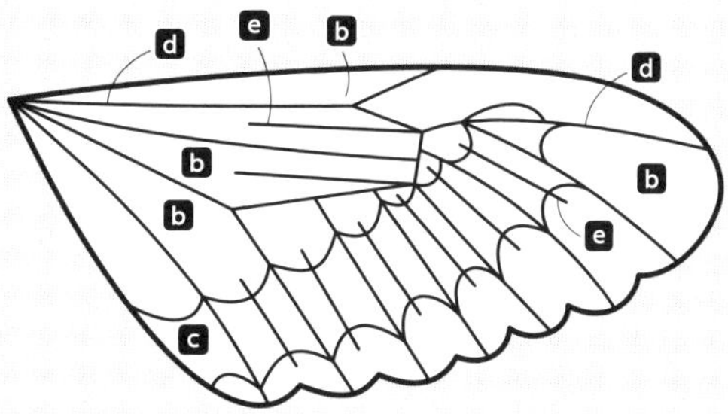

前翅B

b 濃紺　サテンst②

c 淡緑　サテンst②

d 黒　アウトラインst②

e 黒　ストレートst①

後翅A

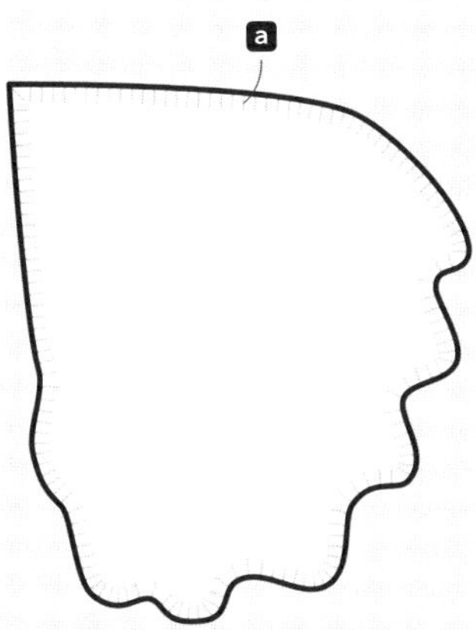

後翅A

フェルト：紺：左右各1枚

a 濃紺　ブランケットst②

後翅B

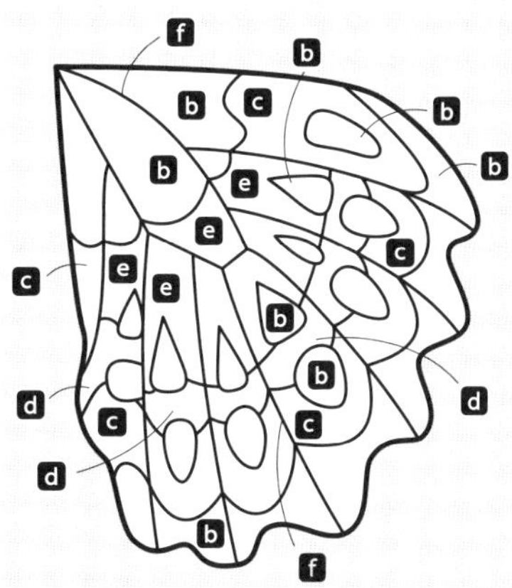

後翅B

b 濃紺　サテンst②

c 淡緑　サテンst②

d 薄緑　サテンst②

e 青白　サテンst②

f 黒　アウトラインst②

フトオアゲハ　P.28

材料

刺繍糸
- 黒（310）
- 薄肌色（3866）
- 灰（3799）
- 赤（347）

フェルト
- 黒（790）

ワイヤー
- #24（36cm）　各1本…前翅・後翅・体
- #30（36cm）　1本…触角

その他
- アクリル絵の具（黒）…ワイヤー

How to make

- P.52-56 の基本テクニックⅡを参照
- ワイヤーの着色はアクリル絵の具（黒）
- 翅にワイヤーを縫いとめる糸は［黒①］
- 触角に巻く糸は［黒①］
- 体に巻く糸は［黒①］
- 裏打ち用フェルトは黒

触角と体の実物大サイズ

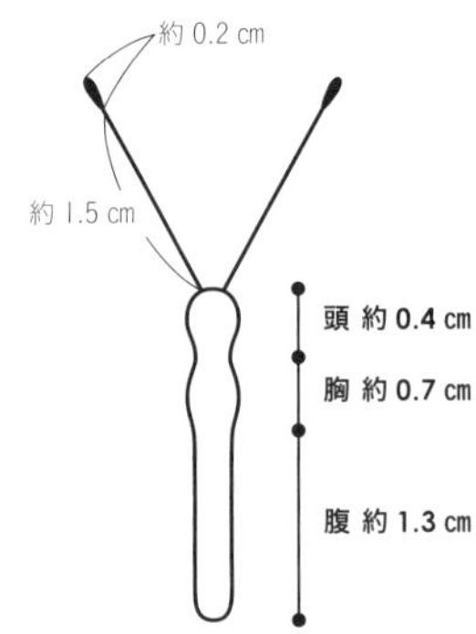

実物大型紙

＊型紙の作り方はP.39、ステッチはP.111 参照
＊左翅は右翅を反転コピーしてください
＊前翅Aはブランケットstの図、前翅Bは内側に刺すstの図を表しています
＊前翅Aを刺してから、前翅Bをフランス刺繍の要領で刺してください
＊後翅も前翅AとBと同様に、後翅A→後翅Bの順に刺します

前翅A

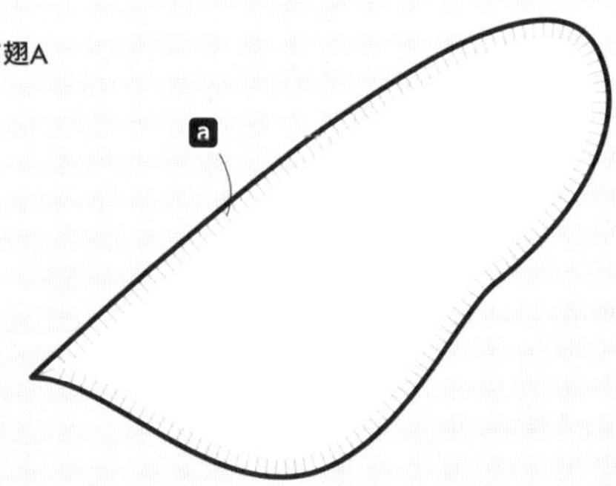

前翅B

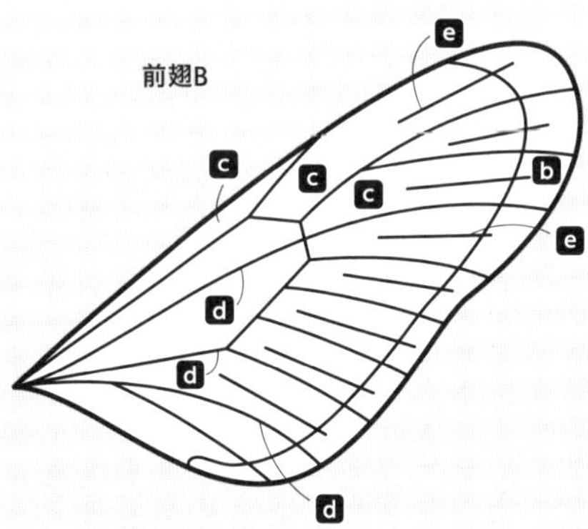

前翅A

フェルト：黒：左右各1枚

a 黒　ブランケットst②

前翅B

b 黒　サテンst②

c 灰　サテンst②

d 黒　アウトラインst②

e 黒　ストレートst①

後翅A

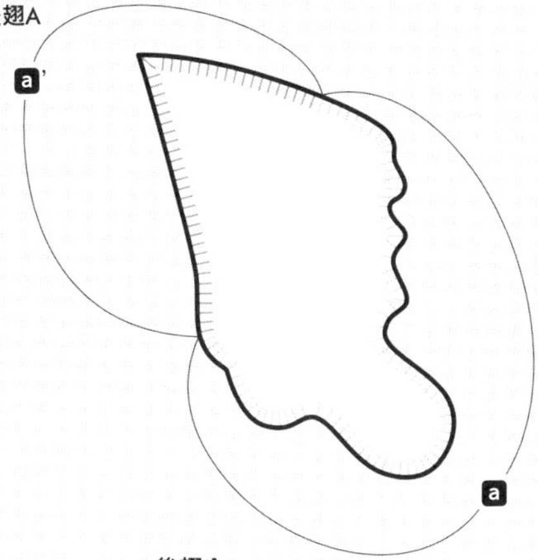

後翅B

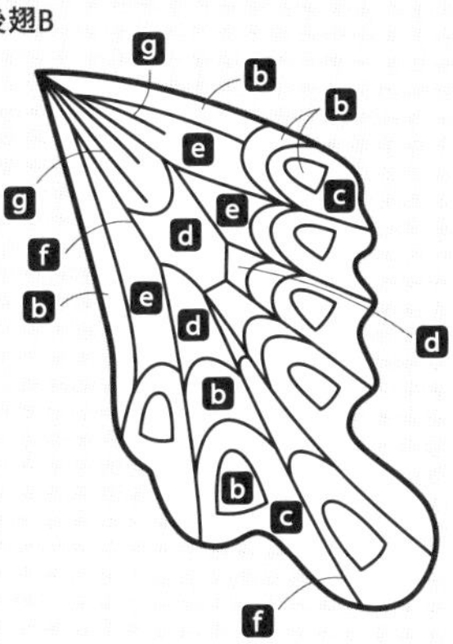

後翅A

フェルト：黒：左右各1枚

a 赤　ブランケットst②

a' 黒　ブランケットst②

後翅B

b 黒　サテンst②

c 赤　サテンst②

d 薄肌色　サテンst②

e 灰　サテンst②

f 黒　アウトラインst②

g 黒　ストレートst①

ボルネオキシタアゲハ　P.29

材料

刺繍糸

黒(310)

黄(18)

灰(3799)

淡ベージュ(3033)

薄ベージュ(3782)

フェルト

黒(790)

ワイヤー

#24(36cm)　各1本…前翅・後翅・体

#30(36cm)　1本…触角

その他

アクリル絵の具(黒)…ワイヤー

How to make

- P.52-56の基本テクニックⅡを参照
- ワイヤーの着色はアクリル絵の具(黒)
- 翅にワイヤーを縫いとめる糸は[黒①]
- 触角に巻く糸は[黒①]
- 体に巻く糸は[黒①]
- 裏打ち用フェルトは黒

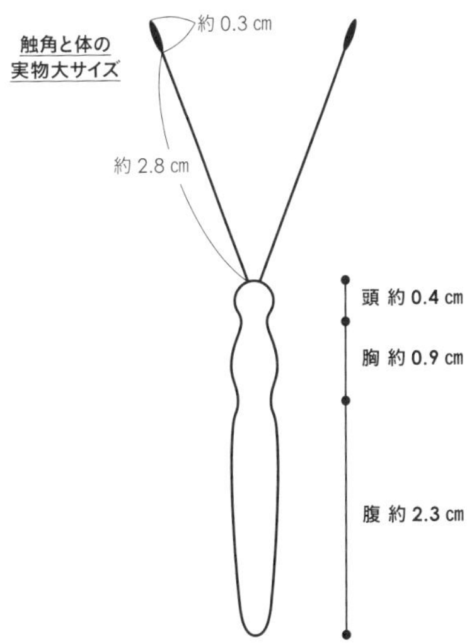

実物大型紙

＊型紙の作り方はP.39、ステッチはP.111 参照
＊左翅は右翅を反転コピーしてください
＊前翅Aはブランケットstの図、前翅Bは内側に刺すstの図を表しています
＊前翅Aを刺してから、前翅Bをフランス刺繍の要領で刺してください
＊後翅も前翅AとBと同様に、後翅A→後翅Bの順に刺します

前翅A

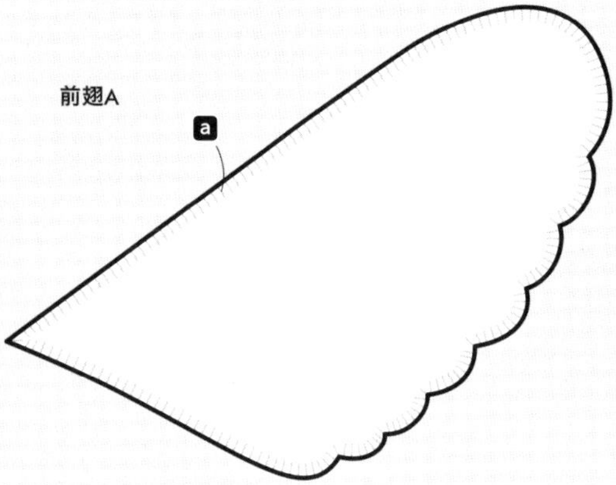

前翅B

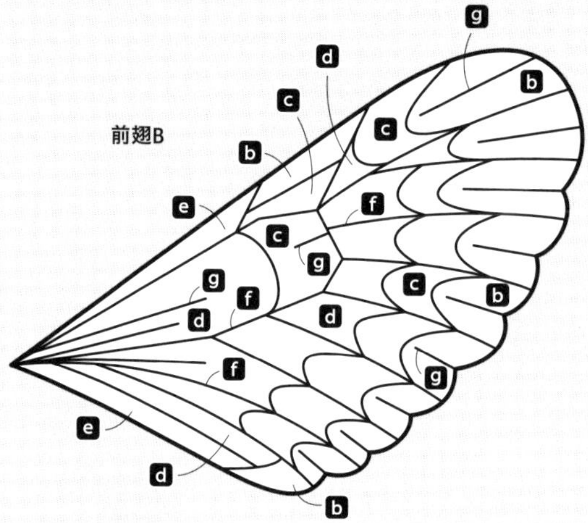

前翅A

フェルト：黒：左右各1枚
a 黒　ブランケットst②

前翅B

b 灰　サテンst②
c 淡ベージュ　サテンst②
d 薄ベージュ　サテンst②
e 黒　サテンst②
f 黒　アウトラインst②
g 黒　ストレートst①

後翅A

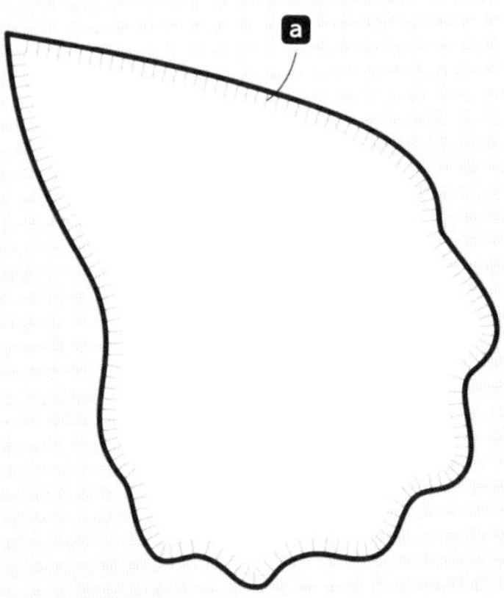

後翅B

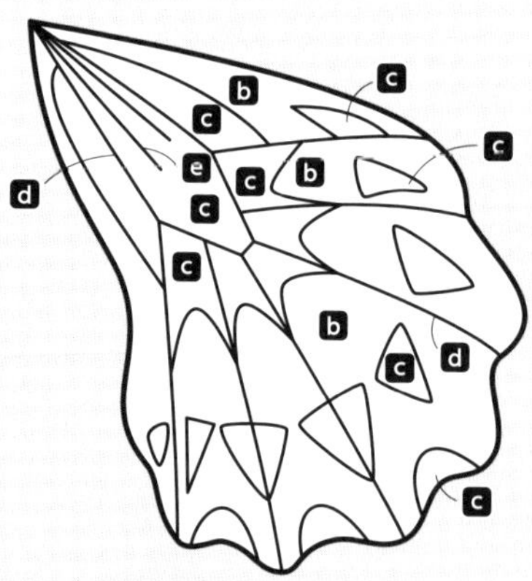

後翅A

フェルト：黒：左右各1枚
a 黒　ブランケットst②

後翅B

b 黒　サテンst②
c 黄　サテンst②
d 黒　アウトラインst②
e 黒　ストレートst①

エラートドクチョウ　P.31

材　料

刺繍糸
- 生成り(ECRU)
- 濃茶(3371)
- 茶(632)
- 薄茶(3772)
- 赤茶(22)
- 薄赤茶(21)
- 薄ピンク(3774)

フェルト
- こげ茶(229)

ワイヤー
- #24(36cm)　各1本…前翅・後翅・体
- #30(36cm)　1本…触角

その他
- アクリル絵の具(黒)…ワイヤー

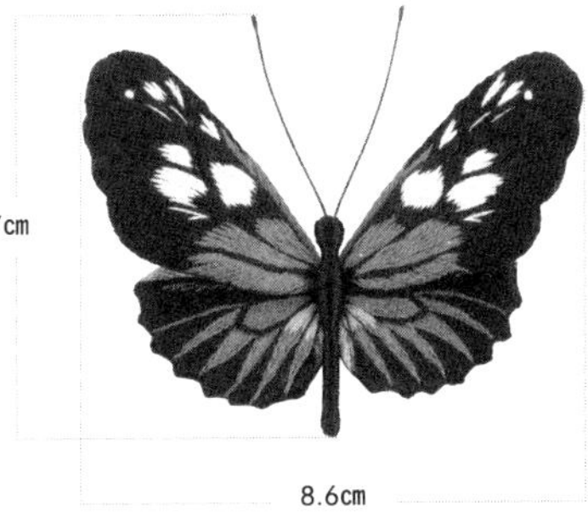

How to make

- P.52-56の基本テクニックⅡを参照
- ワイヤーの着色はアクリル絵の具(黒)
- 翅にワイヤーを縫いとめる糸は[濃茶①]
- 触角に巻く糸は[濃茶①]
- 体に巻く糸は[濃茶①]
- 裏打ち用フェルトはこげ茶

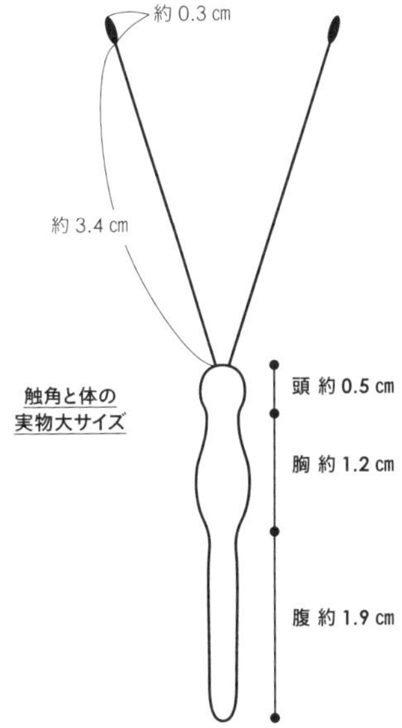

実物大型紙

＊型紙の作り方はP.39、ステッチはP.111参照
＊左翅は右翅を反転コピーしてください
＊前翅Aはブランケットstの図、前翅Bは内側に刺すstの図を表しています
＊前翅Aを刺してから、前翅Bをフランス刺繍の要領で刺してください
＊後翅も前翅AとBと同様に、後翅A→後翅Bの順に刺します

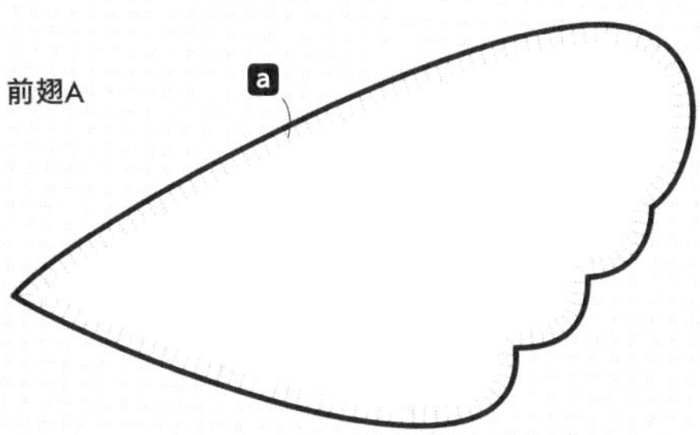

前翅A

フェルト：こげ茶：左右各1枚
a 濃茶　ブランケットst②

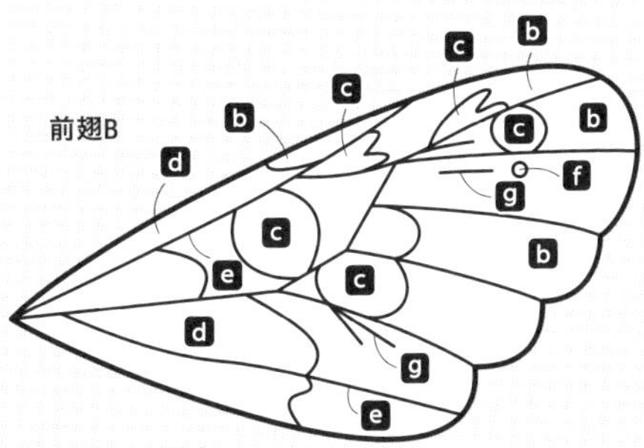

前翅B

b 濃茶　サテンst②
c 生成り　サテンst②
d 赤茶　サテンst②
e 濃茶　アウトラインst②
f 生成り　3回巻きのフレンチノットst①
g 生成り　ストレートst①

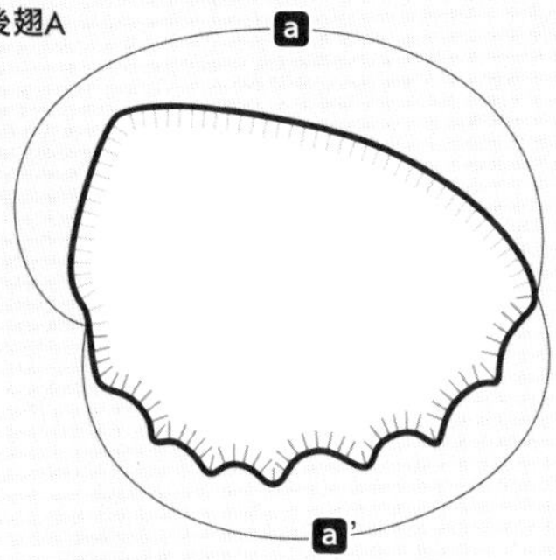

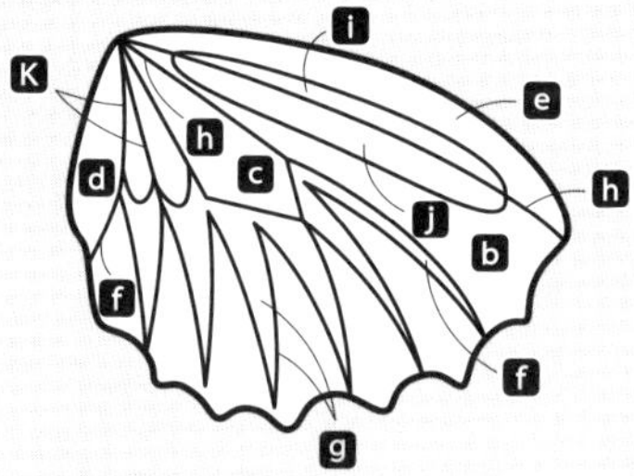

後翅A

フェルト：こげ茶：左右各1枚

a 薄茶　ブランケットst②

a' 濃茶　ブランケットst②

後翅B

b 濃茶　サテンst②

c 赤茶　サテンst②

d 薄赤茶　サテンst②

e 薄茶　サテンst②

f 赤茶　アウトラインst①

g 赤茶　周囲アウトラインst①
内側サテンst①

h 濃茶　アウトラインst②

i 薄ピンク　サテンst①

j 茶　サテンst①

K 濃茶　ストレートst①

オウゴンテングアゲハ　P.32

材料

刺繍糸

淡灰（3024）
黒（310）
深緑（934）
灰（646）
緑（471）
黄（834）

フェルト

黒（790）

ワイヤー

#24（36cm）　各1本
…前翅・後翅・体
#30（36cm）　1本…触角

その他

アクリル絵の具（黒）…ワイヤー

触角と体の実物大サイズ

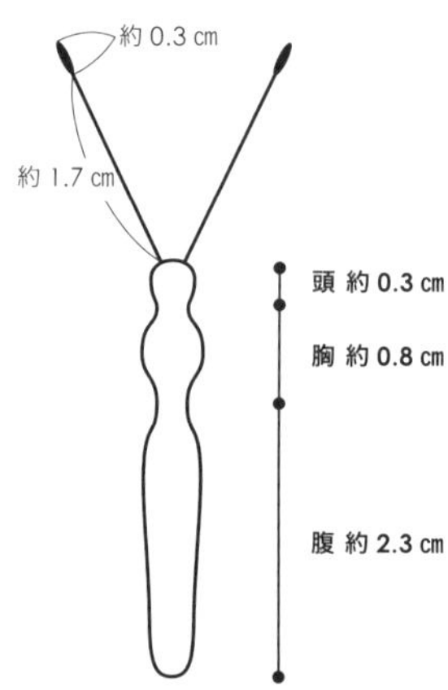

How to make

- P.52-56 の基本テクニックⅡを参照
- ワイヤーの着色はアクリル絵の具（黒）
- 翅にワイヤーを縫いとめる糸は［黒①］
- 触角に巻く糸は［黒①］
- 体に巻く糸は［黒①］
- 裏打ち用フェルトは黒

実物大型紙

＊型紙の作り方はP.39、ステッチはP.111 参照
＊左翅は右翅を反転コピーしてください
＊前翅Aはブランケットstの図、前翅Bは内側に刺すstの図を表しています
＊前翅Aを刺してから、前翅Bをフランス刺繡の要領で刺してください
＊後翅も前翅AとBと同様に、後翅A→後翅Bの順に刺します

前翅A

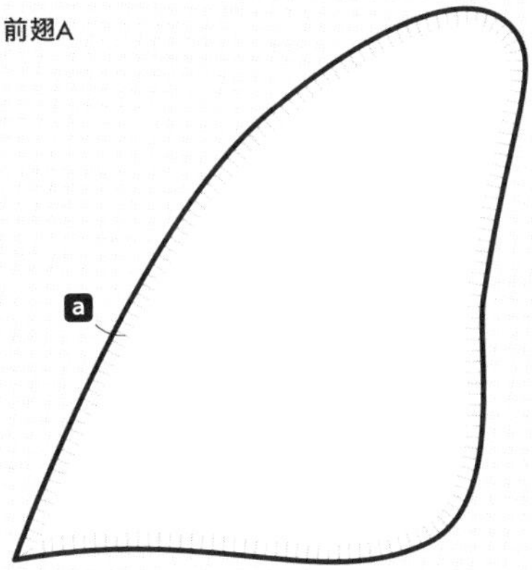

前翅A

フェルト：黒：左右各1枚

a 黒　ブランケットst②

前翅B

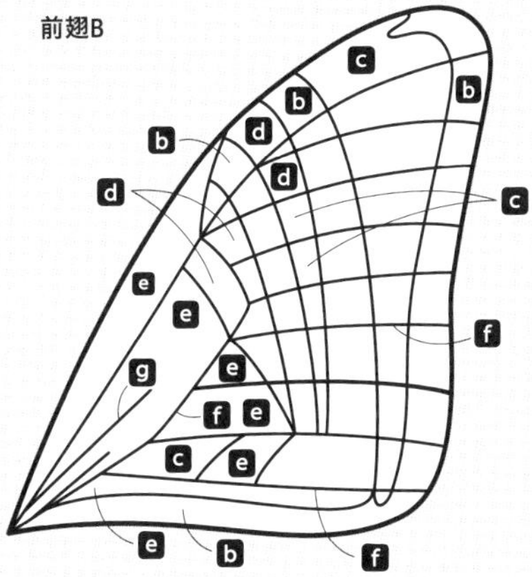

前翅B

b 黒　サテンst②

c 灰　サテンst②

d 淡灰　サテンst②

e 深緑　サテンst②

f 黒　アウトラインst②

g 黒　ストレートst①

後翅A

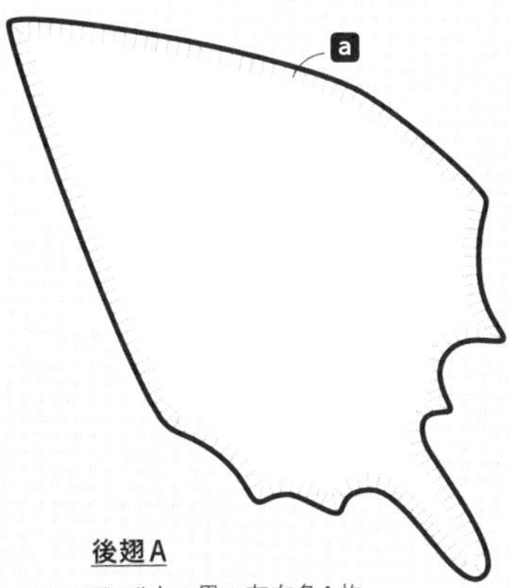

後翅A

フェルト：黒：左右各1枚

a 黒　ブランケットst②

後翅B

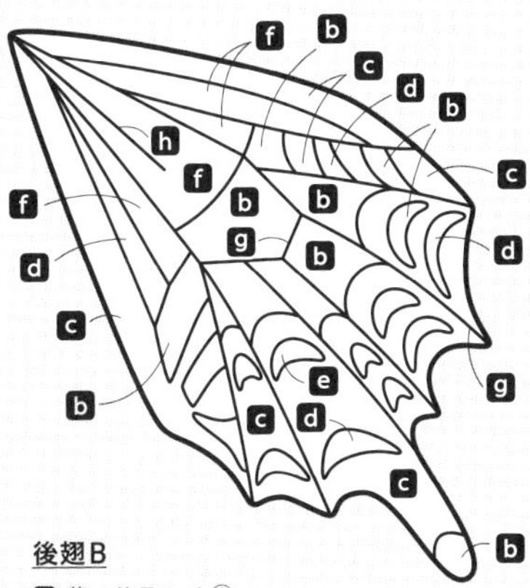

後翅B

b 黄　サテンst②

c 黒　サテンst②

d 緑　サテンst②

e 淡灰　サテンst②

f 深緑　サテンst①

g 黒　アウトラインst②

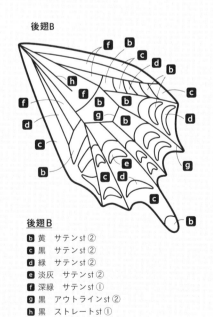

h 黒　ストレートst①

ハレギチョウ P.33

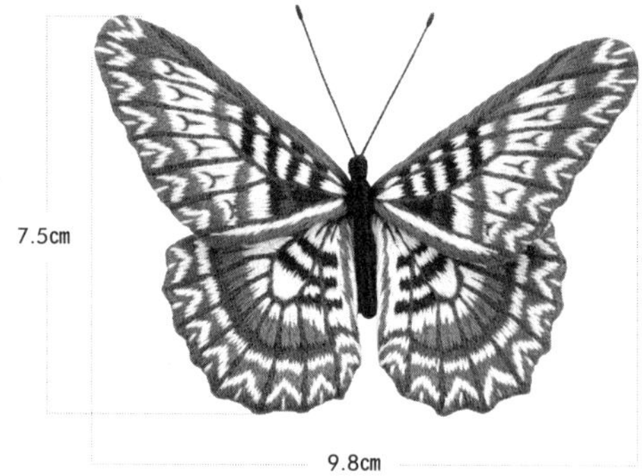

材料

刺繍糸
薄クリーム（746）
茶（301）
濃茶（3371）
濃灰（3021）
金茶（830）

フェルト
茶（227）

ワイヤー
#24（36㎝）　各1本
…前翅・後翅・体
#30（36㎝）　1本…触角

その他
アクリル絵の具（黒）…ワイヤー

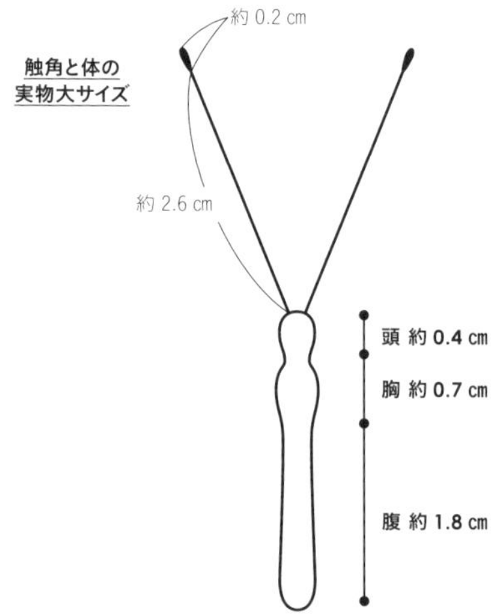

How to make

- P.52-56 の基本テクニックⅡを参照
- ワイヤーの着色はアクリル絵の具（黒）
- 翅にワイヤーを縫いとめる糸は［金茶①］
- 触角に巻く糸は［濃茶①］
- 体に巻く糸は［濃茶①］
- 裏打ち用フェルトは茶

実物大型紙

＊型紙の作り方はP.39、ステッチはP.111 参照
＊左翅は右翅を反転コピーしてください
＊前翅Aはブランケットstの図、前翅Bは内側に刺すstの図を表しています
＊前翅Aを刺してから、前翅Bをフランス刺繍の要領で刺してください
＊後翅も前翅AとBと同様に、後翅A→後翅Bの順に刺します

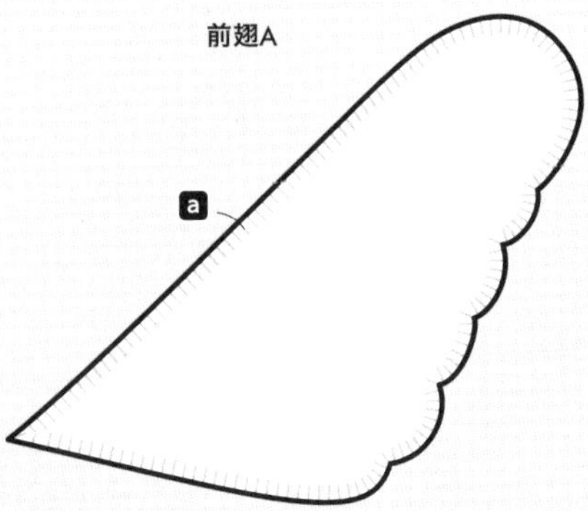

前翅A
フェルト：茶：左右各1枚
a 金茶　ブランケットst②

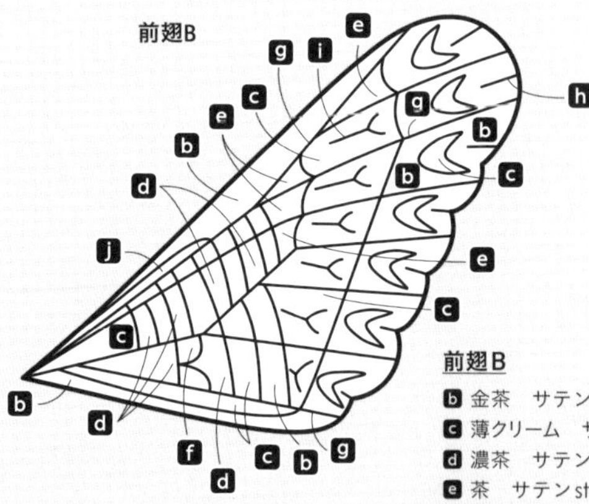

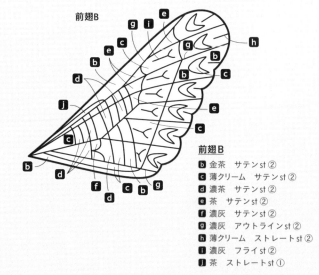

前翅B
b 金茶　サテンst②
c 薄クリーム　サテンst②
d 濃茶　サテンst②
e 茶　サテンst②
f 濃灰　サテンst②
g 濃灰　アウトラインst②
h 薄クリーム　ストレートst②
i 濃灰　フライst②
j 茶　ストレートst①

後翅A

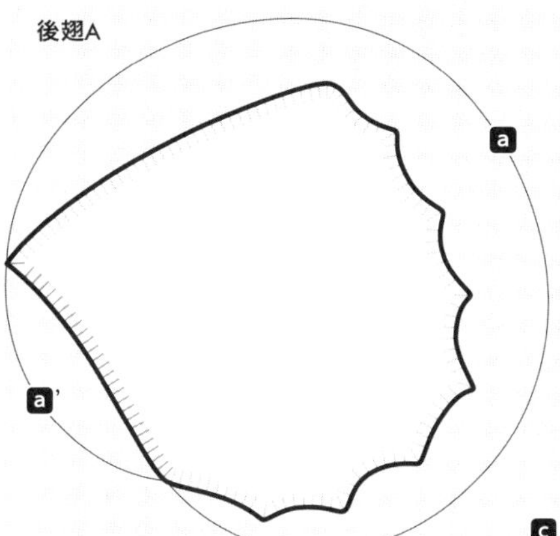

後翅A

フェルト：茶：左右各1枚

a 金茶　ブランケットst②

a' 薄クリーム　ブランケットst②

後翅B

後翅B

b 金茶　サテンst②

c 薄クリーム　サテンst②

d 濃灰　サテンst②

e 茶　サテンst②

f 濃茶　サテンst②

g 濃灰　アウトラインst②

h 薄クリーム　ストレートst②

i 濃灰　ストレートst①

j 濃茶　ストレートst①

使用しているステッチ

ブランケットステッチ

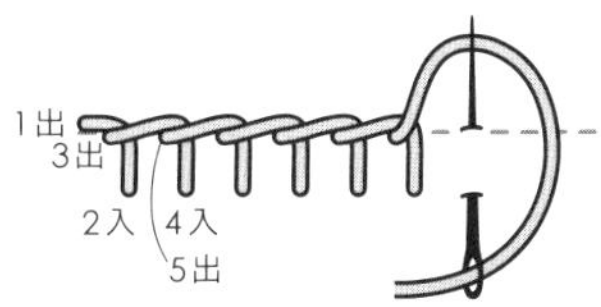

ストレートステッチ

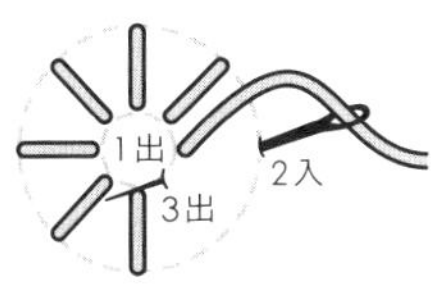

フライステッチ

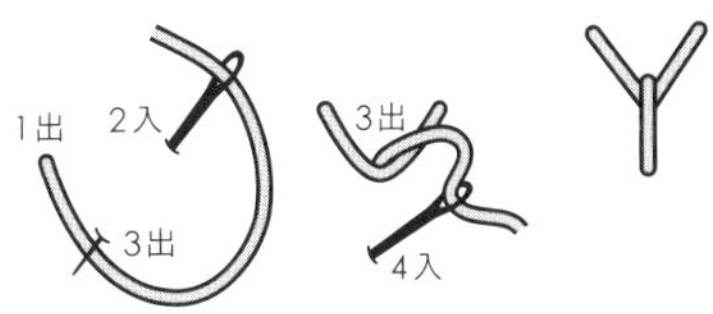

2回巻きフレンチノットステッチ

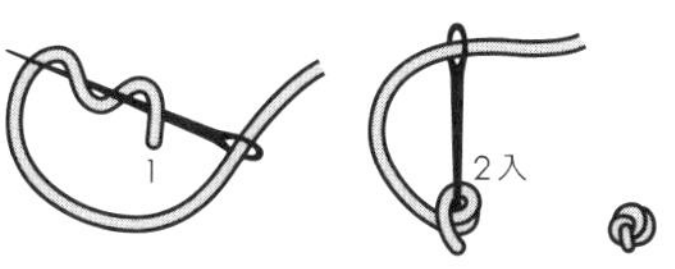

サテンステッチ

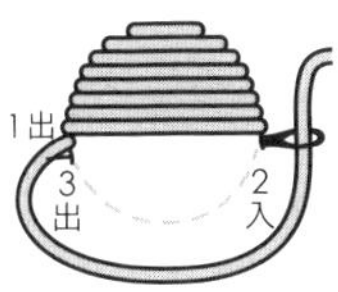

アウトラインステッチ

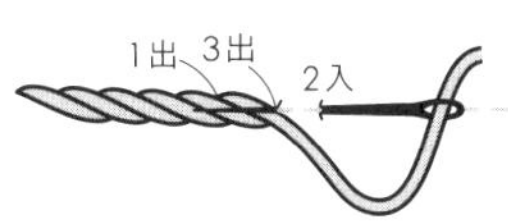

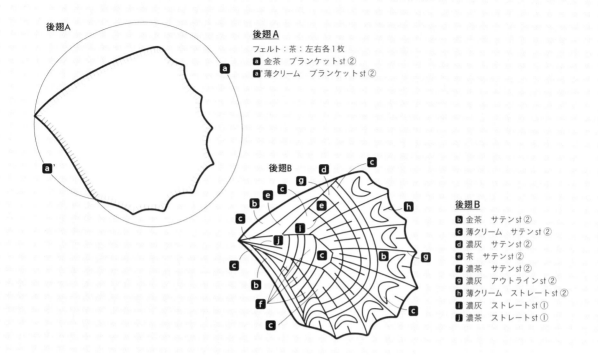